# ŒUVRES

DE

# DENIS DIDEROT.

TOME VII.

# OPINIONS DES ANCIENS PHILOSOPHES;
## TOME TROISIÈME.

# ŒUVRES

DE

# DENIS DIDEROT,

publiées sur les manuscrits de l'Auteur,

PAR JACQUES-ANDRÉ NAIGEON;

de l'Institut national des sciences, etc.

## TOME SEPTIÈME.

A PARIS,

Chez DETERVILLE, Libraire, rue du Battoir, N.° 16.

AN VIII.

# OPINIONS

DES

ANCIENS PHILOSOPHES.

# OPINIONS
## DES
## ANCIENS PHILOSOPHES.

### POPLICAIN, POPULICAIN, POBLICAIN, PUBLICAIN.

MANICHÉENS: s'ils ont été appelés de ces noms différens, c'est en France, ou du-moins dans l'Occident. En Orient, on les nommoit *Pauliciens*. (*V.* cet art. dans Bayle.) En 1198, on découvrit en Nivernois quelques *Poblicains;* on tira leur chef, nommé *Terrie,* d'une grotte souterraine où il étoit caché à Corbigny ; et il fut convaincu et brûlé. QUELLE INDIGNITÉ ! brûlé ! et pourquoi, malheureux, brûler celui qui ne pense pas comme vous ? EST-CE PAR LE FER ET LE FEU, QUE LA VÉRITÉ VEUT ÊTRE DÉFENDUE ? Si vous craignez que des sentimens ne se répandent ; si vous les croyez dangereux, dites à ceux qui les professent : « pre-
» nez ce qui vous appartient, et allez-vous-en ».
Mais quel droit avez-vous sur leurs femmes, leurs enfans, leurs biens, leur vie, leur liberté, leurs

opinions ? En 1160, on tint un concile en Angleterre contre les *Poblicains* : ils étoient sortis de Gascogne. Il y en avoit en France, en Espagne, en Italie et en Allemagne. Est-il donc si extraordinaire que des êtres raisonnables, frappés des vices physiques et moraux de ce monde, aient le malheur d'y méconnoître la sagesse d'un Dieu, ou la folie de recourir à deux principes, l'un du mal, et l'autre du bien ? ( *Voyez* l'art. BELBUCH et ZÉOMBUCH. ) Si on en avoit usé dans les premiers temps avec les manichéens, comme vous avez fait avec les *Poblicains*, vous eussiez privé l'église d'une de ses plus grandes lumières, S. Augustin, qui a professé long-temps le manichéisme. Sept ou huit ans après le concile de 1160, l'archevêque de Reims découvrit les *Poplicains* en France.

# PIRRHONIENNE

## ou SCEPTIQUE. ( PHILOSOPHIE )

Les Grecs étoient fatigués de tant de disputes sur le vrai et le faux, sur le bien et le mal, sur le beau et sur le laid, lorsqu'il s'éleva parmi eux une secte qui fit en peu de temps beaucoup de prosélytes. Ce fut la *pirrhonienne* ou *sceptique*. Dans les autres écoles, on avoit un système reçu, des principes avoués ; on prouvoit tout ; on ne doutoit de rien : dans celle-ci, on suivit une méthode de philosopher toute opposée; on prétendit qu'il n'y avoit rien de démontré ni de démontrable; que la science réelle n'étoit qu'un vain nom; que ceux qui se l'arrogeoient n'étoient que des hommes ignorans, vains ou menteurs; que toutes les choses dont un philosophe pouvoit disputer, restoient, malgré ses efforts, couvertes des ténèbres les plus épaisses; que plus on étudioit, moins on savoit; et que nous étions condamnés à flotter éternellement d'incertitudes en incertitudes, d'opinions en opinions, sans jamais trouver un point fixe d'où nous pussions partir, et où nous pussions revenir et nous arrêter. D'où les *sceptiques* concluoient qu'il étoit ridicule de définir; qu'il ne falloit rien assurer; que le sage suspendroit en tout son jugement; qu'il ne se laisseroit point leurrer par la chimère de la vérité; qu'il régleroit sa vie sur la vraisemblance, montrant par sa circonspection que, si la nature des choses ne lui étoit pas plus claire qu'aux dogmatiques les plus décidés, du-moins l'imbécilité de la raison humaine lui étoit mieux connue.

Le *sceptique* étoit donc un ennemi commun.

Pirrhon, disciple d'Anaxarque, de la secte éléatique, exerça le premier cette philosophie pusillanime et douteuse, qu'on appelle de son nom *pirrhonisme*, et de sa nature, *scepticisme*. Si l'on examine la méthode des académiciens, on ne la trouvera pas fort éloignée de celle de Pirrhon.

(*Voyez* sur tout ceci l'*article* Académiciens, (philosophie des) Encycl. méth. Dict. de la philos. anc. et mod. tom. 1, p. 69 et suiv.

Pirrhon naquit à Élée, de parens fort obscurs. Il fut mauvais peintre avant que d'être philosophe. Il eut pour premier maître Bison, fils de Stilpon, disciple de Clinomaque, qui l'instruisit de cette dialectique épineuse, particulière aux éristiques. Il entendit ensuite Anaxarque, disciple de Métrodore de Chio, et s'attacha à ce philosophe. Ils suivirent ensemble Alexandre dans l'Inde, et conférèrent avec les brachmanes et les gymnosophistes. Il ne retint de la doctrine de ses maîtres que les principes qui favorisoient son penchant naturel à ce doute. Il débuta d'une manière qui ne dut guère moins offenser que surprendre : il dit qu'il n'y avoit rien d'honnête ni de déshonnête, rien de juste ni d'injuste, rien de beau ni de laid, rien de vrai ni de faux ; et ce furent ses premiers mots. L'éducation, l'usage commun, l'habitude, étoient, selon lui, les seuls fondemens des actions et des assertions des hommes. On assure que sa conduite fut conséquente à sa philosophie ; qu'il ne se précautionnoit contre rien ; qu'il ne se détournoit point ; qu'il alloit droit à un char, à un précipice, à un bûcher, à une bête féroce ; qu'il bravoit, dans les occasions les plus périlleuses, le témoignage évident de ses sens ; et que souvent il dut son salut à ses amis qui l'accompagnoient. Si cela est, il faut regarder Pirrhon comme une de ces têtes qui naissent étonnées, et pour qui tout est confondu : mais il n'en est rien ; il raisonnoit comme un insensé, et se conduisoit comme tout le monde. On lui remarqua seulement plus d'indifférence, plus d'indulgence et plus de résignation. N'ayant point d'avis, il n'étoit pas difficile de le déterminer : nulle notion du bien et du mal ; comment pouvoit-on l'offenser ? de quoi se seroit plaint un homme, qui ne distinguoit pas la peine et le plaisir ? La suprême tranquillité d'ame qu'il avoit acquise étonnoit Epicure. Ses concitoyens le créèrent grand-prêtre. Quelle que fût sa philosophie, le bien étoit donc la règle de sa vie : il n'en faut pas douter. L'acatalepsie de Pirrhon ne s'étendoit pas au rapport des sens : c'étoit une arme qu'il avoit inventée contre l'orgueil des dogmatiques, et qu'il n'employoit qu'avec eux. Il avoit ses sentimens particuliers dans l'école, et la conduite commune dans la société. Il fleurit dans la cent dixième olympiade ; il mourut âgé de 90 ans. Les Athéniens lui élevèrent une statue auprès du portique : il eut aussi un monument dans sa patrie.

Pirrhon avoit appris, sous Démocrite, qu'il n'y avoit rien de réel que les atomes ; que ce que nous regardons comme des qualités propres des corps, n'étoit que des affections de notre entendement, des opinions, une disposition, un ordre,

une perception ; dans l'école éléatique, que le témoignage des sens étoit trompeur; sous Stilpon, l'art funeste de disputer pour et contre, presqu'avec un même avantage ; c'étoit un homme d'un caractère dur ; il voyoit les philosophes répandus en une infinité d'écoles opposées, et les uns sous le lycée, les autres sous le portique, criant : « C'est
» moi qui possède la vérité ; c'est ici qu'on apprend à être sage ; venez, messieurs, donnez-vous la peine d'entrer : mon voisin n'est qu'un charlatan qui vous en imposera ». Et ces circonstances concoururent à le conduire au scepticisme qu'il professa.

Pirrhon eut beaucoup de sectateurs. Le premier dont on fasse mention est Euriloque : c'étoit un homme violent, dont la conduite rendit, de temps-en-temps, ridicule une secte qui prêchoit le doute dans la recherche de la vérité, et l'ataraxie dans l'usage des passions : il avoit gardé pour les sophistes la haine de son maître ; cependant ils le harcelèrent tellement en Elide par leurs questions épineuses, que d'impatience Euriloque jeta par terre son manteau, et se précipita dans l'Alphée, laissant un fleuve entre eux et lui.

Il y eut un Pirrhon d'Athènes, disciple de Pirrhon d'Elée, aimant la solitude comme son maître, et fuyant aussi les disputes de l'école et le tumulte du monde.

Timon le Phliasien fut danseur, avant que d'être

*sceptique*; mais dégoûté de cet art frivole, il alla à Mégare étudier la dialectique sous Stilpon, et de Mégare en Elide, écouter Pirrhon. Il aima la table; il se faisoit un honneur de bien boire: ses débauches le réduisirent à la mendicité; alors il se mit à courir l'Hellespont et la Propontide, professant la philosophie et prêchant la sobriété. Il se fit de la réputation dans ce voyage; il rétablit ses affaires, et reparut dans Athènes, où il demeura jusqu'à sa mort. Ce fut un homme de grande pénétration; personne ne saisissoit plus rapidement et plus sûrement le vice d'un raisonnement, ni le foible d'un système. Maître dans l'art de manier l'ironie, il accabloit de ridicule ceux qu'il avoit terrassés.

Il se plut à écrire des satyres. La calomnie et la médisance n'y étoient pas épargnées: il déchira les plus honnêtes gens, et n'en fut que plus agréable au peuple athénien. Il donna une des plus fortes preuves qu'on puisse exiger de la sincérité de son indifférence philosophique; c'est qu'auteur d'ouvrages, il en soignoit si peu les copies, qu'elles étoient pourries, rongées des rats, perdues, et que souvent il étoit obligé de suppléer les endroits défectueux de mémoire. Il mourut âgé de 90 ans.

La secte pirrhonienne dura peu. Elle s'éteignit depuis Timon le Phliasien jusqu'à Enésidème, contemporain de Cicéron. En voici les principaux axiomes.

Le scepticisme est l'art de comparer entre elles les choses qu'on voit et qu'on comprend, et de les mettre en opposition.

On peut opposer, ou les choses qu'on voit à celles qu'on voit, ou les choses qu'on entend à celles qu'on entend, ou les choses qu'on entend à celles qu'on voit.

L'ataraxie est le but du scepticisme.

Son grand axiome, c'est qu'il n'y a point de raison qui ne puisse être contrebalancée par une raison opposée et de même poids.

Le *sceptique* ne décide rien; ce n'est pas qu'il ne soit affecté comme les autres hommes, et que la sensation n'entraîne son jugement; mais il réserve son doute, pour l'opposer à l'orgueil des dogmatiques, pour qui tout est évident dans les sciences.

Sous ce point de vue, le *sceptique* ne forme point une secte; toute secte supposant un système de plusieurs dogmes liés entre eux, et énonçant des choses conformes aux objets des sens.

C'est un sectaire, en ce qu'il y a des apparences d'après lesquelles il se croit obligé de régler sa conduite.

Il ne nie point les apparences; mais bien tout ce qu'on affirme de l'objet apparent.

Il y a trois motifs qui le déterminent à acquiescer aux apparences; l'instruction naturelle, l'effort des passions, les loix, les usages et la tradition des arts.

Celui qui prononcera qu'il y a quelque chose de bon ou de mauvais en soi, sera troublé toute sa vie, tantôt par l'absence du bon, tantôt par la présence du mauvais; il cherchera à éloigner une chose et en rapprocher une autre; et il sera tout à ce travail.

Le *sceptique* peut se promettre l'ataraxie, en saisissant l'opposition des choses qu'on apperçoit par le sens et de celles qu'on connoît par la raison, ou par la suspension du jugement, lorsque l'opposition dont il s'agit ne peut être saisie.

Il y a dix lieux communs qui conduisent à la suspension du jugement.

Le premier, c'est que les images varient selon la différence des animaux.

Le second, c'est que les images varient selon la différence des hommes : elles ne sont pas les mêmes d'un homme à un autre.

Le troisième se tire de la différence des sens; ce qui est agréable à l'odorat est souvent désagréable au goût.

Le quatrième, des circonstances; comme les habitudes, les dispositions, les conditions, le sommeil, la veille, l'âge, le mouvement, le repos, l'amour, la haine, la faim, la société, la confiance, la crainte, la joie, le chagrin. Toutes ces choses influent d'un homme à un autre dans le même moment; et d'un homme à lui-même en différens momens, où il est d'expérience que les images varient.

Le cinquième, des positions, des temps, des lieux et des intervalles.

Le sixième, de la combinaison; car aucun objet ne tombe solitaire sous nos sens; peut-être pouvons-nous prononcer sur cette combinaison, mais non sur les objets combinés.

Le septième, des quantités et des constitutions des sujets.

Le huitième, des rapports.

Le neuvième, de la fréquence et de la rareté des sensations.

Le dixième, des constitutions, des coutumes, des loix, des superstitions, des préjugés, des dogmes qui présentent une foule d'oppositions qui doivent susprendre le jugement de tout homme circonspect, sur le fond.

A ces lieux communs des anciens *sceptiques*, ceux qui vinrent après en ajoutèrent cinq autres; la diversité des opinions du philosophe et du peuple; du philosophe, au philosophe; du philosophe, à l'homme du peuple; et de l'homme du peuple, à l'homme du peuple; le circuit des raisons, à l'infini; la condition de celui qui voit ou comprend, relativement à l'objet vu ou compris; les suppositions qu'on prend pour des principes démontrés, la pétition de principe dans laquelle on prouve une chose par une autre, et celle-ci par la première.

Les étiologies des dogmatiques peuvent se réfuter de huit manières ; en montrant, 1.º que l'espèce de la cause assignée n'est pas de choses évidentes, ni une suite avouée de choses évidentes; 2.º qu'entre différens partis qu'on pourroit prendre si l'on connoissoit toutes les raisons de se déterminer, on suit celui qu'il plaît aux dogmatiques qui cèlent ou qui ignorent les raisons qui rendroient perplexe ; 3.º que tout ce qui est, est soumis à un ordre, et que leurs raisons n'en montrent point ; 4.º qu'ils admettent les apparences comme elles se font ; et qu'ils imaginent avoir conçu la manière dont se font les non-apparens, tandis que les apparens et les non-apparens ont peut-être une même manière d'être, peut-être une manière particulière et diverse ; 5.º que presque tous rendent raison d'après des élémens supposés, et non d'après des loix générales, communes et avouées ; 6.º qu'ils choisissent les phénomènes qui s'expliquent facilement d'après leurs suppositions ; mais qu'ils ferment les yeux sur ceux qui les contredisent et les renversent ; 7.º que les raisons qu'ils rendent répugnent quelquefois, non-seulement aux apparences, mais à leurs propres hypothèses ; 8.º qu'ils concluent des apparences à ce qui est en question, quoiqu'il n'y ait pas plus de clarté d'un côté que de l'autre.

Il est impossible d'apporter une raison qui convienne généralement à toutes les sectes de philosophes, aux sens, à la chose, aux apparences.

Le *sceptique* ne définit point son assentiment ; il s'abstient même d'expressions qui caractérisent une négation ou une affirmation formelle. Ainsi il a perpétuellement à la bouche : « Je ne définis rien, » pas plus ceci que cela ; peut-être oui, peut-être » non ; je ne sais pas si cela est permis ou non » permis, possible ou impossible ; qu'est-ce qu'on » connoît ? être et voir est peut-être une même » chose ».

Dans une question proposée par le dogmatique, le pour et le contre lui conviennent également.

Quand il dit qu'on ne comprend rien, cela signifie que de toutes les questions agitées entre les dogmatiques, il n'en a trouvé aucune, parmi celles qu'il a examinées, qui soit compréhensible.

Il ne faut confondre le scepticisme ni avec l'héraclitisme, ni avec le démocritisme, ni avec le système de Protagoras, ni avec la philosophie de l'académie, ni avec l'empirisme.

Il n'y a aucun caractère théorétique du vrai et du faux ; il y en a un pratique. Le caractère théorétique qu'on apporte du vrai et du faux, doit avoir le sien ; je raisonne de même de celui-ci, et ainsi à l'infini.

Le caractère théorétique du vrai et du faux,

dans celui qui juge, ou dans l'homme, ne se peut ni entendre, ni démontrer.

Quel est, entre tant d'avis opposés, celui auquel il faut se conformer ?

Le caractère du vrai et du faux, considéré relativement au sens et à l'entendement, n'est pas moins obscur. L'homme ne juge pas par le sens seul, par l'entendement seul, ni par l'un et l'autre conjointement.

Le caractère du vrai et du faux, relativement à l'imagination, est trompeur ; car qu'est-ce que l'image ? Une impression faite dans l'entendement, par l'objet apperçu. Comment arrive-t-il que ces impressions tombent successivement les unes sur les autres, et ne se brouillent point ? Quand, d'ailleurs, cette merveille s'expliqueroit, l'imagination prise comme une faculté de l'entendement ne se concevroit pas plus que l'entendement, qui ne se conçoit point.

Quand nous conviendrions qu'il y a quelque caractère de la vérité, à quoi serviroit-il ? Les dogmatiques nous disant que la vérité abstraite ne subsiste pas, elle n'est rien.

Une chose obscure n'a point de caractère qui démontre que cette chose soit plutôt cela qu'autre.

Mais la liaison dans le raisonnement ne se connoît pas plus que l'objet ; il faut toujours en venir à prouver une liaison par une autre, ou celle-ci par celle-là, ou procéder à l'infini, ou s'arrêter à quelque chose de non démontré.

D'où il s'ensuit qu'on ne sait pas même encore ce que c'est qu'une démonstration ; car toutes les parties du raisonnement ne co-existent pas ensemble, ni la démonstration qui en résulte, ni la force conclusive, ni séparément.

Le syllogisme simple est vicieux ; on l'appuie sur une base ruineuse, ou des propositions universelles, dont la vérité est admise sur une induction faite des singuliers ; ou des propositions singulières, dont la vérité est admise sur une concession précédente de la vérité des universelles.

L'induction est impossible ; car elle suppose l'exhaustion de tous les singuliers : or, les singuliers sont infinis en nombre.

Les définitions sont inutiles ; car celui qui définit ne comprend pas la chose par la définition qu'il en donne, mais il applique la définition à une chose qu'il a comprise ; et puis, si nous voulons tout définir, nous retomberons dans l'impossibilité de l'infini ; et si nous accordons qu'il y a quelque chose qu'on peut comprendre sans définition, il s'en suivra qu'alors les définitions sont inutiles, et que, par conséquent, il n'y en a point de nécessaire.

Autre raison pour laquelle les définitions sont inutiles ; c'est qu'il faut commencer par établir la vérité des définitions, ce qui engage dans des discussions interminables.

Le genre ou l'espèce sont, ou des notions de l'entendement, ou des substances. Si c'est le premier, il y a la même incertitude que s'il s'agissoit de l'entendement; si c'est le second, les espèces ne peuvent être comprises dans les genres; et il n'y a plus ni espèces, ni genres.

Des différens sophismes qu'on peut faire, la dialectique ne résout que ceux dont la solution est inutile; ce n'est point le dialecticien, c'est l'homme versé dans l'art ou la science qui les résout.

Il en faut dire autant des amphibologies. Les distinctions du dialecticien sont utiles dans le cours de la vie : c'est l'homme instruit de l'art ou de la science qui appercevra l'amphibologie qui tromperoit.

Si le *sceptique* ne voit que de l'incertitude dans la philosophie naturelle, croit-on que la philosophie morale lui soit moins suspecte?

Il se conforme à la vie commune; et il dit avec le peuple : il y a des dieux, il faut les adorer, leur providence s'étend sur tout; mais il dispute de ces choses contre le dogmatique, dont il ne peut supporter le ton décisif.

Entre les dogmatiques, les uns disent que Dieu est corporel; d'autres, qu'il est incorporel; les uns, qu'il a forme; les autres, qu'il n'en a point; les uns, qu'il est dans le lieu; les autres, qu'il n'y est pas; les uns, qu'il est dans le monde; les autres, qu'il est hors du monde : mais que peut-on prononcer sur un être dont la substance, la nature, la

forme, et le lieu sont inconnus ? ( *Voyez* Spinosistes.)

Les preuves que les dogmatiques apportent de son existences sont mauvaises ; ou l'on procède par l'évident ou par l'obscur ; par l'évident, c'est une absurdité ; car si l'on conçoit ce que l'on se propose de démontrer, la démonstration ne signifie rien; par l'obscur, c'est une impossibilité.

On ne peut ni démontrer l'existence de Dieu, ni la reconnoître par la providence ; car s'il se mêloit des choses d'ici-bas, il n'y auroit ni mal physique, ni mal moral.

Si Dieu ne se montre point par sa providence ; si l'on ne remarque point des vestiges de son existence dans quelques effets ; si on ne le conçoit ni en lui, ni par quoi que ce soit hors de lui, d'où sait-on qu'il est ?

Il faut ou nier qu'il existe, ou le rendre auteur du mal qu'il n'a point empêché, s'il l'a pu ; ou le rendre impuissant, s'il s'est fait sans qu'il pût l'empêcher. Le dogmatique est serré entre l'impuissance d'un côté, ou la mauvaise volonté de l'autre.

Il est vraisemblable qu'il y a cause ; car sans cause, comment y auroit-il accroissement, décroissement, génération, corruption, mouvement, repos, effets. Mais d'un autre côté, on peut soutenir avec le même avantage et la même vraisemblance qu'il n'y a point de cause ; car la cause ne se connoît que par l'effet ; l'effet ne se conçoit que par la cause : comment sortir de ce cercle ?

D'ailleurs, puisqu'il s'agit de l'existence de la cause, dès le premier pas on sera forcé de remonter à la cause de cette cause, et à la cause de celle-ci ; et ainsi de suite à l'infini : or ce progrès de causes à l'infini est impossible.

Les principes matériels ne se comprennent pas davantage ; les dogmatiques en parlent d'une infinité de manières diverses ; il n'y a aucun caractère de vérité qui décide plutôt en faveur d'une opinion que d'une autre.

Le corps est incompréhensible par lui-même. Il n'est rien sans la longueur, la largeur, la profondeur et l'impénétrabilité ; et ces qualités ne sont rien sans le corps.

Voilà pour les corps simples ; l'incertitude est bien autre pour les composés. On ne sait ce que c'est que le contact, la combinaison, l'affinité, la sympathie, le mélange ; et la diversité des opinions est infiniment plus grande encore. Ceux qui assurent qu'il y a mouvement ont pour eux l'expérience ; ceux qui le nient ont pour eux la raison. Comme homme qui juge d'après les apparences, le *sceptique* l'admet ; comme philosophe qui demande la démonstration de tout ce qu'il admet, il le rejette. Le raisonnement qui suit, entre autres, surprend sur-tout son jugement dans la question du mouvement. S'il y a quelque chose de mu, il l'est ou de lui-même, ou par un autre. S'il est mu par un autre, celui-ci le sera, ou de lui-même, ou par un autre ; et ainsi de suite jusqu'à ce qu'on soit arrivé à un être mu de lui-même ; ce qui ne se conçoit pas.

L'accroissement, la diminution, la soustraction, la translation, offrent les mêmes difficultés que le mouvement.

Le tout ne se comprend point ; car, qu'est-ce que le tout, si-non l'aggrégation de toutes les parties ? Toutes les parties ôtées, le tout se réduit à rien.

Mais les parties, ou elles sont parties du tout, ou parties les unes des autres, ou parties d'elles-mêmes. Parties du tout, cela ne se peut ; car le tout et ses parties, c'est une même chose : parties les unes des autres ou d'elles-mêmes, cela ne se peut.

Mais s'il n'y a notion certaine ni du tout, ni de ses parties, il n'y aura notion certaine ni d'addition, ni de soustraction, ni d'accroissement, ni de diminution, ni de corruption, ni de génération, ni d'aucun autre effet naturel.

Si la substance est fluxile, comme le prétendent les dogmatiques, et que sans cesse il s'en échappe quelque chose, et que sans cesse quelque chose s'y joigne, il n'y a point de corps en repos, aucun état permanent dans la substance.

Si le lieu est l'espace que le corps occupe, ou il a les dimensions mêmes du corps, ou il ne les a pas ; s'il les a, c'est la même chose que le corps ; s'il ne les a pas, le lieu et le corps sont inégaux.

Les dogmatiques ne savent ce que c'est que le lieu, l'espace et le vide, sur-tout s'ils distinguent le lieu du vide; l'espace ayant des dimensions, il s'en suit ou que des corps se pénètrent, ou que le corps est son propre espace.

A juger du temps par les apparences, c'est quelque chose; par ce qu'en disent les dogmatiques, on ne sait plus ce que c'est.

La notion du temps est liée à celle du mouvement et du repos. Si de ces trois idées il y en a une d'incertaine, les autres le deviennent.

Le temps peut-il être triple? Le passé et le futur ne sont pas: l'un n'est plus; l'autre n'est pas encore. Le présent s'échappe, et sa vîtesse le dérobe à notre conception.

Le *sceptique* compte dans la société; il sait ce que c'est que nombre, quand il n'en dispute pas avec les dogmatiques; mais il ne les a pas plus-tôt entendus sur ce sujet, que toutes ses notions se confondent.

Lorsque les dogmatiques rapportent le bien à ce qui excite notre désir, à ce qui nous est utile, à ce qui fait notre bonheur, ils spécifient bien les effets du bien, mais ils ne désignent point ce que c'est.

Chacun a son bien particulier. Il n'y a aucun bien qui soit bien, et qui le soit de la même manière pour deux individus: la notion du bien est donc aussi vague qu'aucune autre.

Le désir du bien n'est pas le bien, sans quoi nous aurions le bien que nous desirons ; ce n'est pas la chose désirée, car la chose désirée n'est en elle-même ni le bien, ni le mal ; le bien n'est donc ni en nous, ni hors de nous : ce n'est donc rien.

Quand le *sceptique* établit entre les choses les distinctions de bien et de mal, de juste et d'injuste, il se conforme à l'usage ; au-lieu que le dogmatique croit se conformer à l'évidence et à la raison.

Le *sceptique* est sans passion, relativement à certaines choses ; et très-modéré dans sa passion, relativement à d'autres. Tout est affaire de convention pour lui ; il sait que ce qui est bien dans un moment et pour lui, dans le même moment est mal pour un autre, et dans le moment suivant sera mal pour lui ; que ce qui est estimé honnête ou déshonnête dans Athènes ou dans Rome, prend ailleurs le nom d'indifférent. Quoi qu'il voie, quoi qu'il entende, quoi qu'on fasse, il reste immobile ; tout lui paroît également bien ou mal, ou rien en soi.

Mais si le bien et le mal ne sont rien en soi, il n'y a plus de règle, ni de mœurs, ni de vie.

La vertu est une habitude ; or on ne sait ce que c'est qu'une habitude ni en soi, ni dans ses effets.

Les mots d'*arts* et de *sciences* sont pour le *sceptique* vides de sens. Au reste, il ne soutient ces paradoxes que pour se détacher des choses, écarter les troubles de son ame, réduire ce qui l'environne à sa juste valeur, ne rien craindre, ne rien désirer, ne rien admirer, ne rien louer, ne rien blâmer, être heureux, et faire sentir au dogmatique sa misère et sa témérité.

D'où l'on voit que le doute avoit conduit le *sceptique* à la même conclusion que le stoïcien tenoit de la nécessité.

Que ces philosophes avoient rendu à la philosophie un service très-important en découvrant les sources réelles de nos erreurs, et en marquant les limites de notre entendement.

Qu'au sortir de leur école, on devoit prononcer avec beaucoup de circonspection, sur toutes les choses qu'on croyoit entendre le mieux.

Que leur doctrine indiquoit les objets sur lesquels nous étions dans les ténèbres, et que nous ne connoîtrions jamais.

Qu'elle tendoit à rendre les hommes indulgens les uns envers les autres, et tempérer en tout l'impétuosité des passions.

Et que la conclusion qu'on en tiroit, c'est qu'il y a dans l'usage de la raison une sorte de sobriété dont on ne s'écarte point impunément. (*Voyez* sur tout ceci l'article ACADÉMICIENS, (PHILOSOPHIE DES) *cité ci-dessus, pag.* 6.

Il n'étoit pas possible qu'une secte, qui ébranloit tout principe, qui disoit que le vice et la vertu étoient des mots sans idées, et qu'il n'y avoit rien en soi de vrai et de faux, de bon et de mauvais, de bien et de mal, de juste et d'injuste, d'honnête et de déshonnête, fit de grands progrès chez aucun peuple de la terre. Le *sceptique* avoit beau protester qu'il avoit une manière de juger dans l'école, et une autre dans la société, il est sûr que sa doctrine tendoit à avilir tout ce qu'il y a de plus sacré parmi les hommes. Nos opinions ont une influence trop immédiate sur nos actions, pour qu'on pût traiter le *scepticisme* avec indifférence. Cette philosophie cessa promptement dans Athènes; elle fit peu de progrès dans Rome, sur-tout sous les empereurs. Auguste favorisa les stoïciens et les péripatéticiens: ses courtisans étoient tous épicuriens; le superstitieux Tibère inclina pour le pythagorisme et la divination; Caïus, Claude et Néron ne firent aucun cas de la philosophie et des philosophes; les pythagoriciens et les stoïciens furent en honneur à la cour de Vespasien et de Tite; Trajan et Adrien les aimèrent tous indistinctement. Les Antonins professèrent eux-mêmes la philosophie dogmatique et stoïcienne. Julie concilia la faveur de Sévère aux platoniciens; il parut cependant de temps-en-temps quelques *sceptiques*.

On donne ce nom à Claude Ptolomée. Il est sûr qu'il fit assez peu de cas de la raison et des lumières de l'entendement. Corneille Celse avoit une érudition trop variée et trop superficielle pour être dogmatique. Nous ne dirons de Sextus Empiricus : qui est-ce qui ne connoît pas ses hypotiposes ? Sextus Empiricus étoit africain. Il écrivit au commencement du troisième siècle. Il eut pour disciple Saturninus ; et pour sectateur, Théodose Tripolite. Le *sceptique* Uranius parut sous le règne de Justinien.

Le scepticisme s'assoupit depuis ce temps jusqu'en 1562, que naquit le portugais François Sanchez. Il publia un ouvrage intitulé *de multùm nobili et primis universali scientiâ quod nihil scitur*. Ce fut une manière adroite d'attaquer l'aristotélisme, sans se compromettre. Sanchez en vouloit aux erreurs qui régnoient de son temps. Jérôme Hirnhaym en vouloit à toute connoissance humaine, comme il paroît par le titre de son ouvrage oublié depuis long-temps : « De scientiarum humanarum
» inani ac ventoso humore, difficultate, labilitate,
» falsitate, jactantiâ, præsumptione, incommodis
» et periculis, tractatus brevis, in quo etiàm
» vera sapientia à falsâ discernitur, et simplicitas
» mundo contempta extollitur, idiotis in solatium,
» doctis in cautelam conscriptus ». Hirnhaym étoit chanoine de l'ordre des Prémontrés, et abbé de Strahow en Bohême. Ce pieux *sceptique* poussa le doute aussi loin qu'il peut aller. Il n'y a pour lui aucun axiome de philosophie qui soit infaillible. Il oppose la philosophie à la théologie ; la révélation, à la raison ; la création, à l'axiome *ex nihilo nihil fit* ; l'eucharistie, à l'axiome qu'il est im-

possible qu'un même corps soit en plusieurs lieux à-la-fois ; la trinité, à l'axiome que Un et un font deux, et deux et un font trois. Selon lui, les apôtres qui ont vécu avec Jésus-Christ, qui l'ont vu, qui l'ont entendu, qui l'ont touché, avec qui ils ont mangé, ne sont sûrs de ces faits que par la foi, et non par le témoignage de leurs sens qui a pu les tromper. Il rapporte tout à l'infaillibilité de l'église : le bon homme ne s'apperçoit pas que cette proposition, l'église est infaillible, ne peut jamais acquérir l'évidence qu'il refuse à celle-ci, il est impossible qu'une chose soit et ne soit pas en-même-temps ; le tout est plus grand que sa partie, et autres qu'il combat de bonne foi.

Le pirrhonien François la Motte le Vayer naquit à Paris, en 1586 ; c'est le Plutarque français. Il avoit beaucoup lu et beaucoup réfléchi. Il est *sceptique* dans ses dialogues d'Orazius Tubero, cynique dans son *hexameron rustique* ; libre dans ses écrits, et sévère dans ses mœurs ; c'est un des exemples à objecter à ceux qui se hâtent de juger des actions des hommes par leurs discours.

Pierre-Daniel Huet marcha sur les traces de la Motte le Vayer, et se montra parmi nous un des hardis contempteurs de la raison.

Huet naquit à Caen, en 1630. Ce fut un des hommes les plus savans que nous ayons eus ; les lettres, la philosophie, les mathématiques, l'astronomie, la poésie, les langues hébraïque, grecque et latine, l'érudition, toutes les connoissances lui furent presque également familières. Il eut les liaisons les plus étroites avec la plupart des grands hommes de son siècle, Petau, Labbe, Cossart, Bochard, Vavassor et Rapin. Il inclina de bonne heure au scepticisme, prenant la force de son esprit, qu'il trouvoit souvent au-dessous des difficultés des questions, pour la mesure de l'étendue de l'esprit humain ; ce en quoi il y avoit bien peu d'hommes à qui il faisoit injustice ; il en concluoit au-dedans de lui-même, que nous ne sommes pas destinés à connoître la vérité. De jour en jour, ce préjugé secret se fortifioit en lui ; et il ne connut peut-être qu'il étoit *sceptique* qu'au moment où il écrivit son ouvrage de la foiblesse de l'entendement humain. On arrive au pirrhonisme par deux voies tout-à-fait opposées ; ou parce qu'on ne sait pas assez, ou parce qu'on sait trop. Huet suivit la dernière ; et ce n'est pas la plus commune.

Mais parmi les sectateurs du pirrhonisme, nous avons oublié Michel de Montaigne, l'auteur de ces *essais* qui seront lus tant qu'il y aura des hommes qui aimeront la vérité, la force, la simplicité. L'ouvrage de Montaigne est la pierre-de-touche d'un bon esprit. Prononcez de celui à qui cette lecture déplaît, qu'il a quelque vice de cœur ou d'entendement ; il n'y a presqu'aucune question que cet auteur n'ait agitée pour et contre, et toujours avec le même air de persuasion. Les contradictions de son ouvrage sont l'image fidelle des contradictions de l'entendement humain. Il suit sans art l'enchaînement de ses idées; il lui importe fort peu d'où il parte, comment il aille, ni où il aboutisse. La chose qu'il dit, c'est celle qui l'affecte dans le moment. Il n'est ni plus lié, ni plus décousu en écrivant, qu'en pensant ou en rêvant : or il est impossible que l'homme qui pense ou qui rêve, soit tout-à-fait décousu. Il faudroit qu'un effet pût cesser sans cause, et qu'un autre effet put commencer subitement et de lui-même. Il y a une liaison nécessaire entre les deux pensées les plus disparates ; cette liaison est, ou dans la sensation, ou dans les mots, ou dans la mémoire, ou au-dedans, ou au-dehors de l'homme. C'est une règle à laquelle les fous même sont assujettis dans leur plus grand désordre de raison. Si nous avions l'histoire complète de tout ce qui se passe en eux; nous verrions que tout y tient, ainsi que dans l'homme le plus sage et le plus sensé. Quoique rien ne soit si varié que la suite des objets qui se présentent à notre philosophe, et qu'ils semblent amenés par le hasard ; cependant ils se touchent tous d'une ou d'autre manière : et quoiqu'il y ait bien loin de la matière des coches publics, à la harangue que les Mexicains firent aux Européens, quand ils mirent le pied pour la première fois dans le Nouveau-Monde; cependant on arrive de Bordeaux à Cusco sans interruption ; mais, à-la-vérité, par de bien longs détours. Chemin faisant, il se montre sous toutes sortes de faces; tantôt bon, tantôt dépravé, tantôt compatissant, tantôt vain, tantôt incrédule, tantôt superstitieux. Après avoir écrit avec force contre la vérité des miracles, il fera l'apologie des augures; mais quelque chose qu'il dise, il intéresse et il instruit. Mais le scepticisme n'eut, ni chez les anciens, ni chez les modernes, aucun athlète plus redoutable que Bayle.

Bayle naquit dans l'année 1647. La nature lui donna l'imagination, la force, la subtilité, la mémoire; et l'éducation, tout ce qui peut contribuer à faire sortir les qualités naturelles. Il apprit les langues grecque et latine; il se livra de bonne heure et presque sans relâche à toutes sortes de lectures et d'études. Plutarque et Montaigne furent ses auteurs favoris. Ce fut là qu'il prit ce germe de pirrhonisme qui se développa dans la suite en lui d'une manière si surprenante. Il s'occupa de la dialectique avant vingt ans. Il étoit bien jeune encore, lorsqu'il fit connoissance avec un ecclésiastique, qui, profitant des incertitudes dans lesquelles il flottoit, lui prêcha la nécessité de s'en rapporter à quelque autorité qui nous décidât, et le détermina à abjurer publiquement la religion qu'il avoit reçue de ses parens. A-peine eut-il fait ce pas, que l'esprit de prosélitisme s'empara de lui. Bayle, qui s'est tant déchaîné contre les convertisseurs, le devint un moment; et il ne tint pas à lui qu'il n'inspirât à ses frères, à ses parens et à ses amis, les sentimens qu'il avoit adoptés. Mais son frère, qui n'étoit pas un homme sans mérite, et qui exerçoit les fonctions de ministre parmi les réformés, le ramena au culte de sa famille. Le catholicisme n'eut point à s'affliger, ni le protestantisme à se glorifier de ce retour. Bayle ne tarda pas à connoître la fausseté de tous les systêmes religieux, et à les attaquer tous, sous prétexte de défendre celui qu'il avoit embrassé. Le séjour de la France l'eût exposé aux persécutions; il se retira à Genève. Ce fut là que passant d'une première abjuration à une seconde, il quitta l'aristotélisme pour le cartésianisme; mais avec aussi peu d'attachement à l'une de ces doctrines, qu'à l'autre; car on le vit dans la suite opposer les sentimens des philosophes les uns aux autres, et s'en jouer également. Nous ne pouvons nous empêcher de regretter ici le temps qu'il perdit à deux éducations dont il se chargea successivement. Celui qu'il passa à professer la philosophie à Sedan, ne fut guère mieux employé. Ce fut dans ces circonstances, que Poiret publia son ouvrage sur Dieu, sur l'ame et sur le mal. Bayle proposa ses difficultés à l'auteur; celui-ci répondit; et cette controverse empoisonna la vie de l'un et de l'autre. Bayle traduisit Poiret comme un fou; et Poiret, Bayle comme un athée; mais on est fou, et non athée impunément. Poiret aimoit la Bourignon; Bayle disoit que la Bourignon étoit une mauvaise cervelle de femme troublée; et Poiret, que Bayle étoit un fauteur secret du spinosisme. Poiret soupçonnoit Bayle d'avoir excité la sévérité des magistrats contre la Bourignon; et il se vengeoit par une accusation qui compromettoit à leurs yeux son adversaire, d'une manière beaucoup plus dangereuse. La Bourignon eût peut-être été enfermée; mais Bayle eût été brûlé. Le principe de Descartes, qui constitue l'essence du corps dans l'étendue, l'engagea dans une autre dispute. En 1684, parut cette comète fameuse par sa grandeur, et plus peut-être encore par les pensées de Bayle, ouvrage où, à l'occasion de ce phénomène, et des terreurs populaires dont il étoit accompagné, notre philosophe agite les questions les plus importantes sur les miracles, sur la nature de Dieu, sur la superstition. Il s'occupa ensuite à l'examen de l'histoire du calvinisme, que Maimbourg avoit publiée. Maimbourg même louoit son ouvrage. Le grand Condé ne dédaigna pas de le lire; tout le monde le dévoroit; et le gouvernement le faisoit brûler. Il commença en 1684 sa république des lettres. Engagé par ce genre de travail à lire toutes sortes d'ouvrages; à approfondir les matières les plus disparates; à discuter des questions de mathématiques, de philosophie, de physique, de théologie, de jurisprudence, d'histoire ; quel champ pour un pirrhonien ! Le théosophe Malebranche parut alors sur la scène. Entre un grand nombre d'opinions qui lui étoient particulières, il avoit avancé que toute volupté étoit bonne. Arnauld crut voir dans cette maxime le renversement de la morale, et l'attaqua. Bayle intervint dans cette querelle, expliqua les termes, et disculpa Malebranche de l'accusation d'Arnauld. Il lui étoit déjà échappé dans quelques autres écrits des principes favorables à la tolérance ; il s'expliqua nettement sur ce sujet important dans son commentaire philosophique. Cet ouvrage parut par parties. Il plut d'abord également à tous les partis ; il mécontenta ensuite les catholiques, et continua de plaire aux réformés ; puis, il mécontenta également les uns et les autres, et ne conserva d'approbateurs constans que les philosophes ; cet ouvrage est un chef-d'œuvre d'éloquence. Nous ne pouvons cependant dissimuler qu'il avoit été précédé d'une brochure intitulée : *Junii Bruti Poloni vindiciæ pro libertate religionis*, qui contient en abrégé tout ( * ) ce que Bayle a dit. Si Bayle n'est pas

―――――――

(*) Ce jugement de Diderot a besoin d'être rectifié. Les argumens qui prouvent l'utilité, la justice et la nécessité de la tolérance civile et ecclésiastique, sont si évidens, si simples ; ils se présentent si facilement à l'esprit de ceux qui ont reçu de la nature un sens

l'auteur de ce discours anonyme, sa gloire se réduit à en avoir fait un commentaire excellent.

Il y avoit long-temps que le ministre Jurieu étoit jaloux de la réputation de Bayle. Il croyoit

---

droit, qu'il est presqu'impossible de traiter cette question de la liberté de conscience et de la tolérance universelle, sans se rencontrer assez souvent, dans le choix des preuves, avec ceux qui ont écrit antérieurement sur cette matière. Ces preuves peuvent recevoir sans-doute de la variété infinie des esprits, des formes très-diverses; mais étant toutes puisées dans un fonds de raison commun à tous les hommes, elles doivent nécessairement avoir entre elles des points de conformité plus ou moins sensibles. Ainsi donc, de ce qu'on retrouve çà et là, dans le commentaire philosophique, sur *contrains-les d'entrer*, quelques idées analogues à celles de l'auteur du *vindiciæ pro religionis libertate*, il ne faut pas conclure, comme Diderot, que ce petit traité *contient en abrégé tout ce que Bayle a dit*, et qu'ici *sa gloire se réduit à en avoir fait un commentaire excellent*. Il paroît, au contraire, que ce grand homme ne l'avoit pas lu, lorsqu'il composa son commentaire philosophique sur *compelle intrare*; et ce qui rend cette conjecture très-vraisemblable, c'est que ce critique si exact, et qui ne se permet jamais d'employer, je ne dis pas une phrase, une pensée, mais même une seule expression d'un auteur ancien ou moderne, sans le nommer, ne cite en aucun endroit le *traité de Crellius*; ce qu'il n'auroit certainement pas oublié de faire, s'il en avoit eu connoissance; car sa manière constante de procéder avoir des raisons particulières de s'en plaindre. Il regardoit ses principes sur la tolérance, comme propres à inspirer l'indifférence en fait de religion. Il étoit dévoré d'une haine secrète, lorsque l'*Avis*

---

dans l'examen d'un fait, d'une opinion ou d'un système philosophique, est d'employer successivement les armes de la dialectique, et l'autorité; et de confirmer ensuite, par celle-ci, les résultats où il est d'abord arrivé par la voie du raisonnement. D'ailleurs, Bayle étoit trop riche de son propre fonds, pour se résoudre à vivre quelques instans d'emprunt, et sur le bien d'un autre. Si Diderot avoit lu de suite le commentaire philosophique, et les *vindiciæ pro religionis libertate*, ce qui étoit le seul moyen de juger sainement de ces deux ouvrages, et sur-tout de mesurer avec quelque précision l'intervalle immense qui les sépare, il auroit reconnu que le philosophe, en partant quelquefois des mêmes principes que le théologien, a sur lui l'avantage de les élever à la plus grande universalité, et d'en déduire les conséquences les plus fortes et les plus importantes. Le traité de tolérance de Crellius mérite sans-doute qu'on en parle avec éloge ; et lorsqu'on fait réflexion qu'il le publia en 1637, c'est-à-dire, il y a 157 ans, on est encore plus disposé à rendre justice à cet auteur; car c'est quelque chose que d'avoir, à cette époque, pensé et écrit avec force, avec justesse et clarté sur une question que les préjugés religieux ont fort compliquée ; et qui, par cela même, ouvre un champ très-vaste aux ergoteries des sophistes. Mais, en avouant que Crellius avoit déjà *important aux réfugiés sur leur retour prochain en France*, ouvrage écrit avec finesse, où l'on excusoit les vexations que la Cour de France avoit ordonnées contre les protestans, et où la conduite

---

vu assez loin dans cette matière, et que son ouvrage, très-propre à rendre odieux les intolérans et les persécuteurs, les montre encore comme des esprits faux; ne dissimulons pas que celui de Bayle lui est préférable sous tous les rapports : on peut même le citer comme un modèle de discussion et d'analyse. Le style négligé, et quelquefois même un peu familier dont il est écrit, ne nuit point à l'impression qu'on reçoit de cette lecture, parce que ce style, toujours facile et naturel, a encore de la force et de la précision. On se trouve entraîné, persuadé, convaincu par une supériorité de raison qu'il est impossible de ne pas sentir; en un mot, tout y décèle un philosophe profond, un auteur original qui s'est ouvert lui-même les différentes routes qu'il parcourt, et non pas, comme Diderot l'avance ici très-légèrement, un simple commentateur des idées des autres.

Au reste, j'invite ceux qui attachent quelque prix à la vérité, et qui aiment à se faire des notions exactes des personnes et des choses, à lire avec quelque attention le traité de Crellius, dont il est ici question. Comme il est très-rare, j'en ai donné en 1769 une traduction plus fidelle, et sur-tout moins barbare que celle qui parut en 1687. En rapprochant ce traité de celui de Bayle, le lecteur aura sous les yeux les deux objets de comparaison; et il pourra juger. NOTE DE L'ÉDITEUR.

de ces transfuges n'étoit pas montrée sous un coup-d'œil bien favorable, excita dans toutes les églises réformées le plus grand scandale. On chercha à en découvrir l'auteur. On l'attribue aujourd'hui à Pélisson. Jurieu persuada à tout le monde qu'il étoit de Bayle ; et cette imputation pensa le perdre. Bayle avoit formé depuis long-temps le plan de son dictionnaire historique et critique. Les disputes, dans lesquelles il avoit misérablement vécu, commençant à s'appaiser, il s'en occupa nuit et jour ; et il en publia le premier en 1697 (*). On connoissoit son esprit, ses talens, sa dialectique ; on connut alors l'immensité de son érudition, et son penchant décidé au pirrhonisme. En effet, quelles sont les questions de politique, de littérature, de critique, de philosophie ancienne et moderne, de théologie, d'histoire, de logique et de morale, qui n'y soient examinées pour et contre ? C'est là qu'on le voit semblable au Jupiter d'Homère qui assemble les nuages ; au milieu de ces nuages, on erre étonné et désespéré. Tout ce que Sextus Empiricus et Huet disent contre la raison,

---

(*) Diderot se trompe encore ici : le dictionnaire de Bayle ne fut point publié par parties, et volume à volume. Le premier tome fut achevé au mois d'août de l'année 1695 ; mais l'ouvrage parut tout-à-la-fois en deux volumes, en 1697.

**NOTE DE L'ÉDITEUR.**

l'un dans ses hypotiposes, l'autre dans son *traité de la foiblesse de l'esprit humain*, ne vaut pas un article choisi du dictionnaire de Bayle On y apprend bien mieux à ignorer ce que l'on croit savoir. Les ouvrages dont nous venons de rendre compte, ne sont pas les seuls que cet homme surprenant ait écrit ; et cependant il n'a vécu que cinquante-neuf ans : il mourut en janvier 1706.

Bayle eut peu d'égaux dans l'art de raisonner, peut-être point de supérieur. Personne ne sut saisir plus subtilement le foible d'un systême ; personne n'en sut faire valoir plus fortement les avantages ; redoutable, quand il prouve ; plus redoutable encore, quand il objecte : doué d'une imagination gaie et féconde, en-même-temps qu'il prouve, il amuse, il peint, il séduit. Quoiqu'il entasse doute sur doute, il marche toujours avec ordre : c'est un polipe vivant, qui se divise en autant de polipes qui vivent tous ; il les engendre les uns des autres. Quelle que soit la thèse qu'il ait à prouver, tout vient à son secours, l'histoire, l'érudition, la philosophie. S'il a la vérité pour lui, on ne lui résiste pas ; s'il parle en faveur du mensonge, il prend sous sa plume toutes les couleurs de la vérité : impartial ou non, il le paroît toujours ; on ne voit jamais l'auteur, mais la chose.

Quoi qu'on dise de l'homme de lettres, on n'a rien à reprocher à l'homme. Il eut l'esprit droit, et le cœur honnête ; il fut officieux, sobre, laborieux, sans ambition, sans orgueil, ami du vrai, juste même envers ses ennemis, tolérant, peu dévot, peu crédule, on ne peut moins dogmatique, gai, plaisant, conséquemment peu scrupuleux dans ses récits, menteur comme tous les gens d'esprit, qui ne balancent guère à supprimer ou à ajouter une circonstance légère à un fait lorsqu'il en devient plus comique, ou plus intéressant ; souvent ordurier. On dit que Jurieu ne commença à être si mal avec lui, qu'après s'être apperçu qu'il étoit trop bien avec sa femme ; mais c'est une fable qu'on peut sans injustice croire ou ne pas croire de Bayle, qui s'est complu à en accréditer un grand nombre de pareilles. Je ne pense pas qu'il ait jamais attaché un grand prix à la continence, à la pudeur, à la fidélité conjugale et à d'autres vertus de cette classe ; sans quoi il eût été plus réservé dans ses jugemens. On a dit de ses écrits, *quamdiù vigebunt, lis erit.* Et nous finirons son histoire par ce trait.

Il suit, de ce qui précède, que les premiers *sceptiques* ne s'élevèrent contre la raison que pour mortifier l'orgueil des dogmatiques; qu'entre les *sceptiques* modernes, les uns ont cherché à décrier la philosophie, pour donner de l'autorité à la révélation; les autres, pour l'attaquer plus sûrement, en ruinant la solidité de la base sur laquelle il faut l'établir; et qu'entre les *sceptiques* anciens et modernes, il y en a quelques-uns qui ont douté de bonne foi, parce qu'ils n'appercevoient dans la plupart des questions, que des motifs d'incertitude.

Pour nous, nous conclurons que, tout étant lié dans la nature, il n'y a rien, à proprement parler, dont l'homme ait une connoissance parfaite, absolue, complète, pas même des axiomes les plus évidens, parce qu'il faudroit qu'il eût la connoissance de tout.

Tout étant lié, s'il ne connoît pas tout, il faudra nécessairement que, de discussions en discussions, il arrive à quelque chose d'inconnu : donc, en remontant de ce point inconnu, on sera fondé à conclure contre lui ou l'ignorance, ou l'obscurité, ou l'incertitude du point qui précède, et de celui qui précède celui-ci ; et ainsi jusqu'au principe le plus évident.

Il y a donc une sorte de sobriété dans l'usage de la raison, à laquelle il faut s'assujettir, ou se résoudre à flotter dans l'incertitude ; un moment où sa lumière, qui avoit toujours été en croissant, commence à s'affoiblir, et où il faut s'arrêter dans toutes discussions.

Lorsque, de conséquences en conséquences, j'aurai conduit un homme à quelque proposition évidente, je cesserai de disputer ; je n'écouterai plus celui qui niera l'existence des corps, les règles de la logique, le témoignage des sens, la distinction du vrai et du faux, du bien et du mal, du plaisir et de la peine, du vice et de la vertu, du décent et de l'indécent, du juste et de l'injuste, de l'honnête et du déshonnête. Je tournerai le dos à celui qui cherchera à m'écarter d'une question simple, pour m'embarquer dans des dissertations sur la nature de la matière; sur celle de l'entendement, de la substance, de la pensée, et autres sujets qui n'ont ni rive ni fond.

L'homme un et vrai n'aura point deux philosophies, l'une de cabinet, et l'autre de société; il n'établira point dans la spéculation, des principes qu'il sera forcé d'oublier dans la pratique.

Que dirai-je à celui qui, prétendant que, quoi qu'il voie, quoi qu'il touche, qu'il entende, qu'il apperçoive, ce n'est pourtant jamais que sa sensation qu'il apperçoit : qu'il pourroit avoir été organisé de manière que tout se passât en lui, comme il s'y passe, sans qu'il y ait rien au-dehors, et que peut-être il est le seul être qui soit? Je sentirai tout-à-coup l'absurdité et la profondeur de ce paradoxe; et je me garderai bien de perdre mon temps à détruire dans un homme une opinion qu'il n'a pas, et à qui je n'ai rien à opposer de plus clair que ce qu'il nie. Il faudroit, pour le confondre, que je pusse sortir de la nature, l'en tirer, et raisonner de quelque point hors de lui et de moi, ce qui est impossible. Ce sophiste manque du-moins à la bienséance de la conversation, qui consiste à n'objecter que des choses auxquelles on ajoute soi-même quelque solidité. Pourquoi m'époumonnerai-je à dissiper un doute que vous n'avez pas ? Mon temps est-il de si peu de valeur à vos yeux ? En mettez-vous si peu au vôtre ? N'y a-t-il plus de vérités à chercher ou à éclaircir ? Occupons-nous de quelque chose de plus important, ou si nous n'avons que de ces frivolités à dire, dormons et digérons.

## PYTHAGORISME,

### OU PHILOSOPHIE DE PYTHAGORE.

Voici la seconde tige de la philosophie sectaire de la Grèce. Socrate, avec la troupe de ses successeurs, sortoit de l'école ionique ; Héraclite, Epicure et Pirrhon, sortirent de l'école éléatique italique.

L'école éléatique s'appela *italique*, de l'endroit de son premier établissement, la partie inférieure de l'Italie. Cette contrée et les îles voisines étoient peuplées de colonies grecques ; elle est située dans le pays qu'on appeloit la *grande Grèce* ; et il s'écoula du temps avant qu'elle prît le nom de *pythagorique*.

Pythagore fut élevé par Phérécide, dont le nom est célèbre parmi les philosophes de la Grèce ; Phérécide naquit à Scyros, l'une des Cyclades, dans la quarante-cinquième olympiade. Il étudia la théologie et la philosophie en Égypte ; il est le premier qui ait entretenu les Grecs de l'immortalité de l'ame, et écrit en prose de la nature des dieux; jusqu'alors ce philosophe avoit été poëte. On montroit à Scyros une invention astronomique qui marquoit les solstices, les équinoxes, le lever et le coucher des étoiles, et qu'on attribuoit à Phérécide; le reste de sa vie est un tissu de contes merveilleux. Si les peuples qu'il avoit éclairés ont cherché à honorer sa mémoire, les prêtres, dont il avoit décrié la superstition et les mensonges, se sont occupés, de leur côté, à la flétrir. Mais, en mettant quelque distinction entre les motifs qui ont animé les uns et les autres, il faut également rejeter le bien et le mal qu'ils en ont dit. L'ouvrage de Phérécide, sur l'origine des choses, commençoit par ces mots: « Jupiter, le temps et » la masse, étoient un; mais la masse s'appela » la terre, lorsque Jupiter l'eût douée ». Il pensoit que la cause universelle, ordinatrice et première étoit bonne; il étoit dans l'opinion de la métempsycose; l'obscurité qui régnoit dans ses livres, les a fait négliger; et ils se sont perdus. Nous avons cru devoir exposer ce que nous savions de Phérécide, avant que de passer à l'histoire de Pythagore, son disciple.

Pythagore a vécu dans des temps reculés; il n'admettoit pas dans son école indistinctement toutes sortes d'auditeurs; il ne se communiquoit pas: il exigeoit le silence et le secret; il n'a point écrit ; il voiloit sa doctrine. Il y avoit près d'un siècle qu'il n'existoit plus, lorsqu'on recueillit ce que ses disciples avoient laissé transpirer de ses principes ; et ce que le peuple, ami de la fable et du merveilleux, débitoit de sa vie : comment discerner la vérité au milieu de ces ténèbres ?

On savoit, en général, que Pythagore avoit été un philosophe du premier ordre ; qu'il avoit reconnu l'existence d'un dieu ; qu'il admettoit la métempsycose ; qu'il avoit été profondément versé dans l'étude de la physique, de l'histoire naturelle, des mathématiques et de la musique ; qu'il s'étoit fait un système particulier de théologie ; qu'il avoit opéré des choses prodigieuses ; qu'il professoit la double doctrine ; qu'il rapportoit tout à la science des nombres. Lorsque les premiers ennemis du christianisme lui supposèrent des miracles, des livres, des voyages, des discours, et ne négligèrent rien pour l'opposer avec avantage au fondateur de notre (\*) *sainte* religion ; voici quelle étoit la pensée maligne et secrète d'Ammonius, de Jamblique, de Plotin, de Julien et des autres. Ils disoient en eux-mêmes : ou l'on admettra indistinctement les prodiges de Jésus-Christ, d'A-

---

(\*) *Voyez* sur cette expression ce que j'ai remarqué ci-dessus, dans une addition à l'article MOSAÏQUE ET CHRÉTIENNE PHILOSOPHIE, tome II, pag. 370 et suiv. NOTE DE L'ÉDITEUR.

pollonius et de Pythagore, ou l'on rejettera indistinctement les uns et les autres. Quel que soit le parti qu'on prenne, il nous convient; en conséquence, ils répandirent que Pythagore étoit fils d'Apollon ; qu'un oracle avait annoncé sa naissance ; que l'ame de Dieu étoit descendue du ciel, et n'avoit pas dédaigné d'animer son corps; que l'Éternel l'avoit destiné à être le médiateur entre l'homme et lui; qu'il avoit eu la connoissance de ce qui se passe dans l'univers; qu'il avoit commandé aux élémens, aux tempêtes, aux eaux, à la mort et à la vie. En un mot, l'histoire mensongére de Jésus-Christ n'offroit pas un événement prodigieux, qu'ils n'eussent parodié dans l'histoire également fausse de Pythagore. Ils citèrent en leur faveur la tradition des peuples, les monumens de toute espèce, les ouvrages des anciens et des modernes, et ils embarrassèrent la question de tant de difficultés, que quelques-uns des premiers pères virent moins d'inconvénient à admettre les miracles du paganisme, qu'à les nier; et se retranchèrent à prouver à leur manière, la supériorité de la puissance de Jésus-Christ sur toute autre.

Pythagore naquit à Samos, entre la quarante-troisième et la cinquante-troisième olympiade; il parcourut la Grèce, l'Égypte, l'Italie; il s'arrêta à Crotone, où il fit un séjour fort long, Il épousa Théano, qui présida dans son école après sa mort; il eut d'elle Mnésarque et Thélauge, et plusieurs filles; Astrée et Zamolxis, le législateur des Gètes, furent deux de ses esclaves; mais il paroît que Zamolxïs est fort antérieur à Pythagore. Ce philosophe mourut entre la soixante-huitième et la soixante et dix-septième olympiade. Les peuples, qui sont toujours stupides, jaloux et méchans, offensés de la singularité de ses mœurs et de sa doctrine, lui rendirent la vie pénible, et conspirèrent l'extinction de son école. On dit que ces féroces Crotoniates, qui l'égorgèrent à l'âge de 104 ans, le placèrent ensuite au rang des dieux, et firent un temple de sa maison. La condition de sage est bien dangereuse : il n'y a presque pas une nation qui ne se soit souillée du sang de quelques-uns de ceux qui l'ont professée. Que faire donc ? faut-il être insensé avec les insensés ? non; mais il faut être sage en secret, c'est le plus sûr. Cependant, si quelqu'un a montré plus de courage que nous ne nous en sentons ; et s'il a osé pratiquer ouvertement la sagesse, décrier les préjugés, prêcher la vérité au péril de sa vie, le blâmerons-nous ? non; nous conformerons dès cet instant notre jugement à celui de la postérité, qui rejette toujours sur les peuples l'ignominie dont ils ont prétendu couvrir leurs philosophes. Vous lisez avec indignation la manière avec laquelle ces Athéniens en ont usé avec Socrate, ces Crotoniates avec Pythagore ; et vous ne pensez pas que vous exciterez un jour la même indignation, si vous exercez contre leurs successeurs la même barbarie.

Pythagore professa la double doctrine, et il eut deux sortes de disciples; il donna des leçons publiques, et il en donna de particulières; il enseigna dans les gymnases, dans les temples, et sur les places; mais il enseigna aussi dans l'intérieur de sa maison. Il éprouvoit la discrétion, la pénétration, la docilité, le courage, la constance, le zèle de ceux qu'il devoit un jour initier à ses connoissances secrètes, s'ils le méritoient, par l'exercice des actions les plus pénibles; il exigeoit qu'ils se réduisissent à une pauvreté spontanée : il les obligeoit au secret par le serment ; il leur imposoit un silence de deux ans, de cinq, de sept, selon que le caractère de l'homme le demandoit. Un voile partageoit son école en deux espaces, et déroboit sa présence à une partie de son auditoire. Ceux qui étoient admis en-deçà du voile l'entendoient seulement; les autres le voyoient et l'entendoient ; sa philosophie étoit énigmatique et symbolique pour les uns; claire, expresse et dépouillée d'obscurités et d'énigmes pour les autres. On passoit de l'étude des mathématiques, à celle de la nature; et de l'étude de la nature, à celle de la théologie, qui ne se professoit que dans l'intérieur de l'école : au-delà du voile il y eut quelques femmes à qui ce sanctuaire fut ouvert ; les maîtres, les disciples, leurs femmes et leurs enfans vivoient en commun ; ils avoient une règle à laquelle ils étoient assujettis : on pourroit regarder les pythagoriciens comme une espèce de moines payens, d'une observance très-austère : leurs journées étoient partagées en diverses occupations ; ils se levoient avec le soleil ; ils se disposoient à la sérénité par la musique et par la danse ; ils chantoient, en s'accompagnant de la lyre ou d'un autre instrument, quelques vers d'Hésiode ou d'Homère ; ils étudioient ensuite ; ils se promenoient dans les bois, dans les temples, dans les lieux écartés et déserts, par-tout où le silence, la solitude, les objets sacrés imprimoient à l'ame le frémissement, la touchoient, l'élevoient et l'inspiroient. Ils s'exerçoient à la course ; ils conféroient ensemble ; ils s'interrogeoient, ils se répondoient ; ils s'oignoient ; ils se baignoient ; ils se rassembloient autour de tables servies de pain, de fruits, de miel et d'eau ; jamais on n'y buvoit de vin : le soir, on faisoit des libations ; on lisoit, et l'on se retiroit en silence.

Un vrai pythagoricien s'interdisoit l'usage des viandes, des poissons, des œufs, des fèves et de quelques autres légumes ; et n'usoit de sa femme que très-modérément, et après des préparations relatives à la santé de l'enfant.

Il ne nous reste presque aucun monument de la doctrine de Pythagore ; Lysis et Archippus, les seuls qui étoient absens de la maison, lorsque la faction cylonienne l'incendia et fit périr par les flammes tous les autres disciples de Pythagore, n'en écrivirent que quelques lignes de réclame. La science se conserva dans la famille, se transmit des pères et mères aux enfans, mais ne se répandit point. Les commentaires de Lysis et d'Archippus furent supprimés, et se perdirent ; il en restoit à-peine un exemplaire au temps de Platon, qui l'acquit de Philolaüs. On attribua dans la suite des ouvrages et des opinions à Pythagore ; chacun interpréta comme il lui plut le peu qu'il en savoit ; Platon et les autres philosophes corrompirent son système ; et ce système, obscur par lui-même, mutilé, défiguré, s'avilit et fut oublié. Voici ce que des auteurs très-suspects nous ont transmis de la philosophie de Pythagore.

*Principes généraux du pythagorisme.*

Toi, qui veux être philosophe, tu te proposeras de délivrer ton ame de tous les liens qui la contraignent ; sans ce premier soin, quelque usage que tu fasses de tes sens, tu ne sauras rien du vrai.

Lorsque ton ame sera libre, tu l'appliqueras utilement ; tu l'éleveras de connoissance en connoissance, depuis les objets les plus communs, jusqu'aux choses incorporelles et éternelles.

*Arithmétique de* Pythagore.

L'objet des sciences mathématiques tient le milieu entre les choses corporelles et incorporelles ; c'est un des dégrés de l'échelle que tu as à parcourir.

Le mathématicien s'occupe ou du nombre, ou de la grandeur ; il n'y a que ces deux espèces de quantité. La quantité numérique se considère ou en elle-même, ou dans un autre ; la quantité étendue est ou en repos, ou en mouvement. La quantité numérique en elle-même est l'objet de l'arithmétique ; dans un autre, comme le son, c'est l'objet de la musique : la quantité étendue en repos, est l'objet de la géométrie ; en mouvement, de la sphérique.

L'arithmétique est la plus belle des connoissances humaines ; celui qui la sauroit parfaitement, posséderoit le souverain bien.

Les nombres sont ou intellectuels ou scientifiques.

Le nombre intellectuel subsistoit avant tout dans l'entendement divin ; il est la base de l'ordre universel, et le lien qui enchaîne les choses.

Le nombre scientifique est la cause génératrice de la multiplicité, qui procède de l'unité et qui s'y résout.

Il faut distinguer l'unité, de l'art ; l'unité appartient aux nombres ; l'art aux choses nombrables.

Le nombre scientifique est pair ou impair.

Il n'y a que le nombre pair qui souffre une infinité de divisions en parties toujours paires ; cependant l'impair est plus parfait.

L'unité est le symbole de l'identité, de l'égalité, de l'existence, de la conservation et de l'harmonie générale.

Le nombre binaire est le symbole de la diversité, de l'inégalité, de la division, de la séparation et des vicissitudes.

Chaque nombre, comme l'unité et le binaire, a ses propriétés qui lui donnent un caractère symbolique qui lui est particulier.

La monade ou l'unité est le dernier terme, le dernier état, le repos de l'état dans son décroissement.

Le ternaire est le premier des impairs ; le quaternaire, le plus parfait, la racine des autres.

Pythagore procède ainsi jusqu'à dix, attachant à chaque nombre des qualités arithmétiques, physiques, théologiques et morales.

Le nombre dénaire contient, selon lui, tous les rapports numériques et harmoniques, et forme, ou plutôt termine son abaque ou sa table.

Il y a une liaison entre les dieux et les nombres, qui constitue l'espèce de divination appelée *arithmomancie*.

### Musique de Pythagore.

La musique est un concert de plusieurs discordans. Il ne faut pas borner son idée aux sons seulement. L'objet de l'harmonie est plus général.

L'harmonie a ses règles invariables,

Il y a deux sortes de voix, la continue et la brisée. L'une est le discours, l'autre le chant. Le chant indique les changemens qui s'opèrent dans les parties du corps sonore.

Le mouvement des orbites célestes, qui emportent les sept planètes, forme un concert parfait.

L'octave, la quinte et la quarte sont les bâses de l'arithmétique harmonique.

La manière dont on dit que Pythagore découvrit les rapports en nombre de ces intervalles de sons, marque que ce fut un homme de génie.

Il entendit des forgerons qui travailloient; les sons de leurs marteaux rendoient l'octave, la quarte et la quinte. Il entra dans leur atelier. Il fit peser leurs marteaux. De retour chez lui, il appliqua aux cordes tendues par des poids l'expérience qu'il avoit faite ; et il forma la gamme du genre diatonique, d'où il déduisit ensuite celles des genres chromatique et enharmonique ; et il dit :

Il y a trois genres de musique ; le diatonique, le chromatique et l'enharmonique.

Chaque genre a son progrès et ses dégrés. Le diatonique procède du semi-ton au ton, etc.

C'est par le nombre et non par le sens qu'il faut estimer la sublimité de la musique. Etudiez le monocorde.

Il y a des chants propres à chaque passion, soit qu'il s'agisse de les tempérer, soit qu'il s'agisse de les exciter.

La flûte est molle. Le philosophe prendra la lyre; il en jouera le matin et le soir.

### Géométrie de Pythagore.

En géométrie, l'unité représentera le point; le nombre binaire, la ligne; le ternaire, la surface; et le quaternaire, le solide.

Le point est l'unité donnée de position.

Le nombre binaire représente la ligne, parce qu'elle est la première dimension engendrée d'un mouvement indivisible.

Le nombre ternaire représente la surface, parce qu'il n'y a point de surface qui ne puisse se réduire à des élémens de trois limites.

Le cercle, la plus parfaite des figures curvilignes, contient le triangle d'une manière cachée; et ce triangle est formé par le centre et une portion indéterminée de la circonférence.

Toute surface étant réductible au triangle, il est le principe de la génération et de la formation des corps. Les élémens sont triangulaires.

Le quarré est le symbole de l'essence divine.

Il n'y a point d'espace autour d'un point donné, qu'on ne puisse égaler à un triangle, à un quarré ou à un cercle.

Les trois angles internes d'un triangle sont égaux à deux angles droits. Dans un triangle rectangle, le quarré du côté opposé à l'angle droit est égal aux quarrés des deux autres côtés.

On dit que Pythagore immola aux Muses une hécatombe, pour les remercier de la découverte de ce dernier théorême; ce qui prouve qu'il en connut toute la fécondité.

### Astronomie de Pythagore.

Il y a dans le ciel la sphère fixe ou le firmament; la distance du firmament à la lune, et la distance de la lune à la terre. Ces trois espaces constituent l'univers.

Il y a dix sphères célestes. Nous n'en voyons que neuf, celles des étoiles fixes, des sept planètes et de la terre. La dixième, qui se dérobe à nos yeux, est opposée à notre terre.

Pythagore appelle cette dernière l'*anthictone*.

Le feu occupe le centre du monde. Le reste se meut autour.

La terre n'est point immobile. Elle n'est point au centre. Elle est suspendue dans son lieu. Elle se meut sur elle-même. Ce mouvement est la cause du jour et de la nuit.

La révolution de Saturne est la grande année du monde; elle s'achève en trente ans. Celle de Jupiter, en vingt. Celle de Mars, en deux. Celle du soleil, en un. La révolution de Mercure, de Vénus et de la lune est d'un mois.

Les planètes se meuvent de mouvemens qui sont entre eux, comme les intervalles harmoniques.

*Venus*, *Hesper* et *Phosphorus* sont un même astre. La lune et les autres planètes sont habitables. Il y a des antipodes.

### *De la philosophie de* Pythagore *en général.*

La sagesse et la philosophie sont deux choses fort différentes.

La sagesse est la science réelle.

La science réelle est celle des choses immortelles, éternelles, efficientes par elles-mêmes.

Les êtres qui participent seulement de ces premiers, qui ne sont appelés *êtres* qu'en conséquence de cette participation, qui sont matériels, corporels, sujets à génération et à corruption, ne sont pas proprement des êtres, ne peuvent être ni bien connus ni bien définis, parce qu'ils sont infinis et momentanés dans leurs états ; et il n'y a point de sagesse relative à eux.

La science des êtres réels entraîne nécessairement la science des êtres équivoques. Celui qui travaille à acquérir la première, s'appellera *philosophe*.

Le philosophe n'est pas celui qui est sage, mais celui qui est ami de la sagesse.

La philosophie s'occupe donc de la connoissance de tous les êtres, entre lesquels les uns s'observent en tout et par-tout ; les autres, souvent ; certains, seulement en des cas particuliers. Les premiers sont l'objet de la science générale, ou philosophie première; les seconds sont l'objet des sciences particulières.

Celui qui sait résoudre tous les êtres en un seul et même principe, et tirer alternativement de ce principe un et seul tout ce qui est, est le vrai sage, le sage par excellence.

La fin de la philosophie est d'élever l'ame de la terre vers le ciel, de reconnoître Dieu, et de lui ressembler.

On parvient à cette fin par la vérité, ou l'étude des êtres éternels, vrais et immuables.

Elle exige encore que l'ame soit affranchie et purgée; qu'elle s'amende; qu'elle aspire aux choses utiles et divines; que la jouissance lui en soit accordée; qu'elle ne craigne point la dissolution du corps; que l'éclat des incorporels ne l'éblouisse pas; qu'elle n'en détourne pas sa vue; qu'elle ne se laisse pas enchaîner par les liens des passions; qu'elle lutte contre tout ce qui tend à la déprimer, et à la ramener vers les choses corruptibles et de néant; et qu'elle soit infatigable et immuable dans sa lutte.

On n'obtiendra ce dégré de perfection, que par la mort philosophique, ou la cessation du commerce de l'ame avec le corps; état qui suppose qu'on se connoît soi-même; qu'on est convaincu que l'esprit est détenu dans une demeure qui lui est étrangère; que sa demeure et lui sont des êtres distincts; qu'il est d'une nature tout-à-fait diverse; qu'on s'exerce à se recueillir ou à séparer son ame de son corps, à l'affranchir de ses affections et de ses sensations, à l'élever au-dessus de la douleur, de la colère, de la crainte, de la cupidité, des besoins, des appétits, et à l'accoutumer tellement aux choses analogues à sa nature, qu'elle agisse, pour ainsi dire, séparément du corps, l'ame étant toute à son objet, et le corps se portant d'un mouvement automate et mécanique sans la participation de l'ame; l'ame ne consentant ni ne se refusant à aucun de ses mouvemens vers les choses qui lui sont propres.

Cette mort philosophique n'est point une chimère. Les hommes accoutumés à une forte contemplation l'éprouvent pendant des intervalles assez longs. Alors ils ne sentent point l'existence de leur corps; ils peuvent être blessés, sans s'en appercevoir; ils ont bu et mangé, sans le savoir; ils ont vécu dans un oubli profond de leur corps et de tout ce qui l'environnoit, et qui l'eût affecté dans une situation diverse.

L'ame, affranchie par cet exercice habituel, existera en elle; elle s'élèvera vers Dieu; elle sera toute à la contemplation des choses éternelles et divines.

Il paroît, par cet axiome, que Pythagore, Socrate et les autres contemplateurs anciens, comparoient le géomètre, le moraliste, le philosophe profondément occupé de ses idées, et pour ainsi dire hors de ce monde, à Dieu dans son immensité ; avec cette seule différence, que les concepts du philosophe s'éteignoient en lui, et que ceux de Dieu se réalisoient hors de lui.

On ne s'élève point au-dessus de soi, sans le secours de Dieu et des bons génies.

Il faut les prier, il faut les invoquer, sur-tout son génie tutélaire. Celui qu'ils auront exaucé ne s'étonnera de rien ; il aura remonté jusques aux formes et aux causes essentielles des choses.

Le philosophe s'occupe, ou des vérités à découvrir, ou des actions à faire. Et sa science est, ou théorique, ou pratique.

Il faut commencer par la pratique des vertus. L'action doit précéder la contemplation.

La contemplation suppose l'oubli et l'abstraction parfaite des choses de la terre.

Le philosophe ne se déterminera pas inconsidérément à se mêler des affaires civiles.

La philosophie, considérée relativement à ses élèves, est, ou exotérique, ou ésotérique. L'exotérique propose les vérités sous des symboles, les enveloppe, ne les démontre point. L'ésotérique les dépouille du voile, et les montre nues à ceux dont les yeux ont été disposés à les regarder.

*Philosophie-pratique de* Pythagore.

Il y a deux sortes de vertus. Des vertus privées,

qui sont relatives à nous-mêmes ; des vertus publiques, qui sont relatives aux autres.

Ainsi, la philosophie morale est pédeutique ou politique. La pédeutique forme l'homme à la vertu, par l'étude, le silence, l'abstinence des viandes, le courage, la tempérance et la frugalité.

L'occupation véritable de l'homme, est la perfection de la nature humaine en lui.

Il se perfectionne par la raison, la force et le conseil ; la raison voit et juge ; la force retient et modère ; le conseil éclaire, avertit.

L'énumération des vertus, et la connoissance de la vertu en général, dépendent de l'étude de l'homme. L'homme a deux facultés principales ; par l'une, il connoît ; par l'autre, il désire. Ces facultés sont souvent opposées. C'est l'excès ou le défaut qui excite et entretient la contradiction.

Lorsque la partie qui raisonne commande et modère, la patience et la continence naissent : lorsqu'elle obéit, la fureur et l'impatience s'élèvent. Si elles sont d'accord, l'homme est vertueux et heureux.

Il faut considérer la vertu sous le même point de vue que les facultés de l'ame. L'ame a une partie raisonnable et une partie concupiscible. De-là naissent la colère et le désir. Nous nous vengeons, et nous nous défendons. Nous nous portons aux choses qui sont convenables à nos aises ou à notre conservation.

La raison fait la connoissance ; la colère dispose de la force ; le désir conduit l'appétit. Si l'harmonie s'établit entre ces choses, et que l'ame soit une, il y a vertu et bon sens. S'il y a discorde, et que l'ame soit double, il y a vice et malheur.

Si la raison domine les appétits, et qu'il y ait tolérance et continence, on sera constant dans la peine, modéré dans le plaisir.

Si la raison domine les appétits, et qu'il y ait tempérance et courage, on sera borné dans son ressentiment.

S'il y a vertu ou harmonie en tout, il y aura justice.

La justice discerne les vertus et les vices. C'est par elle que l'ame est une, ou que l'homme est parfait et content.

Il ne faut se pallier le vice ni à soi-même, ni aux autres. Il faut le gourmander par-tout où il se montre, sans ménagement.

L'homme a ses âges ; et chaque âge a ses qualités et ses défauts.

L'éducation de l'enfant doit se diriger à la probité, à la sobriété et à la force. Il faut en attendre les deux premières vertus dans son enfance. Il montrera la seconde dans son adolescence et son état viril.

On ne permettra point à l'homme de faire tout ce qui lui plaît.

Il faut qu'il ait à côté de lui quelqu'un qui le commande, et à qui il obéisse ; de-là, la nécessité d'une puissance légitime et décente qui soumette tout citoyen.

Le philosophe ne se promettra aucun de ces biens qui peuvent arriver à l'homme, mais qui ne sont point à sa discrétion. Il apprendra à s'en passer.

Il est défendu de quitter son poste, sans la volonté de celui qui commande. Le poste de l'homme est la vie.

Il faut éviter l'intempérance dans les choses nécessaires à la conservation ; l'excès en tout.

La tempérance est la force de l'ame ; l'empire sur les passions fait sa lumière. Avoir la continence, c'est être riche et puissant.

La continence s'étend aux besoins du corps et à ses voluptés, aux alimens et à l'usage des femmes. Réprimez tous les appétits vains et superflus.

L'homme est mort dans l'ivresse du vin. Il est furieux dans l'ivresse de l'amour.

Il faut s'occuper de la propagation de l'espèce en hiver ou au printemps. Cette fonction est funeste en été, et nuisible en tout temps.

Quand l'homme doit-il approcher de la femme ? lorsqu'il s'ennuiera d'être fort.

La volupté est la plus dangereuse des enchanteresses. Lorsqu'elle nous sollicite, voyons d'abord si la chose est bonne et honnête ; voyons ensuite si elle est utile et commode. Cet examen suppose un jugement qui n'est pas commun.

Il faut exercer l'homme dans son enfance à fuir ce qu'il devra toujours éviter, à pratiquer ce qu'il aura toujours à faire, à désirer ce qu'il devra toujours aimer, à mépriser ce qui le rendra en tout temps malheureux et ridicule.

Il y a deux voluptés; l'une commune, basse, vile et générale; l'autre grande, honnête et vertueuse. L'une a pour objet les choses du corps; l'autre, les choses de l'ame.

L'homme n'est en sûreté que sous le bouclier de la sagesse; et il n'est heureux que quand il est en sûreté.

Les points les plus importans de la politique se réduisent au commerce général des hommes entre eux, à l'amitié, au culte des dieux, à la piété envers les morts, et à la législation.

Le commerce d'un homme avec un autre est ou agréable, ou fâcheux, selon la diversité de l'âge, de l'état, de la fortune, du mérite, et de tout ce qui différencie.

Qu'un jeune homme ne s'irrite jamais contre un vieillard. Qu'il ne le menace jamais.

Qu'aucun n'oublie la distinction que les dignités mettent entre lui et son semblable.

Mais comment prescrire les règles relatives à cette variété infinie d'actions de la vie ? Qui est-ce qui peut définir l'urbanité, la bienséance, la décence et les autres vertus de détail ?

Il y a une amitié de tous envers tous.

Il faut bannir toute prétention de l'amitié, surtout de celle que nous devons à nos parens, aux vieillards, aux bienfaiteurs.

Ne souffrons pas qu'il y ait une cicatrice dans l'ame de notre ami.

Il n'y aura ni blessure, ni cicatrice dans l'ame de notre ami, si nous savons lui céder à propos.

Que le plus jeune le cède toujours au plus âgé.

Que le vieillard n'use du droit de reprendre la jeunesse, qu'avec ménagement et douceur. Qu'on voye de l'intérêt et de l'affection dans sa remontrance. C'est là ce qui la rendra décente, honnête, utile et douce.

La fidélité que vous devez à votre ami, est une chose sacrée, qui ne souffre pas même la plaisanterie.

Que l'infortune ne vous éloigne point de votre ami.

Une méchanceté sans ressource est le seul motif pardonnable de rupture. Il ne faut garder de haine invincible que pour les méchans. La haine qu'on porte au méchant, doit persévérer autant que sa méchanceté.

Ne vous en rapportez point de la conversion du méchant à ses discours, mais seulement à ses actions.

Evitez la dicorde. Prévenez-en les sujets.

Une amitié qui doit être durable, suppose des

loix, des conventions, des égards, des qualités, de l'intelligence, de la décence, de la droiture, de l'ordre, de la bienfaisance, de la fermeté, de la pudeur, de la circonspection.

Fuyez les amitiés étrangères.

Aimez votre ami jusqu'au tombeau.

Rapportez les devoirs de l'amitié aux loix de la nature divine, et de la liaison de Dieu et de l'homme.

Toute la morale se rapporte à Dieu. La vie de l'homme est de l'imiter.

Il est un Dieu qui commande à tout. Demandez-lui le bien. Il l'accorde à ceux qu'il aime.

Croyez qu'il est; qu'il veille sur l'homme; et qu'un animal enclin au mal, a besoin de sa verge et de son frein.

Un être qui sent la vicissitude de sa nature, cherchera à établir quelque principe de constance en lui-même, en se proposant l'être immuable pour modèle.

Ne prêtez point votre ressemblance aux dieux. Ne leur attachez point de figures. Regardez-les comme des puissances diffuses, présentes à tout, et n'ayant d'autres limites que l'univers.

Honorez-les par des initiations et des lustrations, par la pureté de l'ame, du corps et des vêtemens.

Chantez des hymnes à leur gloire; cherchez leur volonté dans les divinations, les sorts et toutes sortes de présages que le hasard vous offrira.

Vous n'immolerez point d'animaux.

Posez sur leurs autels de l'encens, de la farine et du miel.

La piété envers les Dieux et la religion sont dans le cœur; *oui, dans le cœur de l'homme ignorant, crédule et superstitieux.*

Vous n'égalerez point, dans votre hommage, les héros aux dieux.

Purifiez-vous par les expiations, les lustrations, les aspersions et les abstinences prescrites par ceux qui président aux mystères.

Le serment est une chose juste et sacrée. Il y a un Jupiter jurateur.

Soyez lent à faire le serment, soyez prompt à l'accomplir.

Ne brûlez point les corps des morts.

Après Dieu et les génies, que personne ne vous soit plus respectable sous le ciel que vos parens; que votre obéissance soit de cœur, et non d'apparence.

Soyez attaché aux loix et aux coutumes de votre pays. Ce n'est pas l'utilité publique que les innovateurs ont en vue.

*Philosophie théorétique de* Pythagore.

La fin de la philosophie théorétique est de remonter aux causes, aux idées premières, à la grande unité, et de ne rien admirer : l'admiration naît de l'imbécillité et de l'ignorance.

La philosophie théorétique s'occupe ou de Dieu, ou de son ouvrage.

### Théologie de Pythagore.

Il est difficile d'entretenir le peuple de la divinité; il y a du danger; c'est un composé de préjugés et de superstitions; ne profanons point les mystères par un discours vulgaire.

Dieu est un esprit diffus dans toutes les parties de la matière qu'il pénètre, auxquelles il est présent; c'est la vie de tous les animaux.

La nature des choses ou Dieu, c'est la même chose; c'est la cause première du mouvement dans tout ce qui se meut par soi. C'est l'automatisme de tout.

Dieu, quant à son être corporel, ne se peut comparer qu'à la lumière; quant à son être immatériel, qu'à la vérité.

Il est le principe de tout; il est impassible, invisible, incorruptible; il n'y a que l'entendement qui le saisisse.

Au-dessous de Dieu, il y a des puissances subalternes divines, des génies et des héros.

Ces substances intelligibles subordonnées sont bonnes et méchantes; elles émanent du premier

C *

être, de la monade universelle; c'est d'elle qu'elles tiennent leur immutabilité, leur simplicité.

L'air est habité de génies et de héros.

Ce sont eux qui versent sur nous les songes, les signes, la santé, les maladies, les biens et les maux; on peut les appaiser.

La cause première réside principalement dans les orbes des cieux; à-mesure que les êtres s'en éloignent, ils perdent de leur perfection; l'harmonie subsiste jusqu'à la lune; au-dessous de la région sublunaire, elle s'éteint, et tout est abandonné au désordre.

Le mal est assis sur la terre; elle en est le réceptacle.

Ce qui est au-dessus de la terre est enchaîné par les loix immuables de l'ordre, et s'exécute selon la volonté, la prévoyance et la sagesse de Dieu.

Ce qui est au-dessous de la lune est un conflit de quatre causes; Dieu, le destin, l'homme et la fortune.

L'homme est un abrégé de l'univers; il a la raison par laquelle il tient à Dieu; une puissance végétative, nutritive, reproductrice, par laquelle il tient aux animaux; une substance inerte, qui lui est commune avec la terre.

Il y a une divination, ou un art de connoître la volonté des dieux. Celui qui admet la divination, admet aussi l'existence des dieux ; celui qui la nie, nie aussi l'existence des dieux. La divination et l'existence des dieux sont, à ses yeux, deux folies.

Ce qui paroît, résulte de ce qui n'est pas apparent.

Ce qui est composé, n'est pas principe.

Le principe est le simple qui constitue le composé.

Il faut qu'il soit éternel. L'atome n'est donc pas le premier principe ; car il ne suffit pas de dire qu'il est éternel ; il faut apporter la raison de son éternité.

Le nombre est avant tout ; l'unité est avant tout nombre ; l'unité est donc le premier principe.

L'unité a tout produit par son extension.

C'est l'ordre qui règne dans l'universalité des choses, qui les a fait comprendre sous un même point de vue, et qui a fait inventer le nom d'univers.

Dieu a produit le monde, non dans le temps, mais par la pensée.

Le monde est périssable ; mais la providence divine le conservera.

Il a commencé par le feu, et par un cinquième élément.

La terre est cubique ; le feu, pyramidal ; l'air, octaèdre ; la sphère universelle, dodécaèdre.

Le monde est animé, intelligent, sphérique ;

au-delà du monde est le vide, dans lequel et par lequel le monde respire.

Le monde a sa droite et sa gauche ; sa droite ou son orient, d'où le monde a commencé, et se continue vers sa gauche ou son occident.

Le destin est la cause de l'ordre universel et de l'ordre de toutes ses parties.

L'harmonie du monde et celle de la musique ne diffèrent pas.

La cause première occupe la sphère suprême et la perfection ; l'ordre et la constance des choses sont en raison inverse de leur distance à cette sphère.

L'air ambiant de la terre est immobile et malsain ; tout ce qu'il environne est périssable. L'air supérieur est pur et sain ; tout ce qu'il environne est immortel et divin.

Le soleil, la lune et les autres astres sont des dieux.

Qu'est-ce qu'un astre ? Un monde placé dans l'éther infini qui embrasse le tout.

Le soleil est sphérique ; c'est l'interposition de la lune qui l'éclipse pour nous.

La lune est une terre habitée par des animaux plus beaux et plus parfaits, dix fois plus grands, exempts des excrétions naturelles.

La comète est un astre qui disparoît en s'éloignant de nous, mais qui a sa révolution fixée.

L'arc-en-ciel est une image du soleil.

Au-dessous des sphères célestes et de l'orbe de la lune, est celui du feu; au-dessous du feu, est la région de l'air; au-dessous de celui-ci, celle de l'eau; la plus basse est la terre.

La masse de tous les élémens est ronde; il n'y a que le feu qui soit conique.

Il y a génération, et corruption ou résolution d'un être en ses élémens.

La lumière et les ténèbres, le froid et le chaud, le sec et l'humide, sont en quantité égale dans le monde. Où le chaud prédomine, il y a été; hyver, si c'est le froid; printemps, si c'est balance égale du froid et du chaud; automne, si le froid prédomine. Le jour même a ses saisons; le matin est le printemps du jour; le soir en est l'automne; il est moins salubre.

Le rayon s'élance du soleil, traverse l'éther froid et aride, pénètre les profondeurs, et vivifie toutes choses en tant qu'elles participent de sa chaleur; mais non en tant qu'animées. L'ame est un extrait de l'éther chaud et froid; elle diffère de la vie; elle est immortelle, parce qu'elle émane d'un principe immortel.

Il ne s'engendre rien de la terre; les animaux ont leurs semences, le moyen de leur propagation.

L'espèce humaine a toujours été, et ne cessera jamais.

L'ame est un nombre; elle se meut d'elle-même.

L'ame se divise en raisonnable et irraisonnable ; et l'irraisonnable est irascible et concupiscible ; la partie raisonnable est émanée de l'ame du monde ; les deux autres sont composées des élémens.

Tous les animaux ont une ame raisonnable ; si elle ne se manifeste pas dans les actions des brutes, c'est par défaut de conformation et de langue.

Le progrès de l'ame se fait du cœur au cerveau ; elle est la cause des sensations ; sa partie raisonnable est immortelle ; les autres parties périssent ; elle se nourrit de sang ; les esprits produisent ses facultés.

L'ame et ses puissances sont invisibles, et l'éther ne s'apperçoit pas ; les nerfs, les veines et les artères sont ses liens.

L'intelligence descend dans l'ame ; c'est une particule divine qui lui vient du dehors ; c'est la base de son immortalité.

L'ame renferme en elle le nombre quaternaire.

Si les veines sont les liens de l'ame, le corps est sa prison.

Il y a huit organes de la connoissance ; le sens, l'imagination, l'art, l'opinion, la prudence, la sagesse, la science, l'intelligence ; les quatre derniers sont communs à l'homme et aux dieux ; les deux précédens, à l'homme et aux bêtes ; l'opinion lui est propre.

L'ame, jetée sur la terre, est vagabonde dans l'air ; elle est sous la figure d'un corps.

Aucune ame ne périt; mais, après un certain nombre de révolutions, elle anime de nouveaux corps; et, de transmigrations en transmigrations, elle redevient ce qu'elle a été.

La doctrine de Pythagore, sur la transmigration des ames, a été bien connue et bien exposée par Ovide, qui introduit ce philosophe, *liv. XV de ses métamorphoses*, parlant ainsi :

Morte carent animæ; semperque, priore relictâ
Sede, novis domibus habitant vivuntque receptæ.
Omnia mutantur: nihil interit. Errat, et illinc
Huc venit, hinc illuc, et quoslibet occupat artus
Spiritus : èque feris humana in corpora transit,
Inque feras noster : nec tempore deperit ullo.
Utquè novis fragilis signatur cera figuris,
Nec manet, ut fuerat, nec formas servat easdem;
Sed tamen ipsa eadem est; animam sic semper eandem
Esse, sed in varias doceo migrare figuras.

Il n'y a qu'un certain nombre d'ames ; elles ont été tirées de l'esprit divin ; elles sont renfermées dans des corps qu'elles vivifient en certains temps; le corps périt, et l'ame libre s'élève aux régions supérieures ; c'est la région des mânes; elle y séjourne, elle s'y purge; de là, selon qu'elle est bonne, mauvaise ou détestable, elle se rejoint à son origine, ou elle vient animer le corps d'un homme ou d'un animal. C'est ainsi qu'elle satisfait à la justice divine.

### De la médecine de Pythagore.

La conservation de la santé consiste dans une juste proportion du travail, du repos et de la diète.

Il faut s'interdire les alimens flatteurs, préférer ceux qui resserrent et fortifient l'habitude du corps.

Il faut s'interdire les alimens abjects aux yeux des dieux, parce qu'ils en sont aliénés.

Il faut s'interdire les mets sacrés, parce que c'est une marque de respect qu'on doit aux êtres auxquels ils sont destinés, que de les soustraire à l'usage commun des hommes.

Il faut s'interdire les mets qui suspendent la divination, qui nuisent à la pureté de l'ame, à la chasteté, à la sobriété, à l'habitude de la vertu, à la sainteté, et qui mettent le désordre dans les images qui nous sont offertes en songe.

Il faut s'interdire le vin et les viandes.

Il ne faut se nourrir, ni du cœur, ni de la cervelle, ni de la mauve, de la mûre, de la fève, etc.

Il ne faut point manger de poissons.

Le pain et le miel, le pain de millet avec le chou crud ou cuit, voilà la nourriture du pythagoricien.

Il n'y a point de meilleur préservatif que le vinaigre.

On attribue à Pythagore l'observation des années climactériques, et des jours critiques.

Il eut aussi sa pharmacie.

Il eut ses symboles. En voici quelques-uns.

Si tu vas adorer au temple, dans cet intervalle ne fais ni ne dis rien qui ne soit relatif à la vie.

Adore et sacrifie, les pieds nus.

Laisse les grands chemins, suis les sentiers.

Adore, l'haleine des vents.

Ne remue point le feu avec l'épée.

Ne fais point cuire le chevreau dans le lait de sa mère.

Prête l'épaule à celui qui est chargé.

Ne saute point par-dessus le joug.

Ne pisse point le visage tourné au soleil.

Nourris le coq; mais ne l'immole pas.

Ne coupe point de bois sur les chemins.

Ne reçois point d'hirondelles sous ton toit.

Plante la mauve dans ton jardin; mais ne la mange pas.

Touche la terre, quand il tonne.

Prie à haute voix, etc.

Il suit, de ce qui précède, que Pythagore fut un des plus grands hommes de l'antiquité; et qu'il est difficile d'entendre sa définition de la musique, et de nier que les anciens n'aient connu le concert à plusieurs parties différentes.

*Des disciples et des sectateurs de* Pythagore.

Aristée succéda dans l'école à Pythagore. Ce fut un homme très-versé dans les mathématiques : il professa trente-neuf ans, et vécut environ cent ans. Mnésarque, fils de Pythagore, succéda à Aristée; Bulagoras, à Mnésarque; Tydas, à Bulagoras; Aresas, à Tydas; Diodore d'Aspende, à Aresas; Archytas, à Diodore. Platon fut un des auditeurs d'Archytas. Outre ces pythagoriciens, il y en avoit d'autres dispersés dans la Sicile et l'Italie, entre lesquels on nomme Clinias, Philolaüs, Théorides, Euritus, Archytas, Timée, et plusieurs femmes. On fait honneur à la même secte, d'Hypodame, d'Euriphame, d'Hyparque, de Théages, de Métope, de Criton, de Diotogène, de Callicratidas, de Charondas, d'Empédocle, d'Epicarme, d'Ocellus, d'Ecphante, de Hyppon, et autres.

Ecphante prétendit que l'homme ne pouvoit obtenir une vraie notion des choses; que les vicissitudes perpétuelles de la matière s'y opposoient; que les premiers principes étoient de petits corps individuels, dont la grandeur, la forme et la puissance constituoient les différences; que le nombre en étoit infini; qu'il y avoit du vide; que les corps n'y descendirent ni par leur nature, ni par leur poids, ni par une impulsion, mais par un effort divin de l'esprit; que le monde, formé d'atomes, étoit administré par un être prévoyant; qu'il étoit animé; qu'il étoit intelligent; que la terre étoit au centre; et qu'elle tournoit sur elle-même d'orient en occident.

Hippon de Rhégium regarda le froid ou l'eau, et la chaleur ou le feu, comme les premiers principes. Selon lui, le feu émana de l'eau, et forma le monde; l'ame fut produite par l'humide, son germe distillant du cerveau; tout, sans exception, périssoit; il étoit incertain qu'il y eût quelques natures soustraites à cette loi.

On pourroit ajouter à ces philosophes, Xénophane, fondateur de la secte éléatique, et instituteur de Telauge, fils de Pythagore. La secte ne dura pas au-delà du temps d'Alexandre-le-Grand. Alors parurent Xénophile, Phanton, Echecrate, Dioclès et Polymnestre, disciples de Phliasius, de Philolaüs et d'Euryte, que Platon visita à Tarente. Le *pythagorisme* fut professé deux cents ans de suite. La hardiesse de ses principes; l'affectation de législateurs et de reformateurs des peuples dans ses sectateurs; le secret qui se gardoit entre eux, et qui rendit leurs sentimens suspects; le mépris des autres hommes qu'ils appeloient les *morts*; la haine de ceux qu'on excluoit de leurs assemblées; la jalousie des autres hommes, furent les causes principales de son extinction. Ajoutez la désertion générale, qui se fit au temps de Socrate, de toutes les écoles de philosophie, pour s'attacher à ce trop célèbre et trop malheureux philosophe.

Empédocle naquit à Agrigente. Il fleurit dans la soixante-quatorzième olympiade : il se livra à la philosophie pythagoricienne ; cependant il ne crut pas devoir s'éloigner des affaires publiques. Il détermina ses concitoyens à l'égalité civile : il eût pu se rendre souverain ; il dédaigna ce titre. Il employa son patrimoine à marier plusieurs filles qui manquoient de dot : il fut profondément versé dans la poésie, l'art oratoire, la connoissance de la nature et la médecine. Il fit des choses surprenantes en elles-mêmes, auxquelles la tradition et la fiction qui corrompent tout, donnèrent un caractère merveilleux, tel que celui que les gestes d'Orphée, de Linus, de Musée, de Mélampe, d'Epiménide en avoient reçus. On dit qu'il commandoit aux vents nuisibles, parce que, s'étant apperçu que celui qui passoit à travers les fentes des montagnes et leurs cavernes ouvertes étoit mal-sain pour les contrées qui y étoient exposées, il les fit fermer. On dit qu'il changeoit la nature des eaux, parce qu'ayant conjecturé que la peste, qui dévastoit une province, étoit occasionnée par les exhalaisons funestes d'une rivière dormante et bourbeuse, il lui donna de la rapidité et de la limpidité, en y conduisant deux rivières voisines. On dit qu'il commandoit aux passions des hommes, parce qu'il excelloit dans l'art de la musique, qui fut si puissante dans ces premiers temps. On dit qu'il ressuscitoit les morts, parce qu'il dissipa la léthargie d'une femme attaquée d'une suffocation utérine. La méchanceté des peuples s'acharne à tourmenter les grands hommes pendant leur vie; après leur mort, elle croit réparer son injustice en exagérant leurs bienfaits; et cette sottise ternit leur mémoire, tantôt en faisant douter de leur existence, tantôt en les faisant passer pour des imposteurs. Empédocle brûla la plupart de ses compositions poétiques. On dit qu'il avoit été enlevé au ciel, parce qu'à l'exemple des philosophes de son tems, il avoit disparu, soit pour se livrer tout entier à la méditation dans quelque lieu désert, soit pour parcourir les contrées éloignées, et conférer avec les hommes qui y jouissoient de quelque réputation. On croit qu'attiré sur le mont Etna par une curiosité dangereuse, mais bien digne d'un naturaliste, il périt dans les flammes qu'il vomissoit. Ce dernier trait de sa vie, tant raconté par les anciens, et tant répété par les modernes, n'est peut-être qu'une fable. On prétend, et avec juste raison, que le peuple aime le merveilleux; je crois cette autre maxime d'une vérité beaucoup plus générale : l'homme aime le merveilleux. Moi-même, je me surprends à tout moment sur-le-point de m'y livrer. Lorsqu'un fait agrandit la nature humaine à mes yeux; lorsqu'il m'offre l'occasion de faire un éloge sublime de l'espèce dont je suis un individu, je me soucie peu de le discuter; il semble que j'aie une crainte secrète de le trouver faux; je ne m'y détermine que quand on s'en sert comme d'une autorité contre ma raison et ma liberté de penser. Alors je m'indigne; et tombant d'un excès dans un autre, je mets en œuvre tous les ressorts de la dialectique, de la critique et du pirrhonisme : et trop peu scrupuleux, je frappe à tort et à travers d'une arme également propre à écarter le mensonge et à blesser la vérité. Aussi, pourquoi me révolter ? pourquoi vouloir m'entraîner et me pousser par cette violence à me roidir contre le penchant qui me porte naturellement à croire de mes semblables les choses les plus extraordinaires ? Abandonne-moi à moi-même; laisse-là ta menace, et j'irai tomber sans effort au pied de tes statues.

Si tu fais gronder la foudre de Jupiter au-dessus de ma tête, je crierai à tous les peuples que Jupiter fut enterré dans la Crète, et j'indiquerai les tombeaux de ceux que tu places au haut des cieux.

Empédocle disoit qu'il faut juger des choses par la raison et non par les sens; que c'est à elle à discuter leur témoignage; qu'il y a deux principes; l'un, actif, ou la monade; l'autre, passif, ou la matière; que la monade est un feu intelligent; que tout en émane et s'y résout; que l'air est habité par des génies; qu'il y a quelqu'union entre Dieu et nous, et même entre Dieu et les animaux; qu'il est un esprit un, universel, présent à toutes les particules de l'univers qu'il anime, une ame commune qui les lie ; qu'il faut s'abstenir de la chair des animaux qui ont avec nous une affinité divine ; que le monde est un ; qu'il n'est pas tout ; qu'il n'est qu'une molécule d'une masse énorme, informe et inerte qui se développe sans cesse ; que ce développement a été et sera dans toute l'éternité l'ouvrage de l'esprit universel et un : qu'il y a quatre élémens ; qu'ils ne sont pas simples, mais des fragmens d'une matière antérieure ; que leurs qualités premières sont l'antipathie et la concorde ; l'antipathie, qui sépare les uns ; la concorde, qui combine les autres ; que le mouvement qui les agite est de l'esprit universel, de la monade divine ; qu'ils ne sont pas seulement similaires, mais ronds et éternels ; que la nature n'est que l'union et la division des élémens ; qu'il y a quatre élémens, l'eau, la terre, l'air et le feu ; ou Jupiter, Junon, Pluton et Nestis ; que la sphère solaire corrompt le monde ; que, dans le développement premier, l'éther parut d'abord ; puis le feu, puis la terre qui bouillit, puis l'eau qui s'éleva, puis l'air qui se sépara de l'eau ; puis les êtres particuliers se formèrent ; que l'air cédant à l'effort du soleil, il y eut déclinaison dans les contrées septentrionales, élévation dans les contrées voisines, et affaissement dans les contrées australes ; et que l'univers entier suivit cette loi ; que le monde a sa droite et sa gauche ; sa droite, au tropique du cancer ; sa gauche, au tropique du capricorne ; que le ciel est un corps solide, formé d'air et condensé en cristal par le feu ; que sa nature est aérienne et ignée dans l'un et l'autre hémisphère ; que les astres sont de ce feu qui se sépara originairement de la masse ; que les étoiles fixes sont attachées au firmament ; que les planètes sont errantes ; que le *soleil est un globe de feu plus grand que la lune* ; qu'il y a deux soleils, le feu primitif, et l'astre du jour qui nous éclaire ; que la lune n'est qu'un disque deux fois plus éloigné du soleil que de la terre ; que l'homme a deux ames ; l'une, immortelle, divine, particule de l'ame universelle, renfermée dans la prison du corps pour l'expiation de quelque faute; l'autre, sensitive, périssable, composée d'élémens unis et séparables ; qu'un homme n'est qu'un génie châtié.

Fata jubent, stant hæc decreta antiqua deorum:
Si quid peccando longævi dæmones errant;
Quisque luit pænas, cœloque extorris ab alto
Triginta horarum per terras millia oberrat:
Sic et ego nunc ipse vagor, divinitùs exul.

Que tous les animaux, toutes les plantes ont des ames ; que ces ames sont dans des transmigrations perpétuelles ; qu'elles errent et erreront jusqu'à ce que, restituées dans leur pureté originelle et première, elles rentreront dans le sein de la divinité, divines elles-mêmes.

Nam menimi, fueram quondam puer atque puella,
Plantaque, et ignitus piscis, pernixque volucris.

Qu'il avoit été, et qu'il s'en souvenoit bien, jeune garçon, jeune fille, plante immobile, poisson phosphorique, oiseau léger, puis philosophe Empédocle.

Que les animaux n'ont pas toujours eu l'unité de conformation qu'on y remarque ; qu'ils ont eu les deux sexes ; qu'ils étoient un assemblage informe de membres et d'organes d'espèces différentes ; et qu'il reste encore dans quelques-uns des vestiges de ce désordre premier, dont les monstres sont apparemment des individus plus caractérisés.

Multa genus duplex referunt animalia membris,
Pectore, vel capite, aut alis, sic ut videatur,
Ante viri retroque bovis forma, aut vice versâ,
In pecore humanæ quondam vestigia formæ.

Le monstre est l'homme d'autrefois.

Que la mer est une sueur que l'ardeur du soleil exprime sans cesse de la terre ; qu'il émane des corps, des espèces visibles par la lumière du soleil qui les éclaire en s'y unissant ; que le son n'est qu'un ébranlement de l'air porté dans l'oreille où il y a un battant, et où le reste s'exécute comme dans une cloche : que la semence du mâle contient certaines parties du corps organique à former ; la semence de la femelle, d'autres ; et que de-là naît la pente des deux sexes, effet, dans l'un et l'autre, des molécules qui tendent à réformer un tout épars et séparé ; que l'action de la respiration commence dans la matrice, l'air s'y portant à-mesure que l'humidité disparoît, la chaleur le repoussant à son tour, et l'air y retournant; que la chair est un égal composé des quatre élémens ; qu'il en est des graines, comme de la semence des animaux ; que la terre est une matrice où elles tombent, sont reçues ou écloses; que la loi de nature est une loi éternelle, à laquelle il faut toujours obéir, etc....

Celui qui méditera avec attention cet abrégé de la vie et de la doctrine d'Empédocle, ne le regardera pas comme un homme ordinaire : il y remarquera des connoissances physiques, anatomiques ; des vues, de l'imagination, de la subtilité, de l'esprit ; et une destination bien caractérisée à accélérer les progrès de l'esprit humain. Pour éclairer les hommes, il ne s'agit pas toujours de rencontrer la vérité, mais bien de les mettre en train de méditer par une tentative heureuse ou malheureuse. L'homme de génie est celui que la nature porte à s'occuper d'un sujet, sur lequel le reste de l'espèce est assoupi et aveugle.

Epicarme de Cos fut porté dans sa première enfance en Sicile : il y étudioit le *pythagorisme*; mais le peuple sot, comme en tout temps et partout, y étoit déchaîné contre la philosophie ; et la tyrannie, toujours ennemie de la liberté de penser, parce qu'elle s'avoue secrètement à elle-même qu'elle n'a pas de moyen plus sûr de maîtriser les hommes qu'en les réduisant à la condition des brutes, y fomentoit la haine du peuple : il se livra donc au genre théatrâl. Il écrivit des comédies, où quelques principes de sagesse pythagorique, échappés par hasard, achevèrent de rendre cette philosophie odieuse. Il fut versé dans la morale, l'histoire naturelle et la médecine : il atteignit l'âge de 99 ans ; et les brigands qui l'avoient persécuté lui élevèrent une statue après sa mort. Son ombre ne fut-elle pas bien vaine de cet hommage ? Ces hommes étoient-ils meilleurs, quand ils l'honoroient par un monument, que quand ils égorgèrent son maître, et qu'ils brûlèrent tous ses disciples ? Epicarme disoit :

Il est impossible que quelque chose ne soit faite de rien.

Donc il n'y a rien qui soit un premier être, rien qui soit un second être.

Les dieux ont toujours été, et n'ont jamais cessé d'être.

Le chaos a été le premier des dieux engendré : il se fait donc un changement dans la matière.

Ce changement s'exécute incessamment. La matière est à chaque instant diverse d'elle-même. Nous ne sommes point aujourd'hui ce que nous étions hier ; et demain, nous ne serons pas ce que nous sommes aujourd'hui.

La mort nous est étrangère ; elle ne nous touche en rien ; pourquoi la craindre ?

Chaque homme a son caractère ; c'est son génie, bon ou mauvais.

L'homme de bien est noble, sa mère fût-elle éthiopienne.

Ocellus fut-il péripatéticien ou pythagoricien ? L'ouvrage *de universo*, qu'on nous a transmis sous son nom, est-il ou n'est-il pas de lui ? C'est ce dont on jugera par les principes de sa doctrine. Selon Ocellus,

L'instinct de la nature nous instruit de plusieurs choses, dont la raison ne nous fournit que des preuves légères. Il y a donc la certitude du sentiment, et la conjecture de la raison.

L'univers a toujours été, et sera toujours.

C'est l'ordre qu'on y remarque, qui l'a fait nommer univers.

Il y a une collection de toutes les natures ; un enchaînement qui lie, et les choses qui sont, et celles qui surviennent : il n'y a rien hors de là.

Les essences, les principes des choses ne se saisissent point par les sens ; elles sont absolues, énergiques par elles-mêmes, et parfaites.

Rien de ce qui est n'a été de rien, et ne se résout en rien.

Il n'y a rien hors de l'univers, aucune cause extérieure qui puisse le détruire.

La succession et la mort sont des choses accidentelles, et non des parties premières.

Les premiers mobiles se meuvent d'eux-mêmes, de la même manière, et selon ce qu'ils sont.

Leur mouvement est circulaire.

Condensez le feu, et vous aurez de l'air; l'air, et vous aurez l'eau; l'eau, et vous aurez la terre; et la terre se résout en feu. L'homme se dissout; mais il ne revient pas. C'est un être accidentel; le tout reste, mais les accidens passent.

Le monde est un globe : il se meut d'un mouvement analogue à sa figure. Sa durée est infinie; sa substance universelle ne peut être ni augmentée, ni diminuée, ni amandée, ni détériorée.

Il y a deux choses dans l'univers, la génération et sa cause.

La génération est le changement d'une chose en une autre. Il y a génération de celle-ci. La cause de la génération est la raison du changement ou de la production. La cause est efficiente et active. Le sujet est récipient et passif.

Le destin a voulu que ce monde fût divisé en deux régions que l'orbe de la lune distinguât; que la région qui est au-dessus de l'orbe lunaire fût celle de l'immutabilité, et de l'impassibilité; et celle qui est au-dessous, le séjour de la discorde, de la génération.

Il y a trois choses, le corps palpable, ou le récipient, ou le sujet passif des choses à venir, comme l'air qui doit engendrer le son, la couleur; les ténèbres et la lumière; la contradiction, sans laquelle les mutations ne se feroient pas; les substances contraires, comme le feu, l'eau, l'air et la terre.

Il y a quatre qualités générales contraires, le froid et le chaud, causes efficientes; le sec et l'humide, causes passives: la matière qui reçoit tout est un suppôt commun.

Entre les qualités et différences des corps, il y en a de premières, et de secondaires qui émanent des premières. Les premières sont le froid et la chaleur, la sécheresse et l'humidité. Les secondaires sont la pésanteur et la légéreté, la rareté et la densité, la dureté et la molesse, l'uni et l'inégalité, la grosseur et la ténuité, l'aigu et l'obtus.

Entre les élémens, le feu et la terre sont les extrêmes; l'air et l'eau, les moyens. Le feu est chaud et sec; l'air, chaud et humide; l'eau, humide et froide; la terre, froide et sèche.

Les élémens se convertissent sans cesse les uns dans les autres; l'un naît d'un autre. Dans cette décomposition, la qualité de l'élément qui passe, contraire à celle de l'élément qui naît, est détruite; la qualité commune reste; et c'est ainsi que cette sorte de génération s'exécute.

Entre les causes efficientes, il y en a une placée dans la région haute du monde, le soleil, dont la distance variable altère incessamment la constitution de l'air ; d'où naissent toutes les vicissitudes qui s'observent sur la terre. Cette bande oblique, demeure des signes, séjour passager du soleil, ornement de l'univers, qu'on appelle *zodiaque*, donne au soleil même la puissance, ou d'engendrer, ou de souffrir.

Le monde étant de toute éternité, ce qui fait sa beauté et son harmonie est aussi éternel; le monde a toujours été, et chacune de ses parties ; la raison des générations et des corruptions, des vicissitudes, n'a point changé, et ne change point.

Chaque partie du monde a toujours eu son animal ; les dieux ont été au ciel; les démons, dans l'air, les hommes, sur la terre. L'espèce humaine n'a pas commencé.

Les parties de la terre sont sujettes à des vicissitudes, et passent; mais la terre reste.

C'est la conservation de l'espèce humaine, et non la volupté, qu'il faut se proposer dans la production de l'homme.

Dieu a voulu que la suite des générations diverses fût infinie, afin que l'homme s'approchât nécessairement de la divinité.

L'homme est sur la terre, comme un hôte dans sa maison, un citoyen dans sa ville; c'en est la partie la plus importante.

L'homme est le plus traitable des animaux; aussi ses fonctions sont en vicissitudes et variables.

La vie contient les corps ; l'ame est la cause de la vie ; l'harmonie contient le monde : Dieu est la cause de l'harmonie ; la concorde contient les familles et les cités ; la loi est la cause de la concorde.

Ce qui meut toujours, commande ; ce qui souffre toujours, est commandé. Ce qui meut, est antérieur à ce qui souffre ; l'un est divin, raisonnable, intelligent ; l'autre engendré, brute et périsable.

Timée le Locrien se distingua par la connoissance astronomique et par ses idées générales sur l'univers. Il nous reste de lui un ouvrage intitulé : *de l'Ame du Monde*, où il admet deux causes générales, éternelles, Dieu ou l'esprit ; la nécessité ou la matière, source des corps. Si l'on compare son système avec le dialogue de Platon, on verra que le philosophe Athénien a souvent corrompu la physiologie du Locrien.

Architas naquit à Tarente : il fut contemporain de Platon, qu'il initia au *pythagorisme*. Celui-ci, qu'on peut appeler le *jeune*, ne vit point Pythagore ; car il y a eu un Architas l'ancien, qui étudia sous ce maître commun de tant d'hommes célèbres. Celui de Tarente eut pour disciples, outre Platon, Philolaüs et Eudoxe : il fleurit dans la quatre-vingt-seizième olympiade ; ce fut un géomètre de la première force, ainsi qu'il paroît par l'analyse de quelques problêmes que Laerce et Vitruve nous ont laissés de lui. Il s'immortalisa dans la mécanique ; il en posa le premier les principes rationels, qu'il appliqua en-mêmetemps à la pratique, par l'invention des moufles, des vis, des leviers et d'autres machines. Il fit une colombe qui voloit. Il eut encore les qualités qui constituent le grand homme d'état. Ses concitoyens lui conférèrent sept fois le gouvernement de leur ville. Il commanda à l'armée avec des succès qui ne se démentirent point. L'envie, qui le persécutoit, le détermina à abdiquer toutes ses dignités ; mais les événemens malheureux ne tardèrent pas à punir ses concitoyens de leur injustice ; le trouble s'éleva dans leur ville, et leurs armées furent défaites. A ses talens personnels et à ses vertus publiques, ajoutez toutes les vertus domestiques, l'humanité, la modestie, la pudeur, la bienfaisance, l'hospitalité ; et vous aurez le caractère d'Architas ; il périt dans un naufrage, sur les rivages de la Calabre ; c'est entre ce philosophe et un matelot, qu'Horace a institué ce beau dialogue qui commence par ces mots :

### Le Matelot.

Te maris et terræ numeroque carentis arenæ
 Mensorem cohibent, Archita,
Pulveris exigui prope littus parva Matinum
 Munera ; nec quidquam tibi prodest
Aerias tentasse domos, animoque rotendum
 Percurrisse polum, morituro.

Voyez le reste de l'ode ; rien n'est plus beau que la réponse d'Archilas ; lisez-la, et apprenez à mourir et à honorer la cendre de ceux qui ne sont plus.

Archilas pensoit que le temps étoit un nombre, un mouvement, ou l'ordre de la nature entière ; que le mouvement universel se distribuoit en tout, selon une certaine mesure ; que le bonheur n'étoit pas toujours la récompense immédiate de la vertu ; qu'il n'y avoit d'heureux que l'homme de bien ; que Dieu possédoit dans son ouvrage une tranquillité, et y introduisoit une magnificence qu'il n'étoit pas donné à l'homme d'atteindre ; qu'il y avoit des biens désirables par eux-mêmes, des biens désirables pour d'autres, et des biens désirables sous l'un et l'autre aspect ; que l'homme de bien est celui qui se montre vertueux dans la prospérité, dans l'adversité et dans l'état moyen ; que le bonheur n'étoit pas seulement d'une partie de l'homme, mais du tout ; et qu'il étoit relatif à l'ame et au corps ; que la vertu ne pouvoit pêcher par excès ; que le danger de la prospérité étoit encore plus grand que celui de l'adversité ; que le sage par excellence étoit celui qui, dans l'explication des phénomènes, remontoit à un seul principe général, et redescendoit de ce principe général aux choses particulières ; que Dieu étoit le principe, le moyen et la fin de tout ; que de toutes les sortes de contagions, la volupté étoit la principale, etc.

Alcméon avoit entendu Pythagore sur la fin de sa vie. Il se fit un nom, dans la suite, par l'étude de la nature et la pratique de la médecine. Il est le premier qui ait disséqué des animaux. Il admit des principes opposés; la divinité des astres, et l'immortalité de l'ame. Il attribua les éclipses à la révolution de la lune, qui nous présentoit une face, tantôt concave, tantôt convexe. Il croyoit que les planètes se mouvoient d'un mouvement contraire à celui des étoiles fixes; que le son étoit un retentissement de l'air dans la cavité de l'oreille; que la tiédeur et l'humidité de la langue étoient les causes de la saveur; que l'ame résidoit principalement dans le cerveau; que, dans le développement de l'embryon, la tête se formoit la première; qu'il ressembloit à une éponge qui se nourrissoit par une succion diffuse dans toute sa masse; que le mouvement du sang étoit le principe de la vie; sa stagnation dans les veines, celui du sommeil; et son expansion, celui de la veille; que la santé consistoit dans la tempérie des qualités; que, s'il arrivoit au chaud, à l'humide, au sec, au doux ou à l'amer de prédominer, l'animal étoit malade, etc.

Hyppase dit que le feu étoit dieu, et le premier principe; que l'ame en étoit une particule; qu'en s'éteignant, il formoit l'air, qui formoit l'eau en s'épaississant, qui formoit la terre en se condensant; que l'univers finiroit par une déflagration générale; qu'il avoit différentes périodes à remplir avant ce dernier événement; qu'il étoit fini et toujours un.

Ce fut Philolaüs qui divulgua la doctrine de Pythagore. Il convenoit que la raison jugeoit sainement des choses, mais la raison cultivée. Il établissoit entre elle et l'univers une sorte de similitude, par laquelle l'entendement étoit applicable aux objets. Il admettoit l'infini et le fini dans la nature, le résultat de leur combinaison. Un de ses principes les plus singuliers, c'est que rien de ce qui peut être connu, n'est un principe. Le nombre étoit, selon lui, comme selon tous les pythagoriciens, la cause de l'ordre et de sa durée. Il expliquoit tout par l'unité et son extension. Il distinguoit différentes régions dans le monde, un milieu, une région haute et une région basse, un lieu de désordre, un lieu d'harmonie. Il plaçoit le feu au centre; c'étoient là les loix de l'univers, l'autel des dieux, le domicile de Jupiter, le balancier de la nature. Il regardoit la nécessité et et l'harmonie comme les causes de tout. Il enseignoit deux grands derniers événemens; l'un par un feu tombant du ciel, l'autre par un déluge d'eau versée de la lune. Il faisoit mouvoir la terre sur elle-même et autour du feu, d'un mouvement oblique. Il regardoit le soleil comme un miroir qui réfléchissoit la lumière universelle.

Eudoxe de Cnide, astronome, géomètre, médecin et législateur, fut le dernier des anciens pythagoriciens. Il se livra à l'étude de la nature avec un tel enthousiasme, qu'il consentoit d'être consumé comme Phaéton, pourvu qu'il lui fût accordé de voir le soleil d'assez près pour le connoître. Il apprit la géométrie d'Architas, et la médecine de Philistion. Il alla à Athènes entendre Platon. Il avoit alors vingt-trois ans. L'extrême indigence le réduisit à faire alternativement le métier de philosophe, et d'ouvrier sur les ports. Il voyagea avec le médecin Chrisippe. Agésilas le recommanda au roi Nectanèbe. Il fréquenta les temples de l'Egypte. Il parcourut la Propontide et la Carie. Il vit Mausole et Denis le jeune. Il perfectionna l'astronomie. On lui attribue l'invention de l'hypothèse des cercles, sur lesquels on a fait si long-temps mouvoir les corps célestes, les uns concentriques, les autres excentriques. Il mourut à l'âge de cinquante-trois ans, et la première ère de l'école de Pythagore finit avec lui.

## Du pythagorisme renouvelé.

Le *pythagorisme* sortit de l'oubli où il étoit tombé, sous les empereurs romains. Ce n'est pas qu'il eut des écoles, comme il en avoit eu autrefois; aucune secte ne fit cette espèce de fortune dans Rome. On n'y alloit guère entendre les philosophes, que les jours qu'il n'y avoit ni jeux, ni spectacles, ou qu'il faisoit mauvais temps, *cum ludi intercalantur, cum aliquis pluvius intervenit dies*. Mais quelques citoyens professèrent quelques-uns des principes de Pythagore; d'autres embrassèrent ses mœurs et son genre de vie Il y en eut qui, portant dans les sciences l'esprit d'éclectisme, se firent des systêmes mêlés de *pythagorisme*, de platonisme, de péripatétisme et de stoïcisme. On nomme parmi cette sorte de restaurateurs de la philosophie dont il s'agit ici, Anaxilaüs de Larisse, Quintus Sextius, Sotion d'Alexandrie, Moderatus de Gades, Euxenus d'Héraclée, Apollonius de Thyane, Secundus d'Athènes, et Nicomaque le Gérasénien. Comme ces hommes n'ont pas été sans réputation, nous ne pouvons nous dispenser d'en dire un mot.

*Anaxilaüs de Larisse* vécut sous Auguste. Il se disoit pythagoriste, sur l'opinion, commune dans ces temps, que le philosophe de Samos ne s'étoit appliqué à l'étude de la nature que pour en déduire l'art d'opérer des choses merveilleuses. On en raconte plusieurs d'Anaxilaüs. Il ne tint pas à lui qu'on ne le prît pour sorcier. Il y réussit même au-delà de ses prétentions, puisqu'il se fit exiler par Auguste, qui n'étoit ni un petit esprit, ni un homme ennemi des savans. Anaxilaüs lui parut apparemment un charlatan dangereux.

*Quintus Sextius* fut un autre homme. Appelé,

par sa naissance et par la considération dont il jouissoit, aux premières dignités civiles, soit qu'il dédaignât d'administrer dans un état avili par la perte de la liberté; soit que la terre fumât encore du sang dont elle avoit été arrosée sous le triumvirat, et qu'il en fût effrayé; soit qu'il ne vît que du péril dans les dignités qu'on lui offroit, il les refusa, se livra à l'étude de la philosophie, et fonda une secte nouvelle, qui ne fut ni le stoïcisme, ni le *pythagorisme*, mais un composé de l'un et de l'autre. Voici la manière dont Sénèque en parle. « J'ai lu l'ouvrage de Sextius; c'est un homme
» de la première force, et stoïcien, quoi qu'on
» en dise. Quelle vigueur! quelle ame! Cela est
» d'une trempe qui n'est pas ordinaire, même entre
» les philosophes. Je ne vois que de grands noms
» et de petits livres. Ce n'est pas ici la même
» chose. Les autres instituent, disputent, plai-
» santent; mais ils ne nous donnent point de cha-
» leur, parce qu'ils n'en ont point. Mais lisez
» Sextius; et vous vous direz à vous-même : que
» suis-je devenu? J'étois froid, et je me sens ani-
» mé; j'étois foible, et je me sens fort; j'étois
» pusillanime, et je me sens du courage. Pour
» moi, en quelque situation d'esprit que je me
» trouve, à-peine l'ai-je ouvert, que je puis dé-
» fier tous les événemens; que je m'écrierois vo-
» lontiers : O sort, que fais-tu? que ne viens-tu
» sur moi? arrive avec toutes tes terreurs. Je vous

» attends. Je prends l'ame de cet auteur : elle
» passe en moi. Je brûle de m'exercer contre l'in-
» fortune. Je m'indigne que l'occasion de montrer
» de la vertu ne se présente pas. Ce Sextius a cela
» d'admirable, que, sans vous pallier l'importance
» et la difficulté d'obtenir le bonheur et le repos
» de la vie, il ne vous en ôte pas l'espoir. Il met
» la chose haut, mais non si haut qu'avec de la
» résolution on n'y puisse atteindre. Il vous montre
» la vertu sous un point de vue qui vous étonne,
» mais qui vous enflamme ». Sextius assied le sage
à côté de Jupiter. La nuit, lorsqu'il étoit retiré,
et que tout étoit en silence autour de lui, il s'in-
terrogeoit, et se disoit : « De quel vice t'es-tu
» corrigé ? quel bien as-tu fait ? en quoi es-tu
» devenu meilleur » ? Il avoit eu le pythagoricien
Sotion pour instituteur. Celui-ci l'avoit déterminé
à l'abstinence de la chair. En effet, n'y a-t-il pas
assez d'autres alimens, sans user du sang ? N'est-
ce pas encourager les hommes à la cruauté, que
de leur permettre d'enfoncer le couteau dans la
gorge des animaux ? Cependant, ce régime austère étant devenu une espèce de scandale sous le
règne de Tibère, et ceux qui s'y conformèrent se
rendant suspects d'hétérodoxie, le père de Sextius
conseilla à son fils de mieux souper à l'avenir, s'il
ne vouloit pas s'exposer à quelque affaire sérieuse.
La tâche que Sextius s'étoit imposée lui parut si
forte à lui-même, que, ne pouvant ni l'abandon-

ner, ni y satisfaire, il fut quelquefois sur-le-point de se précipiter dans la mer. Il eut pour disciples. Flavianus, Lucius Crassitius de Tarente, surnommé *Paside*; Pansa et Julius Antonius, fils du triumvir.

Le centon des maximes moitié pythagoriques, moitié stoïciennes et chrétiennes, qui portent le nom de *Sextus* ou de *Sextius*, n'est point de notre philosophe. C'est une de ces productions supposées, telles qu'il en parut tant pendant les premiers siècles de l'église; les payens, les chrétiens, les orthodoxes et les hérétiques, cherchant tous également à appuyer leurs sentimens de quelques grandes autorités.

*Sotion* parut sous les règnes d'Auguste et de Tibère. Il eut Sénèque pour disciple. Sa doctrine fut pythagorico-stoïcienne; c'est-à-dire qu'il admit la métempsycose, et qu'il s'abstint du vin et de la chair des animaux.

*Modérat* vécut sous Néron. Il étoit de Gades, île de la mer Atlantique. Origène, Porphyre, Jamblique, et les autres philosophes de l'école d'Alexandrie firent cas de ses ouvrages. Sa doctrine fut platonico-pythagorique.

On compte encore parmi les sectateurs du *pythagorisme renouvelé*, Alexicrate, Eugène, Arcas, précepteur d'Auguste, et quelques autres.

Nous voici enfin parvenus à un des noms les plus célèbres parmi les hommes, c'est celui d'*A-*

*pollonius de Thyane*. On peut écrire des volumes de la vie de ce philosophe, ou l'expédier en quelques lignes, selon le parti qu'on prend, ou d'exposer le détail infini des fables qu'on a débitées sur son compte, ou de s'en tenir au peu de vérités qu'on en sait. Les philosophes éclectiques de l'école d'Alexandrie, les ennemis les plus violens que l'église ait eus dans sa naissance, n'ont rien omis pour l'opposer avec avantage à Jésus-Christ. Il est né d'un Dieu. Sa venue est annoncée par des prodiges. Il étoit destiné à être un jour le restaurateur du genre humain. Il paroît parmi les hommes. Son enfance, son adolescence, toute sa vie est marquée par des prodiges. Il a toutes les qualités possibles de l'ame et du corps. Il sait toutes les langues. Il parcourt toutes les contrées. Il est instruit de toutes les connoissances et de toute la sagesse des nations. Jamais on n'a fait tant de mensonges, et si mal-adroitement. Peut-être Apollonius a-t-il en effet voyagé dans l'Orient, dans l'Inde, en Asie, dans les Gaules, dans l'Italie; peut-être a-t-il vu et su beaucoup; peut-être a-t-il été un grand philosophe, un génie extraordinaire. Mais on est parvenu à rendre tout également incroyable, par la puérilité, la sottise, les faussetés qui percent de toutes parts dans son histoire. On lui donne pour compagnon un certain Damis, le plus stupide personnage qu'on puisse imaginer; et il a pour historien Philostrate, menteur d'une impudence qui ne se conçoit pas. Laissons donc là sa vie et ses prodiges; et parcourons rapidement quelques-uns des principes de sa philosophie. Apollonius disoit, à ce qu'on prétend, car il est plus facile encore de supposer à un homme des discours que des actions :

Le philosophe s'unira d'amitié avec le philosophe; il négligera le grammairien et le sophiste.

La vertu s'acquiert par l'exercice et par l'institution. La nature nous y dispose. Il faut tout entreprendre pour elle.

La connoissance de la vérité est la tâche du philosophe.

Le philosophe fuit les bains, sort peu, craint de souiller ses pieds; cherche en tout la pureté, dans ses vêtemens même; s'occupe de la divination; souffre les peines du corps; purge son ame du vice; mange seul; se tait volontiers; s'abstient du vin et de la chair des animaux; a peu de besoins; évite le méchant; a toujours un bon conseil à donner, sa bourse ouverte à ses amis, du sang à répandre pour sa patrie, et sa liberté à garder.

Comment ne mépriseroit-il pas la richesse ? tant d'autres l'ont fait par des motifs indignes de lui.

Il ne vendra point ses connoissances.

Il regardera l'univers comme sa patrie, et tous les hommes comme ses frères. Nous descendons tous de Dieu.

Qu'exigerez-vous du pythagoricien ? l'art de donner des loix aux peuples ; la connoissance de la géométrie, de l'astronomie, de l'arithmétique, de l'harmonie, de la musique, de la médecine et de la théurgie. Vous en exigerez davantage encore ; l'élévation de l'ame, la gravité, la constance, la bonne renommée, la vraie théologie, l'amitié sincère, l'assiduité, la frugalité, l'intégrité des sens, l'agilité, l'aisance, la tranquillité, la vertu, le bonheur.

Le magicien est le ministre des dieux. Celui qui ne croit point à la magie, est athée.

Ayez de la pudeur pour celui qui en manque ; et voilez votre visage devant l'homme qui s'enorgueillit d'une sottise.

Qu'est-ce que la prudence, sans la force ? Qu'est-ce que la force, sans la prudence ?

L'ame ne se repose point.

Rien ne périt. Il n'y a que des apparences qui naissent et qui passent.

S'il y a passage de l'état d'essence à l'état de nature, il y a génération.

S'il y a passage de l'état de nature à l'état d'essence, il y a mort.

A proprement parler, il n'y a ni génération, ni corruption. Il y a succession d'états. Il y a apparence grossière de nature, et ténuité d'essence. L'intervalle est occupé par ce qui change, paroît et disparoît. L'essence est toujours la même ;

mais son mouvement et son repos diffèrent. Un tout se résout en parties. Des parties reforment un tout. Voila l'automatisme général.

La matière est contenue comme dans un vase éternel, où rien ne survient, et d'où rien ne s'échappe ; mais où ce qui est sensible cesse de l'être, et ce qui ne l'étoit pas le devient ; où des choses tendent à la simplicité de l'unité, et d'autres se composent.

Entre les choses visibles, il n'y a nul mode commun à tous les individus ; tout mode de ce qui est un, est mode d'une chose singulière.

L'essence première, la seule qui fasse et souffre, qui est toute en tout, est le Dieu éternel, qui perd son nom dans nos langues, par la multitude et la variété des êtres à désigner.

L'homme se divinise en mourant ; il change de mode, mais non de nature et d'essence. Il est donc mal de pleurer la mort ; il faut la révérer, et abandonner à Dieu l'être qui est parvenu à ce terme.

Il y a de l'ordre dans l'univers ; Dieu y préside ; le sage ne fera donc aucune chose ; il croira que ce qui lui arrive est bien.

Cet ordre est nécessaire : s'il a destiné à l'empire un homme, et que cet homme périsse, il ressuscitera pour régner.

Celui qui a étudié cette chaîne des destinées, prédira l'avenir.

Ce qui est ne périt point, ou parce qu'il est par lui-même, et qu'il doit durer sans fin : ou il faut remonter à quelque chose qui se fasse de rien; mais rien n'aboutit jamais qu'à rien.

Tant que nous vivons, nous sommes châtiés.

Il faut réunir l'art de guérir l'ame à celui de guérir le corps, pour posséder la médecine par excellence. L'animal sera-t-il sain, tant que sa portion la plus estimable sera malade ?

Les dieux n'ont pas besoin de victimes. Avoir l'ame pure, faire du bien à ceux qui le méritent, voilà ce qui rend agréable aux yeux de l'Éternel. Il n'y a que cela, que l'athée ne puisse pas présenter au ciel.

Vous avez de l'affinité avec les animaux; n'en sacrifiez donc point.

Tous les êtres ont leur jeunesse et leur caducité, leurs périodes et leur consommation.

La richesse est une source d'inquiétudes; pourquoi les hommes veulent-ils être riches ?

Il faut, dans l'indigence, se montrer ferme; humain, dans l'opulence.

L'indiscrétion a bien des inconvéniens : il est plus sûr de se taire.

Le sage se contente de peu : ce n'est pas qu'il ne sache distinguer une chose vile d'une chose précieuse; mais son étude est d'apprendre à se passer de celle-ci.

La colère est le germe de la folie; si on ne

prévient sa maturité, il n'y aura plus de remède.

N'être plus, ce n'est rien : être, c'est souffrir.

Il est doux d'avoir évalué les événemens fâcheux, avant que d'avoir à les supporter.

Consolons-nous par la vue des misères d'autrui.

Si nous commettons le crime, du-moins n'accusons personne.

La vie est courte pour l'homme heureux; l'infortune prolonge sa durée.

Il est impossible qu'Apollonius ait eu les maximes d'un sage et la vie d'un imposteur. Concluons donc qu'on l'a trop bien fait parler, ou trop mal agir.

*Secundus l'athénien*, surnommé Epiurus ou la cheville de bois, de l'état de son père, garda le silence, du jour que sa mère, trompée dans les desseins incestueux qu'elle avoit formés sur lui, mourut de tristesse et de honte. Il eut pour disciple Hérodes Atticus. Le monde, disoit-il, est un assemblage incompréhensible, un édifice à contempler de l'esprit, une hauteur inaccessible à l'œil, un spectacle formé de lui-même, une configuration variée sous une infinité de formes, une terreur éternelle, un éther fécond, un esprit multiplié, un dédale infini, un soleil, une lumière, un jour, une nuit, des ténèbres, des étoiles, une terre, un feu, une eau, de l'air. Dieu, un bien originel, une image multiforme, une hauteur invisible, une effigie variée, une question difficile, un esprit immortel, un être présent à tout, un œil toujours ouvert, l'essence propre des choses, une puissance distinguée sous une multitude de dénominations, un bras tout puissant, une lumière intelligente, une puissance lumineuse. L'homme, un esprit revêtu de chair, un vase spirituel, un domicile sensible, un être d'un moment, une ame née pour la peine, un jouet du sort, une machine d'os, le jouet du temps, l'observateur de la vie, le transfuge de la lumière, le dépôt de la terre. La terre, la base du ciel, une perspective sans fond, une racine aérienne, le gymnase de la vie, la veillée de la lune, un spectacle incompréhensible à la vue, le réservoir des pluies, la mère des fruits, le couvercle de l'enfer, la prison éternelle, l'espace de plusieurs souverainetés, la génération et le réservoir de toutes choses. La mort, un sommeil éternel, la dissolution du corps, le souhait du malheureux, la retraite de l'esprit, la fuite et l'abdication de la vie, la terreur du riche, le soulagement du pauvre, la résolution des membres, le père du sommeil, le vrai terme fixe, la consommation de tout : et ainsi de plusieurs autres objets sur lesquels Secundus s'interroge et se répond. Nicomaque vécut dans l'intervalle des règnes d'Auguste et des Antonins. Il écrivit de l'arithmétique et de l'harmonie. Ses ouvrages ne sont pas parvenus jusqu'à nous : il forma la seconde ère de la philosophie *pythagorique*.

## De la philosophie pythagoreo - platonico - cabalistique.

Cette secte parut vers le commencement du seizième siècle. On commençoit à abandonner l'aristotélisme ; on s'étoit retourné du côté de Platon ; la réputation que Pythagore avoit eue s'étoit conservée ; on croyoit que cet ancien philosophe devoit aux hébreux tout ce qu'il avoit enseigné de bonne doctrine. On fondit ces trois systêmes en un, et l'on fit ce monstre que nous appelons *pythagoreo - platonico - cabaliste*, et dont Pic de la Mirandole fut le père. Pic eut pour disciple Capnion ; et pour sectateurs, Pierre Galatin, Paul Riccius, et François de Georgiis, sans compter Corneille Agrippa. La *pythagoreo - platonico - cabale* ne fut pas plus-tôt désignée par ce nom, qu'elle fut avilie. Ce fut François Patricius qui la nomma. Nous allons parcourir rapidement l'histoire de ceux qui lui ont donné le peu de crédit dont elle a joui pendant sa courte durée. Jean Reuchlin se présente le premier.

Reuchlin naquit à Pforzen en Suisse, en 1455. La nature lui ayant donné un bel organe, on l'appliqua d'abord à la musique, ensuite à la grammaire. Il vint à Paris ; il y fréquenta les écoles les plus connues, et les hommes les plus célèbres ; il se livra à l'érudition, et y fit de grands progrès ; il étudia la langue grecque ; et il en peignoit si parfaitement les caractères, que cette occupation lucrative suffisoit à tous ses besoins. De la connoissance du grec, il passa à celle du latin; il méprisa tous ces misérables commentateurs d'un philosophe qu'ils n'étoient pas en état de lire; et il puisa la doctrine d'Aristote dans ses propres ouvrages; il ne négligea ni l'art oratoire, ni la théologie. Il n'avoit pas vingt ans, qu'il y avoit peu d'hommes dans l'université de Paris qu'on pût lui comparer. Ce fut alors qu'il revint dans sa patrie. Il s'établit à Basle; mais le dessein de s'instruire en la jurisprudence le ramena en France. Il fit quelque séjour à Orléans; il revint en Allemagne. Eberhard Barbatus se l'attacha, et le conduisit à sa suite en Italie, où il fit connoissance avec *Démétrius Chalcondile, Christophe Landinus, Marsile Ficin, Ange Politien, Pic de la Mirandole,* et *Laurent de Médicis,* qu'il falloit nommer le premier. Ce fut Hermolaüs Barbarus qui changea son nom de Reuchlin en celui de Capnion: de retour de son voyage d'Italie, il parut à la cour de l'empereur Frédéric, où le juif Jehiel Loans lui inspira le goût de la langue hébraïque. Mais à la mort d'Eberhard, premier duc de Wirtemberg, qui l'avoit comblé d'honneurs, sa fortune changea; accusé de la mauvaise administration du successeur d'Eberhard, et menacé de la perte de sa liberté, il échappa à la poursuite de l'empereur Maximilien, et trouva un asyle et des amis à la cour Palatine. Reuchlin ou Capnion, comme on voudra l'appeler, avoit de l'esprit et de la gaîté : il étoit jeune ; il ignoroit encore les persécutions qu'on se prépare, en offensant les gens d'église : il ne s'en tint pas à mépriser leurs mœurs dissolues, leur ignorance et leur barbarie ; il eut l'imprudence d'en faire une peinture très-vive dans une comédie, dont le ridicule principal tomboit sur les moines. Cet ouvrage parut, et devint la source des peines qui commencèrent à ce moment, et qui durèrent autant que sa vie. Cela ne l'empêcha pas d'être envoyé à Rome, à l'occasion du mariage du prince Rupert et de la fille de George, duc de Bavière. Ce fut dans ce second voyage qu'il acheva de se consommer dans la connoissance des lettres grecques et latines; il parut dans l'école d'Argyropule, qui, frappé de l'élégance et de la facilité avec laquelle Capnion interprétoit, se tourna vers ses auditeurs, et leur dit : *Ecce Græcia nostro exilio transvolavit Alpes*. Il prit des leçons d'hébreu du juif Obodias ben Jacob Sporno, qu'il n'étoit pas donné à tout le monde d'entendre, tant il se faisoit payer chèrement. Le temps de sa députation écoulé, il revint en Allemagne ; il quitta la cour ; et pressé de jouir du fruit de ses études, il chercha la retraite. Il fut cependant appelé dans les transactions les plus importantes de son temps. Or, il arriva qu'un juif renégat s'efforçoit de persuader aux puissances séculières et à l'empereur de brûler les livres des Juifs. Il s'étoit fait écouter : on avoit ramassé le plus d'ouvrages hébreux que l'on avoit pu : l'édit de Maximilien étoit prêt, et l'exécution alloit se faire à Francfort, lorsque les Juifs se plaignirent : l'empereur les écouta, et leur donna pour commissaire Reuchlin. Reuchlin distingue : il abandonne au sort qui leur étoit destiné tous les auteurs impies ; mais il insiste sur la conservation des grammairiens, des médecins, des historiens, de tous ceux qui avoient traité des sciences et des arts, et qui pouvoient servir à l'intelligence d'une langue aussi essentielle à la religion chrétienne. Pfefferkon ( c'est le nom du Juif) entre en fureur ; il ameute les moines : on écrit contre Reuchlin ; on s'assemble ; on délibère ; on le condamne : il est appelé à la cour de l'empereur et à celle du souverain pontife. Erasme et d'autres savans prennent sa défense. On revient sur le projet barbare d'anéantir en un jour les monumens les plus précieux de l'église chrétienne. On absout Reuchlin ; et l'ignorance et la superstition confondues n'en sont que plus violemment irritées. Cependant l'hérésie de Luther s'élève ; les peuples s'arment ; le sang se répand ; des villes se désertent, et Reuchlin perd son état, sa fortune, ses livres, tombe dans l'indigence, et est réduit à enseigner les langues pour vivre. Les troubles de sa vie

dérangèrent sa santé; il devint languissant; et il mourut à Stutgard, âgé de soixante-sept ans. Il faut écrire son nom parmi les premiers restaurateurs des lettres de nos contrées. Les erreurs, dont l'église étoit infectée, ne lui échappèrent point; il s'en expliqua quelquefois assez librement; cependant il ne se sépara point de notre communion. Il professa la philosophie *pythagoreo-platonico-cabalistique*, ainsi qu'il paroît par l'ouvrage qu'il a intitulé *de arte cabalistica*, et par celui qu'il a publié *de verbo mirifico*. Il dit ailleurs : « Marsile Ficin a relevé la statue de Platon
» en Italie; Faber, celle d'Aristote en France;
» il m'étoit réservé de restituer celle de Pytha-
» gore. Mais ce philosophe, instruit par les Chal-
» déens, ne pouvoit être entendu sans l'étude
» de la cabale. C'est la clef de sa doctrine: je
» l'ai cherchée, et je l'ai trouvée ». Qu'avoit-il découvert à l'aide de cette merveilleuse clef, et d'une application de vingt ans? Que Baruch renfermoit l'explication de tous les noms ineffables; qu'ils s'appliquoient à Jésus-Christ, sans exception; et que ces quatres lettres *J, E, S, V,* étoient le grand tétragramme *pythagorien*. Reuchlin n'est pas le centième d'entre les philosophes qui se sont livrés à des travaux incroyables pour illustrer un certain genre de folie. Celui-ci étudia la doctrine chaldaïque, égyptienne, thrace, hermétique, orphique et hébraïque; mais l'école d'A-

lexandrie avoit tout corrompu. Reuchlin s'en rapporta au témoignage de Pic ; et Pic, ne distinguant rien, s'étoit confié indistinctement, et aux livres des anciens auteurs, et à ceux qui leur avoient été supposés. Qu'est-ce qu'il y avoit après cela de surprenant, lorsqu'il découvroit de tout côté des vestiges du christianisme, que son imagination excitée multiplia ensuite à l'infini ? d'où il arriva qu'il ne connut bien, ni le pythagorisme, ni le platonisme, ni la cabale, ni le christianisme.

François Georges le Vénitien vivoit encore en 1533 ; ce fut un philosophe très-subtil, mais dont l'imagination égaroit le jugement. Il a laissé deux ouvrages : l'un, sur l'harmonie du monde ; l'autre, sur des problèmes relatifs à l'intelligence de quelques points de l'écriture. C'est un mélange de doctrine chrétienne et d'opinions rabbiniques, qui fut proscrit. Voici quelques-uns de ses principes.

Les nombres sont la cause de l'ordre universel ; ils s'élèvent de la terre aux cieux, et redescendent des cieux à la terre, formant une chaîne d'émanations, par laquelle des natures diverses et des accidens opposés sont liés.

C'est aux hommes que Dieu a éclairés de son esprit, à nous instruire sur le monde. Entre ces hommes, il faut s'attacher particulièrement aux Hébreux, à ceux des autres nations qui ont connu le Messie, Paul, Jean, Origène, d'un côté; de l'autre, Platon, Pythagore, etc.

Il est un Dieu. La fécondité des êtres nous démontre la fécondité de Dieu : un Dieu, réfléchissant sur lui-même, a produit son fils ; le Saint-Esprit, ou l'amour qui unit le père et le fils, a procédé de l'un et de l'autre ; et le monde est émané de tous les trois.

Il y avoit si peu d'hommes purs et saints, dignes de connoître la vérité toute nue, qu'il a fallu la voiler d'énigmes, de symboles et d'emblêmes.

Quelque diversité d'opinions qu'il y ait entre les philosophes, on peut rapprocher d'un même système tous ceux qui admettront l'existence et la liberté d'un être seul créateur.

Les sages s'accordent à mesurer le temps de la création, et de le renfermer dans l'espace de six jours, auquel on a ajouté un septième jour de repos. En effet, le nombre six est très-parfait. Six fois un font six ; trois fois deux font six ; un, deux, trois font six, etc.

Je n'ai pas le courage de suivre cet auteur dans le détail de ses extravagances ; c'est une arithmétique corrompue, des propriétés de nombre imaginaires et mal vues, appliquées au système des émanations.

Ce que j'y trouve de plus singulier, c'est que le méchant est animé de deux esprits, son ame et un mauvais génie qui est entré dans son corps au moment de la dépravation. Voilà de quoi étendre le système du P. Bougeant. Les mauvais anges ne seront pas seulement occupés à animer les animaux, mais encore à doubler, tripler, quadrupler les ames des méchans. On trouvera même, dans l'écriture, des passages favorables à cette opinion. Ainsi les Guignard, les Oldecorn, les Malagrida, les Damiens, et tous ceux qui ont été coupables ou qui sont suspects de monarchomachie, sont possédés d'une légion de mauvais génies qui se sont associés à leurs ames, à mesure que leur dépravation s'accroissoit ; en sorte qu'on peut les regarder comme des sortes d'enfers ambulans. Les diables sont établis dans les corps des hommes ; ils y entrent, ils en sortent, selon qu'on amande ou qu'on empire.

Agrippa naquit à Netesheym, dans le territoire de Cologne, à-peu-près en 1463. Il professa toutes sortes de conditions ; soldat, politique, homme de lettres, philosophe, théologien, alchimiste, pirrhonien, charlatan, voyageur, médecin, érudit, astrologue, riche, pauvre, méprisé, considéré ; que sais-je quoi encore ? Il n'est pas trop de notre objet de suivre cet homme divers sous toutes ses formes ; nous remarquerons seulement ici qu'il eut de commun avec la plupart des philosophes, de connoître l'ignorance, l'hypocrisie, et la méchanceté des prêtres ; de s'en expliquer quelquefois trop librement ; et d'avoir, par cette indiscrétion, empoisonné toute sa vie. Un inquisiteur s'étoit emparé d'une pauvre femme qu'il avoit résolu de perdre : Agrippa osa prendre sa défense ; et le voilà lui-même accusé d'hérésie, et forcé de pourvoir à sa sûreté. Il erre ; mais par-tout il trouve des moines ; par-tout il les déchire ; et par-tout il en est persécuté. Il met lui-même le comble à son infortune, par son ouvrage de la vanité des sciences. Cette misérable production aliéna tous les esprits. Il tomba dans l'indigence : il emprunta ; ses créanciers le poursuivirent, et le firent emprisonner à Bruxelles. Il ne sortit des prisons de Bruxelles, que pour tomber dans celles de Lyon. La cour de France, qu'il avoit irritée par des expressions peu ménagées sur la mère du roi régnant, crut devoir l'en châtier ; ce fut la dernière de ses peines. Il mourut en 1536, après avoir beaucoup couru, beaucoup étudié, beaucoup invectivé, beaucoup souffert, et peu vécu. Nous allons exposer quelques-uns des principes de cette philosophie, qu'Agrippa et d'autres ont professée sous le nom d'*occulte* ; ils disoient :

Il y a trois mondes ; l'élémentaire, le céleste et l'intellectuel.

Chaque monde subordonné est régi par le monde qui lui est supérieur.

Il n'est pas impossible de passer de la connoissance de l'un à la connoissance de l'autre, et de remonter jusqu'à l'archétype. C'est cette échelle qu'on appelle la *magie*.

La magie est une contemplation profonde qui embrasse la nature, la puissance, la qualité, la substance, les vertus, les similitudes, les différences, l'art d'unir, de séparer, de composer ; en un mot, le travail entier de l'univers.

Il y a quatre élémens, principes de la composition et de la décomposition ; l'air, le feu, l'eau et la terre.

— Ils sont triples chacun.

Le feu et la terre, l'un principe actif, l'autre principe passif, suffisent à la production des merveilles de la nature.

Le feu, par lui-même, isolé de toute matière à laquelle il soit uni, et qui serve à manifester sa présence et son action, est immense, invisible, mobile, destructeur, restaurateur, porté vers tout ce qui l'avoisine, flambeau de la nature, dont il éclaire les secrets. Les mauvais démons le fuyent ; les bons le cherchent ; ils s'en nourrissent.

La terre est le suppôt des élémens, le réservoir de toutes les influences célestes ; elle a en elle tous les germes et la raison de toutes les productions ; les vertus d'en-haut la secondent.

Les germes de tous les animaux sont dans l'eau.

L'air est un esprit vital qui pénètre les êtres, et leur donne la consistance et la vie ; unissant, agitant, remplissant tout, il reçoit immédiatement les influences qu'il transmet.

Il s'échappe, des corps, des simulacres spirituels et naturels qui frappent nos sens.

Il y a un moyen de peindre des images, des lettres qui, portées à travers l'espace immense, peuvent être lues sur le disque de la lune qui les éclaire, par quelqu'un qui sait et qui est prévenu.

Dans le monde archétype tout est en tout ; proportion gardée, c'est la même chose dans celui-ci.

Les élémens, dans les mondes inférieurs, sont des formes grossières, des amas immenses de matière. Au ciel, ils sont d'une nature plus énergique, plus subtile, plus active ; vertus, dans les intelligences ; idées, dans l'archétype.

Outre les qualités élémentaires que nous connoissons, les êtres en ont de particulières, d'inconnues, d'innées, dont les effets nous étonnent : ce sont ces dernières, que nous appelons *occultes*.

Les vertus occultes émanent de Dieu ; unes en lui, multiples dans l'ame du monde, infuses dans les esprits, unies ou séparés des corps, foibles ou fortes, selon la distance de l'être à l'archétype.

Les idées sont les causes de l'existence et de la spécification ; c'est d'elles que naissent les qualités qui passent dans la matière en raison de son aptitude à les recevoir.

Dieu est la source des vertus ; il les confie aux anges ses ministres ; les anges les versent sur les cieux et les astres ; les astres les répandent sur les hommes, les plantes, les animaux, la terre, les élémens.

Voici donc l'ordre d'émanation des vertus : les idées, les intelligences, les cieux, les élémens, les êtres.

Aucun être n'est content de sa nature, s'il est privé de tout secours divin.

Les idées sont les causes premières de la forme et des vertus.

Les vertus ne passent point des êtres supérieurs aux inférieurs, sans l'intermède de l'ame du monde, qui est une cinquième essence.

Il n'y a pas une molécule dans l'univers, à laquelle une particule de cette ame du monde ou de cet esprit universel ne soit présente.

Distribuée en tout et par-tout, elle ne l'est pas également. Il y a des êtres qui en prennent, les uns plus, les autres moins.

Il y a antipathie et sympathie en tout : de-là, une infinité de rapports, d'unions et d'aversions secrètes.

Les êtres en qui la vertu, la particule divine est moins embarrassée de matière, ne cessent pas de produire des effets étonnans après leur destruction.

Les choses inférieures sont dominées par les

supérieures. Les mœurs des hommes dépendent des astres.

Le monde sublunaire est gouverné par les planètes, et le monde planétaire, par celui des fixes.

Chaque astre a sa nature, sa propriété, sa condition, ses rayons, qui vont imprimer sur les êtres un caractère, une signature distincte et particulière.

Quelquefois les influences se confondent dans un même être; elles y entrent selon des rapports déterminés par un grand nombre de causes, entre lesquelles la possession est une des principales.

Il y a une liaison continue de l'ame du monde à la matière; c'est en conséquence de cette liaison que l'âme du monde agit sur tout ce qui est.

On peut remonter des choses d'ici-bas, aux astres; des astres, aux intelligences; des intelligences, à l'archétype. C'est une corde qui, touchée à un bout, frémit à l'autre; et la magie consiste à juger de la correspondance de ces mouvemens, qui s'exécutent à des distances si éloignées. C'est une oreille fine, qui saisit des résonnances fugitives, imperceptibles aux hommes ordinaires. L'homme ordinaire n'entend que dans un point. Celui qui a la science occulte, entend sur la terre, au ciel et dans l'intervalle.

Il y a de bons et de mauvais génies.

On s'unit aux bons génies par la prière et les sacrifices; aux mauvais, par des arts illicites.

Il y a des moyens d'attacher un esprit à un corps.

Il y a des suffumigations analogues à des influences, soit qu'il s'agisse de les attirer, soit qu'il s'agisse de les écarter.

La lumière est un acte simple, une image divine imprimée dans tous les êtres, émanée du père au fils, du fils à l'esprit-saint, de l'esprit-saint aux anges, des anges aux astres, des astres à la terre, aux hommes, aux plantes, aux animaux. Elle affecte le sens et l'imagination de l'homme.

L'imagination, violemment émue, peut changer le corps, lui donner de l'empire, de l'action et de la passion, l'approprier à certaines maladies, à certaines impressions, etc.

La contention violente de l'ame humaine l'élève, l'unit aux intelligences, l'éclaire, l'inspire, porte dans ses actions et ses concepts quelque chose de divin et de surnaturel.

L'ame humaine a en elle la vertu de changer, d'approcher, d'éloigner, de lier; elle peut dominer, et les choses, et les esprits, par une énergie particulière de sa vertu ou de ses passions.

Les noms des choses ont aussi leur pouvoir. L'art magique a sa langue ; cette langue a ses vertus : c'est une image des signatures. De-là, l'effet des invocations, évocations, abjurations, conjurations et autres formules.

Il paroît que le nombre est la raison première de l'enchaînement des choses.

Les nombres ont leur vertu, leur efficacité bien ou mal-faisante.

L'unité est le principe et la fin de tout; elle n'a ni fin, ni principe.

Le nombre binaire est mauvais. Le dualisme est un démon mal-faisant où il y a multitude matérielle.

Le ternaire représente Dieu; l'ame du monde, l'esprit de l'homme.

Le quaternaire est la base de tous les nombres.

Le quinaire a une force particulière dans les expiations sacrées. Il est tout. Il arrête l'effet des venins. Il est redoutable aux mauvais génies.

Le septenaire est très-puissant, soit en bien, soit en mal.

Dieu est la monade. Avant qu'elle ne s'étendît hors d'elle et ne produisît les êtres, elle engendra en elle le nombre ternaire.

Le nombre denaire est la mesure de tout.

Les caractères des mots ne sont pas sans vertu; on en peut tenir la connoissance des propriétés et des événemens.

L'harmonie, analogue au concert des cieux, en provoque merveilleusement l'influence.

L'homme a tout en lui; le nombre, la mesure, le poids, le mouvement, les élémens, l'harmonie.

Il y a une cause sublime, secrète et nécessaire du sort. Il peut conduire à la vérité.

Le monde, les cieux, les astres ont des ames ; ces ames ne sont pas sans affinité avec la nôtre.

Le monde vit ; il a ses organes, il a ses sens.

L'ame du monde a ses opérations intellectuelles ; elle tient de la nature divine.

Les imprécations ont leurs efficacités ; elles s'attachent sur les êtres, et les modifient.

La liaison universelle des choses constate la réalité et la certitude de la magie.

La magie est un art sacré, qu'il ne faut pas divulguer.

Elle suppose une suspension du commerce de l'ame avec le corps, une absence entière de toutes distractions, une union intime avec les intelligences. On l'obtient par les cérémonies religieuses, les expiations, les sacrifices, la prière, les consécrations, etc.

Il faut avoir sur-tout la foi, l'espérance et la charité : ce sont ces vertus qui lèvent le voile qui couvre le miroir divin, et qui permettent à l'œil de l'homme de recevoir par réflexion la connoissance des états, des effets et des causes.

Quoique Dieu soit tout dans l'union essentielle des trois personnes, on peut cependant y considérer encore quelques qualités divines, quelques intelligences réelles que les philosophes des nations ont appelées *divinités* ; les hébreux, *sephiroth*, et que nous appelons *attributs*.

Les différens noms de Dieu ne désignent point

des essences divines, mais des propriétés analogues à ses bienfaits, à ses châtimens.

Dieu est le maître ; mais il a des ministres bien et mal-faisans. Les astres sont aussi des instrumens de sa puissance : elle a encore d'autres canaux.

L'intelligence de Dieu est incorruptible, immortelle, insensible, présente à tout, influant sur tout.

Il y a trois classes de démons ; des esprits célestes, intelligens, sans corps. Leur fonction unique est de transmettre la lumière de Dieu. Des esprits qui président à ce monde et qui résident dans les astres. Des esprits qui nous sont attachés; ils sont dans l'air, dans l'eau, dans le feu, dans la terre. Ils ont des corps ; ils sont susceptibles de passions. Leurs corps ne sont pas susceptibles.

L'aspect des planètes, au moment de la naissance de l'homme, indiquera la nature de son génie tutélaire.

L'homme est abandonné à trois démons ; l'un est divin, il préside à son ame ; l'autre est ou bien ou mal-faisant, il domine à sa naissance ; le troisième décide de son sort.

Les caractères des esprits et leurs signatures ne sont pas intelligibles à tous les yeux; c'est une lecture réservée à quelques hommes privilégiés.

On enchaîne les démons, et on leur commande par des moyens empruntés ou du monde élémentaire, ou du monde céleste, ou du monde intellectuel et divin.

Voici l'ordre des êtres animés. Dieu, les intelligences, les démons, les héros, les demi-dieux, les dieux mortels, les dieux terrestres, les hommes, les animaux.

L'esprit humain est corporel ; mais sa substance est très-subtile, et d'une union facile avec la particule qui est en nous.

Le mal naît de la mauvaise disposition de ce qui reçoit, et non de la dépravation de ce qui influe.

L'ame, qui sera souillée dans ce monde, sera punie après la dissolution du corps, par son union avec un autre corps formé de vapeurs élémentaires, où elle subira toute la gêne d'une prison.

Ces ames punies se précipitent quelquefois dans les corps des animaux, les tourmentent et les obsèdent ; leur présence y opère, à l'instar des démons.

Elles se plaisent à errer autour des cadavres ; elles en aiment la vapeur ; c'est un moyen de les évoquer. De-là, la nécromancie.

Il y a dans l'homme le corps, l'esprit, la raison et l'idole. Ces trois derniers constituent l'ame qui est une. L'esprit éclaire la raison ; la raison s'occupe de l'idole ; l'idole vient des objets.

L'ame qui est de Dieu, ou qui émane du monde intelligible, est immortelle et éternelle.

Celui qui attend un oracle, se disposera à le recevoir par la pureté, l'abstinence, les jeûnes, la continence, la solitude, la tranquillité, le silence et l'élévation.

La pénitence et l'aumône sont les deux grands moyens expiatoires.

Qui croiroit que des hommes instruits aient donné sérieusement dans ce tissu indigeste et ridicule de suppositions ? Qui croiroit que, dans ce siècle même où l'esprit humain a fait de si grands progrès en tout genre, il y ait encore des gens qui n'en sont pas détrompés ? Le fait, cependant, n'est que trop vrai. C'est le désordre de l'imagination, qui invente ces systèmes ; c'est la nouveauté, qui les accrédite ; c'est l'intérêt, qui les perpétue. S'il faut croire au diable ; s'il faut s'y donner, pour obtenir une dignité, jouir d'une femme, exterminer une rivale, connoître l'avenir, posséder un trésor ; on y croira, on s'y donnera. Des femmes titrées, à l'entrée de la nuit, monteront dans leurs équipages ; se feront conduire à l'extrémité d'un faubourg, grimperont à un cinquième étage ; et iront interroger, sous les tuiles, quelque vieille indigente à qui elles persuaderont elles-mêmes que le présent, l'avenir et le passé sont ouverts à ses yeux, et qu'elle possède le livre du destin. Il n'y a aucun excès, auquel les gens à sabbats ne puissent se porter : ils ne seront effrayés, ni du meurtre, ni du vol, ni du sacrilège. C'est en encourageant la philosophie, qu'on réussira à éteindre dans un état toute confiance dans les arts occultes. Les prestigiateurs redoutent l'œil du philosophe. Déjà ces femmes, qui se font aujourd'hui piétiner, donner des coups d'épée, crucifier, frapper à coup de bûches, étendre sur des brasiers, ont exclu de leurs assemblées théurgiques les beaux-esprits, les physiciens, les académiciens, les prêtres mêmes : elles disent que ces gens retardent par leur présence l'oppération de Dieu ; et que leurs merveilles ne s'opèrent qu'en faveur des libertins, des gens du monde et des Juifs : ce sont en effet les seuls qu'elles admettent, et ceux dont les lumières ne sont pas fort à craindre pour elles.

Le mot *philosophie pythagoreo-platonico-cabalistique* n'étoit pas plus odieux sous François Patrice, que le mot *encyclopédie* aujourd'hui, que le mot *philosophie* dans tous les temps. Que fit cet homme ? il coupa à ce monstre deux de ses têtes. Il réduisit le système au platonisme pur, et s'occupa sérieusement à connoître cette doctrine, et à la répandre. Combien l'érudition, la critique, l'histoire, la philosophie, les lettres n'auroient-elles pas dû à Patrice, si sa vie n'avoit pas été pleine de distractions et de troubles ! L'aristotélisme n'eut pas d'ennemi plus redoutable et plus adroit. Il l'attaqua sous cent formes diverses. Son nom est encore célèbre dans l'histoire

littéraire, quoiqu'il ait professé le platonisme de l'école d'Alexandrie ; qu'il ait cherché à concilier la doctrine de l'académie avec celle de l'église ; et qu'il ait prétendu que le philosophe athénien avoit connu la résurrection des morts, entrevu nos mystères, et prédit la venue de Jésus-Christ. Il ne soupçonna pas la supposition de tous ces livres qui avoient été publiés dans les premiers temps du christianisme sous les noms d'*Hermès*, d'*Orphée*, de *Zoroastre*, de *Pythagore* et d'autres ; il recueillit le poëmandre, le discours sacré, la clef, le discours à son fils, le discours à Asclépius, la Minerve du monde, et s'en fit éditeur ; il tenta même de rapprocher Aristote, Jésus-Christ et Platon. Voici le titre du plus rare de ses ouvrages : « Nova
» de universis philosophia libris IV comprehensa,
» in quâ Aristotelem methodo, non per motum
» sed per lucem et lumina ad primam causam
» ascenditur ; deindè novâ quædam et peculiari
» methodo Platonica rerum universitas à Deo de-
» ducitur, autore *Franciso Patricio*, philosopho
» eminentissimo, et in celeberrimo romano gym-
» nasio summâ cum laude eandem philosophiam
» publicè interpretata. Quibus postremo sunt ad-
» jecta Zoroast.... oracula cccxx. ex Platonicis
» collecta, Hermetis Trimegisti libellis et frag-
» menta quotcumque reperiuntur, ordine scien-
» tifico disposita. Asclepii tres libelli, mystica
» Ægyptiorum à Platone dictata, ab Aristotele

» accepta et perempta philosophia. Platonico-
» rum dialogorum novus penitùs à *Francisco*
» *Patricio* inventus ordo scientificus. Capita de-
» mùm multa, in quibus Plato concors, Aristo-
» teles verò catholicæ fidei adversarius ostenditur ».
Telesius renouveloit alors la philosophie parmé-
nidienne ; et Patricius profita de ses idées. Il dit :
L'unité étoit avant tout ; tout procède de l'unité.
L'unité est Dieu : Dieu est l'auteur des premières
monades ; les premières monades, des autres monades ; celles-ci, des essences ; les essences, des
vies ; les vies, des intelligences ; les intelligences,
des esprits ; les esprits, des natures ; les natures,
des propriétés ; les propriétés, des espèces ; les
espèces, des corps. Tout est dans l'espace; la
chaleur et la lumière. L'objet de la philosophie
est de s'élever à Dieu. La sensation est le premier principe de la connoissance. La lumière céleste est l'image de Dieu. Dieu est la lumière
primitive. La lumière est présente à tout, vivifie
tout, informe tout, etc.... Il crut donner à toutes
ces imaginations télésiennes, parménidiennes et
platoniciennes, du relief par des expressions nouvelles ; mais le temps qui apprécie tout, a réduit
son travail à rien ; et nous regrettons qu'un homme
aussi laborieux, aussi pénétrant, qui sut tant de
choses, qui eut tant de talens, soit né dans des
circonstances si malheureuses, qu'il étoit presque
impossible qu'il en tirât un grand avantage. Il

naquit en 1529, et vécut cinquante-un ans. Il eut une amie du premier mérite ; c'est la célèbre Tarquinia Molza. Cette femme sut les langues grecque, latine et étrusque. Elle lisoit les historiens, les poëtes, les orateurs, les philosophes anciens comme s'ils avoient écrit dans son idiome maternel. Aristote, Pindare, Sophocle et Platon lui étoient familiers. Elle avoit étudié la logique. La morale, la physique, et l'astrologie même, ne lui étoient point étrangères. Elle étoit musicienne jusqu'à étonner les premiers maîtres de l'Italie. Il y a peut-être plus de femmes qui se sont illustrées, que d'hommes qui se sont fait un nom, eû égard au petit nombre de celles qu'on élève, et qu'on destine aux choses importantes. Quant à l'énergie de l'ame, elle a une mesure donnée dans la plus grande des terreurs, celle de la mort. Or, combien ne compte-t-on pas de femmes qui ont bravé la mort. Tout être qui sait braver la mort, l'attendre sans se troubler, la voir sans pâlir, la souffrir sans murmurer, a la plus grande force d'ame, peut concevoir les idées les plus hautes, est capable du plus violent enthousiasme : et il n'y a rien qu'on n'en doive attendre, soit qu'il parle, soit qu'il agisse; sur-tout, si une éducation convenable a ajouté aux qualités naturelles ce qu'elles ont coutume d'en recevoir.

Le *pythagoreo-platonico-cabalisme* fit aussi quelques progrès en Angleterre. On y peut compter parmi ses sectateurs, Théophile Gallé, Radulphe Cudworth et Henri Morus.

Gallé se fit un systéme théosophique, cartésien, platonicien, aristotélicien, mosaïque et rationel. Confondant tout, il corrompit tout.

Cudworth fut atomiste et plastique, en philosophie naturelle ; et platonicien, selon l'école d'Alexandrie, en métaphysique et morale.

Morus passa successivement de l'aristotélisme au platonisme, du platonisme au scepticisme, du scepticisme au quiétisme, du quiétisme à la théosophie et à la cabale.

Il suit, de ce qui précède, que ces derniers philosophes se sont tourmentés long-temps et inutilement pour restituer une philosophie dont il ne restoit aucune trace certaine ; qu'ils ont pris les visions de l'école d'Alexandrie pour la doctrine de Platon ; qu'ils ont méconnu la supposition des ouvrages attribués à Pythagore et à d'autres anciens philosophes ; qu'ils se sont perdus dans les ténèbres de la cabale des Hébreux ; qu'ils ont fait le plus mauvais usage qu'il étoit possible des connoissances incroyables qu'ils avoient acquises ; et qu'ils n'ont presque servi de rien au progrès de la véritable philosophie.

# ROMAINS.

## (PHILOSOPHIE DES ÉTRUSQUES ET DES)

Nous savons peu de chose des opinions des Étrusques sur le monde, les dieux, l'ame et la nature. Ils ont été les inventeurs de la divination par les augures, ou de cette science frivole qui consiste à connoître la volonté des dieux, ou par le vol des oiseaux, ou par leur chant, ou par l'inspection des entrailles d'une victime. O combien nos lumières sont foibles et trompeuses ! Tantôt, c'est notre imagination, ce sont les événemens, nos passions, notre terreur et notre curiosité qui nous entraînent aux suppositions les plus ridicules ; tantôt, c'est une autre sorte d'erreur qui nous joue. Avons-nous découvert, à force de raison et d'étude, quelque principe vraisemblable ou vrai ? nous nous égarons dès les premières conséquences que nous en tirons ; et nous flottons incertains. Nous ne savons s'il y a vice, ou dans le principe, ou dans la conséquence ; et nous ne pouvons nous résoudre, ni à admettre l'un, ni à rejeter l'autre, ni à les recevoir tous deux. Le sophisme consiste dans quelque chose de très-subtil qui nous échappe. Que répondrions-nous à un augure qui nous diroit : Écoute, philosophe incrédule, et humilie-toi. Ne conviens-tu pas que tout est lié dans la nature ?...

*J'en conviens....* Pourquoi donc oses-tu nier qu'il y ait, entre la conformation de ce foie et de cet événement, un rapport qui m'éclaire ?... *Le rapport y est sans-doute ; mais comment peut-il t'éclairer ?...* Comme le mouvement de l'astre de la nuit t'instruit sur l'élévation ou l'abaissement des eaux de la mer : et combien d'autres circonstances où tu vois qu'un phénomène étant, un autre phénomène est ou sera, sans appercevoir entre ces phénomènes aucune liaison de cause et d'effet ? Quel est le fondement de ta science, en pareil cas ? D'où sais-tu que, si l'on approche le feu de ce corps, il en sera consumé ?... *De l'expérience....* Eh bien ! l'expérience est aussi le fondement de mon art. Le hasard te conduisit à une première observation ; et moi aussi : j'en fis une seconde, une troisième ; et je conclus de ces observations réitérées, une concomitance constante et peut-être nécessaire, entre des effets très-éloignés et très-disparates. Mon esprit n'eut point une autre marche que le tien. Viens donc. Approche-toi de l'autel. Interrogeons ensemble les entrailles des victimes ; et si la vérité accompagne toujours leurs réponses, adore mon art, et garde le silence.... Et voilà mon philosophe, s'il est un peu sincère, réduit à laisser de côté sa raison, et à prendre le couteau du sacrificateur, ou à abandonner un principe incontestable ; c'est que tout tient dans la nature par un enchaînement nécessaire ; ou à réfuter, par l'expérience même, la plus absurde de toutes les idées ; c'est qu'il y a une liaison ineffable et secrète entre le sort de l'empire et l'appétit ou le dégoût des poulets sacrés. S'ils mangent, tout va bien : tout est perdu, s'ils ne mangent pas. Qu'on rende le philosophe si subtil que l'on voudra ; si l'augure n'est pas un imbécille, il repondra à tout, et ramènera le philosophe, malgré qu'il en ait, à l'expérience.

Les Étrusques disoient : Jupiter a trois foudres un foudre qu'il lance au hasard, et qui avertit les hommes qu'il est ; un foudre qu'il n'envoie qu'après en avoir délibéré avec quelques dieux, et qui intimide les méchans ; un foudre qu'il ne prend que dans le conseil général des immortels, et qui écrase et qui perd.

Ils pensoient que Dieu avoit employé douze mille ans à créer le monde, et partagé sa durée en douze périodes de mille ans chacune. Il créa, dans les premiers mille ans, le ciel et la terre ; dans les seconds mille ans, le firmament ; dans les troisièmes, la mer et toutes les eaux ; dans les quatrièmes, le soleil, la lune et les autres astres qui éclairent le ciel ; dans les cinquièmes, les oiseaux, les insectes, les reptiles, les quadrupèdes, et tout ce qui vit dans l'air, dans les eaux et sur la terre. Le monde avoit six mille ans, que l'homme n'étoit pas encore. L'espèce humaine subsistera jusqu'à la fin de la dernière période ; c'est alors que les temps seront consommés.

Les périodes de la création des Étrusques correspondent exactement aux jours de la création de Moyse.

Il arriva, sous Marius, un phénomène étonnant. On entendit dans le ciel le son d'une trompette aiguë et lugubre ; et les augures étrusques consultés en inférèrent le passage d'une période du monde à une autre, et quelque changement marqué dans la race des hommes.

Les divinités d'Isis et d'Orisis ont-elles été ignorées ou connues des Étrusques ? c'est une question que nous laissons à discuter aux érudits.

Les premiers Romains ont emprunté, sansdoute, des Sabins, des Étrusques et des peuples circonvoisins, le peu d'idées raisonnables qu'ils ont eues ; mais qu'étoit-ce que la philosophie d'une poignée de brigands, réfugiés entre des collines, d'où ils ne s'échappoient par intervalles que pour porter le fer, le feu, la terreur et le ravage chez les peuples malheureux qui les entouroient ? Romulus les renferma dans des murs qui furent arrosés du sang de son frère ; Numa tourna leurs regards vers le ciel, et il en fit descendre les loix. Il éleva des autels ; il institua des danses, des jours de solemnité et des sacrifices. Il connut l'effet des prodiges sur l'esprit des peuples, et il en opéra ; il se retira dans les lieux écartés et déserts, conféra avec les nymphes ; il eut des révélations ; il alluma le feu sacré ; il en confia le soin à des vestales ; il étudia le cours des astres, et il en tira la mesure des temps. Il tempéra les ames féroces de ses sujets par des exhortations, des institutions politiques et des cérémonies religieuses. Il éleva sa tête entre les dieux, pour tenir les hommes prosternés à ses pieds ; il se donna un caractère auguste, en alliant le rôle de pontife à celui de roi. Il immola les coupables avec le fer sacré dont il égorgeoit les victimes. Il écrivit ; mais il voulut que ses livres fussent déposés avec son corps dans le tombeau, ce qui fut exécuté. Il y avoit cinq cents ans qu'ils y étoient, lorsque, dans une longue inondation, la violence des eaux sépara les pierres du tombeau de Numa, et offrit au préteur Pétilius les volumes de ce législateur. On les lut ; on ne crut pas devoir en permettre la connoissance à la multitude ; et on les brûla.

Numa disparoît d'entre les Romains ; Tullus Hostilius lui succède. Les brigandages recommencent. Toute idée de police et de religion s'éteint au milieu des armes ; et la barbarie renaît. Ceux qui commandent n'échappent à l'indocile férocité des peuples, qu'en les tournant contre les nations voisines ; et les premiers rois recherchent leur sécurité dans la même politique que les derniers consuls. Quelle différence d'une contrée à une autre contrée ? A-peine les Athéniens et les Grecs en général ont-ils été arrachés des cavernes et rassemblés en société, qu'on voit fleurir au milieu d'eux les sciences et les arts ; et les progrès de l'esprit humain s'étendre de tous côtés, comme un grand incendie pendant la nuit, qui embrâse et éclaire la nation, et qui attire l'attention des peuples circonvoisins. Les Romains, au contraire, restent abrutis jusqu'au temps où l'académicien Carnéade, le stoïcien Diogène, et le péripatéticien Critolaüs, viennent solliciter au sénat la remise de la somme d'argent à laquelle leurs compatriotes avoient été condamnés pour le dégât de la ville d'Orope. Publius Scipion Nasica, et Marius Marcellus, étoient alors consuls ; et Aulus Albinus exerçoit la préture.

Ce fut un événement, que l'apparition dans Rome de trois philosophes d'Athènes. On accourut pour les entendre. On distingua, dans la foule, Lélius, Furius et Scipion, celui qui fut dans la suite surnommé l'*Africain*. La lumière alloit prendre, lorsque Caton l'ancien, homme superstitieusement attaché à la grossièreté des premiers temps, et en qui les infirmités de la vieillesse augmentoient encore une mauvaise humeur naturelle, pressa la conclusion de l'affaire d'Orope, et fit congédier les ambassadeurs.

On enjoignit peu de temps après au préteur Pomponius de veiller à ce qu'il n'y eût ni école, ni philosophe dans Rome ; et l'on publia contre les rhéteurs ce fameux décret qu'Aulugelle nous a conservé ; il est conçu en ces termes : Sur la dénonciation qui nous a été faite, qu'il y avoit parmi nous des hommes qui accréditoient un nouveau genre de discipline ; qu'ils tenoient des écoles où la jeunesse romaine s'assembloit ; qu'ils se donnoient le titre de rhéteurs latins ; et que nos enfans perdoient le temps à les entendre : nous avons pensé que nos ancêtres instruisoient eux-mêmes leurs enfans, et qu'ils avoient pourvu aux écoles où ils avoient jugé convenable qu'on les enseignât ; que ces nouveaux établissemens étoient contre les mœurs et les usages des premiers temps ; qu'ils étoient mauvais et qu'ils devoient nous déplaire : en conséquence, nous avons conclu à ce qu'il fût déclaré, et à ceux qui tenoient ces écoles nouvelles, et à ceux qui s'y rendoient, qu'ils faisoient une chose qui nous déplaisoit.

Ceux qui souscrivirent à ce décret étoient bien éloignés de soupçonner qu'un jour les ouvrages de Cicéron, le poëme de Lucrèce, les comédies de Plaute et de Térence, les vers d'Horace et de Virgile, les élégies de Tibulle, les madrigaux de Catulle, l'histoire de Saluste, de Tite-Live et de Tacite, les fables de Phèdre, feroient plus d'honneur au nom romain que toutes ses conquêtes ; et que la postérité ne pourroit arracher ses yeux remplis d'admiration de dessus les pages sacrées de ces auteurs, tandis qu'elle les détourneroit avec horreur de l'inscription de Pompée, *après avoir égorgé trois millions d'hommes*. Que reste-t-il de toute cette énorme grandeur de Rome ? La mémoire de quelques actions vertueuses, et quelques lignes d'une écriture immortelle, pour distraire d'une longue suite d'atrocités.

L'éloquence pouvoit tout dans Athènes. Les hommes rustiques et grossiers, qui commandoient dans Rome, craignirent que bientôt elle n'y exerçât le même despotisme. Il leur étoit bien plus facile de chasser les philosophes, que de le devenir. Mais la première impression étoit faite ; et ce fut inutilement qu'on renouvela quelquefois le décret de proscription. La jeunesse se porta avec d'autant plus de fureur à l'étude, qu'elle étoit défendue. Les temps montrèrent que Caton, et les pères conscripts, qui avoient opiné après lui, avoient manqué doublement de jugement. Ils passèrent ; et les jeunes gens qui s'étoient instruits secrètement leur succédèrent aux premières fonctions de la république, et furent des protecteurs déclarés de la science. La conquête de la Grèce acheva l'ouvrage. Les Romains devinrent les disciples de ceux dont il s'étoient rendus les maîtres par la force des armes ; et ils rapportèrent sur leurs fronts le laurier de Bellone entrelacé de celui d'Apollon. Alexandre mettoit Homère sous son oreiller ; Scipion y mit Xénophon.

Ils goûtèrent particulièrement l'austérité stoïcienne. Ils connurent successivement l'épicuréisme, le platonisme, le pythagorisme, le cynisme, l'aristotélisme ; et la philosophie eut des sectateurs parmi les grands, parmi les citoyens, dans la classe des affranchis et des esclaves.

Lucullus s'attacha à l'académie ancienne. Il recueillit un grand nombre de livres ; il en forma une bibliothèque très-riche ; et son palais fut l'asyle de tous les hommes instruits qui passèrent d'Athènes à Rome.

Sylla fit couper les arbres du lycée et des jardins de l'académie, pour en construire des machines de guerre ; mais au milieu du tumulte des armes, il veilla à la conservation de la bibliothèque d'Apellicon de Teïos.

Ennius embrassa la doctrine de Pythagore ; elle plut aussi à Nigidius Figulus. Celui-ci s'appliqua à l'étude des mathématiques et de l'astronomie. Il écrivit des animaux, des augures, des vents.

Marcus Brutus préféra le platonisme et la doctrine de la première académie à toutes les autres manières de philosopher qui lui étoient également connues ; mais il vécut en stoïcien.

Cicéron, qui avoit été proscrit par les triumvirs avec M. Térentius Varron, le plus savant des Romains, inscrit celui-ci dans la classe des sectateurs de l'ancienne académie. Il dit de lui :

F *

» Tu ætatem patriæ, tu descriptiones tempo-
» rum, tu sacrorum jura, tu sacerdotum, tu do-
» mesticam, tu bellicam disciplinam, tu sedem
» regionum et locorum, ut omnium divinarum
» humanarumque nomina, genera, officia, causas
» aperuisti; plurimùmque poetis nostris omni-
» nóque latinis et litteris luminis attulisti et verbis;
» atque ipse varium et elegans omni ferè numero
» poema fecisti; philosophiamque multisque locis
» inchoasti, ad impellendum satis, ad docendum
» parùm ».

Cicéron se montra plutôt péripatéticien qu'a-
cadémicien; et dans son ouvrage *de finibus bo-
norum et malorum*, il fut alternativement péripatéticien, stoïcien, platonicien et sceptique. Il
étudia la philosophie, comme un moyen sans lequel
il étoit impossible de se distinguer dans l'art oratoire; et l'art oratoire, comme un moyen sans
lequel il n'y avoit point de dignité à obtenir dans
la république. Sa vie fut pusillanime, et sa mort
héroïque.

Le peuple, que son éloquence avoit si souvent
rassemblé aux rostres, vit au même endroit ses
mains exposées à côté de sa tête. L'existence
de ces dieux immortels, qu'il atteste avec tant
d'emphase et de véhémence dans ses harangues
publiques, lui fut très-suspecte dans son cabinet.

Quintus Lucius Balbus fit honneur à la secte
stoïcienne.

Lucain a dit de Caton d'Utique :

> Hi mores, hæc duri immota Catonis
> Secta fuit, servare modum fidemque tenere,
> Naturamque sequi, patriæque impendere vitam,
> Nec sibi, sed toti genitum se credere mundo;
> Huic epulæ, vicisse famem : magnique penates
> Submovisse hyemem tecto ; pretiosaque vestis,
> Hirtam membra super *Romani* more quiritis
> Induxisse togam : venerisque huic maximus usus,
> Progenies. Urbi pater est, urbique maritus:
> Justitiæ cultor, rigidi servator honesti :
> In commune bonus ; nullosque Catonis in actus
> Subrepsit, partemque tulit sibi nata voluptas.

Ce caractère, où il y a plus d'idées que de poésie, plus de force que de nombre et d'harmonie, est celui du stoïcien parfait. Il mourut entre Apollonide et Démétrius, en disant à ces philosophes : « Ou détruisez les principes que vous m'avez inspirés ; ou permettez que je meure ».

Andronicus de Rhodes suivit la philosophie d'Aristote.

Cicéron envoya son fils à Athènes, sous le péripatéticien Cratippus.

Torquatus, Velleius, Atticus, Papirius, Pætus, Verrius Albutius, Pison, Pansa, Fabius Gallus, et beaucoup d'autres hommes célèbres embrassèrent l'épicuréisme.

Lucrèce chanta la doctrine d'Epicure. Virgile, Varus, Horace écrivirent et vécurent en épicuriens.

Ovide ne fut attaché à aucun système. Il les connut presque tous, et ne retint d'aucun que ce qui prêtoit des charmes à la fiction.

Manilius, Lucain et Perse penchèrent vers le stoïcisme.

Sénèque inscrit le nom de Tite-Live parmi les philosophes en général.

Tacite fut stoïcien ; Strabon, aristotélicien ; Mécène, épicurien ; Cneius Julius et Thraseas, stoïciens ; Helvidius Priscus prit le même manteau.

Auguste appela auprès de lui les philosophes. Tibère n'eut point d'aversion pour eux. Claude, Néron et Domitien les chassèrent. Trajan, Hadrien et les Antonins les rappelèrent. Ils ne furent pas sans considération sous Septime Sévère.

Héliogabale les maltraita ; ils jouirent d'un sort plus supportable sous Alexandre Sévère et sous les Gordiens.

La philosophie, depuis Auguste jusqu'à Constantin, eut quelques protecteurs ; et l'on peut dire, à son honneur, que ses ennemis, parmi les princes, furent en-même-temps ceux de la justice, de la liberté, de la vertu, de la raison et de l'humanité. Et s'il est permis de prononcer d'après l'expérience d'un grand nombre de siècles écoulés, on peut avancer que le souverain qui haïra les sciences, les arts et la philosophie, sera un imbécille ou un méchant, ou tous les deux.

Terminons cet abrégé historique de la *Philosophie des Romains* par cette réflexion : c'est qu'ils n'ont rien inventé dans ce genre ; qu'ils ont passé leur temps à s'instruire de ce que les Grecs avoient découvert ; et qu'en philosophie, les maîtres du monde n'ont été que des écoliers.

## SARRASINS ou ARABES.

### (PHILOSOPHIE DES)

*Voyez* ce que nous en avons déjà dit à l'article ARABES, où nous avons conduit l'histoire philosophique de ces peuples depuis sa première origine, jusqu'au temps de l'islamisme. C'est à ce moment que nous allons la reprendre. Les sciences s'éteignoient par-tout ; une longue suite de conquérans divers avoient bouleversé les empires subsistans, et laissé après eux l'ignorance et la misère ; les chrétiens même s'étoient abrutis, lorsque les *Sarrasins* feuilletèrent les livres d'Aristote, et relevèrent la philosophie défaillante.

Les Arabes n'ont connu l'écriture que peu de temps avant la fondation de l'hégire. Antérieurement à cette époque on peut les regarder comme des idolâtres grossiers, sur lesquels un homme qui avoit quelque éloquence naturelle pouvoit tout. Tels furent Sahan, Wayel, et sur-tout Kossus : ceux qu'ils désignèrent par le titre de *chated,* étoient pâtres, astrologues, musiciens, médecins, poëtes, législateurs et prêtres ; caractères qu'on ne trouve jamais réunis dans une même personne, que chez les peuples barbares et sauvages. Ouvrez les fastes des nations ; et lorsqu'ils vous entretiendront d'un homme chargé d'interpréter la volonté des dieux, de les invoquer dans les temps de calamités générales, de chanter les faits mémorables, d'ordonner des entreprises, d'infliger des châtimens, de décerner des récompenses, de prescrire des loix ecclésiastiques, politiques et civiles, de marquer des jours de repos et de travail, de lier et d'absoudre, d'assembler ou de disperser, d'armer ou de désarmer, d'imposer les mains pour guérir ou pour exterminer ; concluez que c'est le temps de la profonde ignorance. A-mesure que la lumière s'accroîtra, vous verrez ces fonctions importantes se séparer ; un homme commandera ; un autre sacrifiera ; un troisième guérira ; un quatrième, plus sacré, les immortalisera par ses chants.

Les Arabes avoient peut-être, avant l'islamisme, quelques teintures de poésie et d'astrologie, telles qu'on peut les supposer à un peuple qui parle une langue fixée, mais qui ignore l'art d'écrire.

Ce fut un habitant d'Ambare, appelé *Moramere*, qui inventa les caractères arabes, peu de temps avant la naissance de Mahomet ; et cette découverte demeura si secrète entre les mains des coraïshites, qu'à-peine se trouvoit-il quelqu'un qui sût lire l'alcoran lorsque les exemplaires commencèrent à s'en multiplier. Alors la nation étoit partagée en deux classes; l'une, d'érudits qui savoient lire; et l'autre, d'idiots. Les premiers résidoient à Médine; les seconds à la Mecque. Le saint prophète ne savoit ni lire, ni écrire: de-là, la haine des premiers musulmans contre toute espèce de connoissance; le mépris qui s'en est perpétué chez leurs successeurs; et la plus longue durée garantie aux mensonges religieux dont ils sont entêtés. (*Voyez à l'article* ARABES *ce qui concerne les nomades et les zabiens.*)

Mahomet fut si convaincu de l'incompatibilité de la philosophie et de la religion, qu'il décerna peine de mort contre celui qui s'appliqueroit aux arts libéraux; c'est le même pressentiment, dans tous les temps et chez tous les peuples, qui a fait hasarder de décrier la raison.

Il étoit environné d'idolâtres, de zabiens, de juifs et de chrétiens. Les idolâtres ne tenoient à rien; les zabiens étoient divisés; les juifs, misérables et méprisés; et les chrétiens, partagés en monophysites ou jacobites et orthodoxes, se déchiroient. Mahomet sut profiter de ces circonstances pour les amener tous à un culte qui ne leur laissoit que l'alternative de choisir de belles femmes, ou d'être exterminés.

Le peu de lumière qui restoit s'affoiblit au milieu du tumulte des armes, et s'éteignit au sein de la volupté; l'alcoran fut le seul livre; on brûla les autres, ou parce qu'ils étoient superflus, s'ils ne contenoient que ce qui est dans l'alcoran, ou parce qu'ils étoient pernicieux, s'ils contenoient quelque chose qui n'y fût pas. Ce fut le raisonnement d'après lequel un des généraux *sarrasins* fit chauffer pendant six mois les bains publics avec les précieux manuscrits de la bibliothèque d'Alexandrie.

On peut regarder Mahomet comme le plus grand ennemi que la raison humaine ait eu. Il y avoit un siècle que sa religion étoit établie, et que ce furieux imposteur n'étoit plus, lorsqu'on entendoit des hommes remplis de son esprit s'écrier, que Dieu puniroit le calife Al-Mamon, pour avoir appelé les sciences dans ses états, au détriment de la sainte ignorance des fidèles croyans; et que si quelqu'un l'imitoit, il falloit l'empaler, et le porter ainsi de tribu en tribu, précédé d'un héraut qui diroit : Voilà quelle a été et quelle sera la récompense de l'impie qui préférera la philosophie à la tradition et au divin alcoran.

Les ommèades qui gouvernèrent jusqu'au milieu du second siècle de l'hégire, furent des défenseurs rigoureux de la loi de l'ignorance, et de la politique du saint prophète. L'aversion pour les sciences et pour les arts se ralentit un peu sous les abassides. Au commencement du quatrième siècle, Abul-Abbas Al-Mamon et ses successeurs instituèrent les pélerinages, élevèrent des temples, prescrivirent des prières publiques, et se montrèrent si religieux, qu'ils purent accueillir la science et les savans sans s'exposer.

Le calife Walid défendit aux chrétiens l'usage de la langue grecque; et cet ordre singulier donna lieu à quelques traductions d'auteurs étrangers en arabe.

Abug-Jaafar Al-Mansor, son successeur, osa attacher auprès de lui un astrologue et deux médecins chrétiens, et étudier les mathématiques et la philosophie : on vit paroître sans scandale les deux livres d'Homère traduits en syriaque, et quelques autres ouvrages.

Abug-Jaafar Aaron Raschid marcha sur les traces d'Al-Mansor, aima la poésie, proposa des récompenses aux hommes de lettres, et leur accorda une protection ouverte.

Ces souverains sont des exemples frappans de ce qu'un prince, aimé de ses peuples, peut entreprendre et exécuter. Il faut qu'on sache qu'il n'y a point de religion que les mahométans haïssent autant que la chrétienne; que les savans, que les califes abassides rassemblèrent autour d'eux, étoient presque tous chrétiens; et que le peuple, heureux sous leur gouvernement, ne songea pas s'en offenser.

Mais le règne d'Al-Mamon, ou Abug-Jaafar Abdallah, fut celui des sciences, des arts et de la philosophie; il donna l'exemple, il s'instruisit. Ceux qui prétendoient à sa faveur cultivèrent les sciences. Il encouragea les *Sarrasins* à étudier; il appela à sa cour ceux qui passoient pour versés dans la littérature grecque, juifs, chrétiens, arabes ou autres, sans aucune distinction de religion.

On sera peut-être surpris de voir un prince musulman fouler aux pieds si fièrement un des points les plus importans de la religion dominante; mais il faut considérer que la plupart des habitans de l'Arabie étoient chrétiens; qu'ils exerçoient la médecine, connoissance également utile au prince et aux prêtres, au sujet hérétique et au sujet orthodoxe; que le commerce qu'ils faisoient les rendoit importans; et que, malgré qu'ils en eussent, par une grande supériorité nécessaire des lumières sur l'ignorance, les *Sarrasins* leur accordoient de l'estime et de la vénération. Philopone, philosophe aristotélicien, se fit respecter d'Amram, général d'Omar, au milieu du sac d'Alexandrie.

Jean Mésué fut versé dans la philosophie, les lettres et la médecine; il eut une école publique à Bagdad; il fut protégé des califes, depuis Al-Rashide Almamon, jusqu'à Al-Mota Waccille; il forma des disciples, parmi lesquels on nomme Honam-Ebn-Isaac, qui étoit arabe d'origine, chrétien de religion, et médecin de profession.

Honam traduisit les grecs en arabe, commenta Euclide, expliqua l'almageste de Ptolomée, publia les livres d'Eginete, et la somme philosophique aristotélique de Nicolas, en syriaque, et fit connoître par extrait Hippocrate et Galien.

Les souverains font de l'esprit des peuples tout ce qu'il leur plaît; au temps de Mésué, ces superstitieux musulmans, ces féroces contempteurs de la raison voyoient sans chagrin une école publique de philosophie s'ouvrir à côté d'une mosquée.

Cependant les imprudens chrétiens attaquoient l'alcoran; les juifs s'en moquoient; les philosophes le négligeoient; et les fidèles croyans sentoient la nécessité, de jour en jour plus urgente, de recourir à quelques hommes instruits et persuadés, qui défendissent leur culte, et qui repoussassent les attaques de l'impiété. Cette nécessité les reconcilia encore avec l'érudition; mais bientôt on attacha une foule de sens divers aux passages obscurs de l'alcoran; l'un y vit une chose; un autre y vit une autre chose; on disputa; et on se divisa en sectes qui se damnèrent réciproquement. Cependant la Syrie, l'Arabie, la Perse, l'Egypte se peuplèrent de philosophes; et la lumière échappée de ces contrées commença à poindre en Europe.

Les contemporains et les successeurs d'Al-Mamon se conformèrent à son goût pour les sciences ; elles furent cultivées jusqu'au moment où, effrayées, elles s'enfuirent dans la Perse, dans la Scythie et la Tartarie, devant Tamerlan. Un second fléau succéda à ce premier; les Turcs renversèrent l'empire des *Sarrasins ;* et la barbarie se renouvela avec ses ténèbres.

Ces événemens abrutissoient des peuples, en civilisoient d'autres ; les transmigrations forcées conduisirent quelques savans en Afrique et dans l'Espagne ; et ces contrées s'éclairèrent.

Après avoir suivi d'un coup-d'œil rapide les révolutions de la science chez les *Sarrasins,* nous allons nous arrêter sur quelques détails.

Le mahométisme est divisé en plus de soixante et dix sectes : la diversité des opinions tombe particulièrement sur l'unité de dieu et ses attributs, ses décrets et son jugement, ses promesses et ses châtimens, la prophétie et les fonctions du sacerdoce : de-là, les hanifites, les melkites, les schasistes, les henbalites, les mutazalites, etc...., et toutes ces distinctions extravagantes qui sont nées, qui naissent et qui naîtront dans tous les temps et chez tous les peuples où l'on appliquera les notions de la philosophie aux dogmes de la théologie. La fureur de concilier Aristote avec Mahomet, produisit parmi les musulmans les mêmes folies que la même fureur de concilier le même philosophe avec J. C. avoit produites ou produisit parmi les chrétiens ; ils eurent leur *al-*

*calam* ou théosophie. ( *Voyez l'article* Théosophes. )

Dans les commencemens, les musulmans prouvoient la divinité de l'alcoran avec un glaive bien tranchant : dans la suite, ils crurent devoir employer aussi la raison ; et ils eurent une philosophie et une théologie scholastique, et des molinistes et des jansénistes, et des déistes et des pirrhoniens, et des athées et des sceptiques.

Alkindi naquit à Basra, de parens illustres ; il fut chéri de Al-Mamon, de Al-Motasem et de Ahméde ; il s'appliqua particulièrement aux mathématiques et à la philosophie. Aristote étoit destiné à étouffer ce que la nature produiroit de génie chez presque tous les peuples. Alkindi fut une de ses victimes parmi les *Sarrasins*. Après avoir perdu son temps aux catégories, aux prédicamens, à l'art sophistique, il se tourna du côté de la médecine avec le plus grand succès ; il ne négligea pas la philosophie naturelle : ses découvertes le firent soupçonner de magie. Il avoit appliqué les mathématiques à la philosophie ; il appliqua la philosophie à la médecine ; il ne vit pas que les mathématiques détruisoient les systêmes en philosophie, et que la philosophie les introduisoit en médecine. Il fut éclectique en religion ; il montra bien à un interprète de la loi qui le déchiroit publiquement, et qui avoit même attenté à sa vie, la différence de la philosophie et de la superstition ; il auroit pu le châtier, ou employer la faveur dont il jouissoit à la cour, et le perdre; il se contenta de le réprimander doucement, et de lui dire : « Ta » religion te commande de m'ôter la vie; la mienne, » de te rendre meilleur, si je puis : viens que je » t'instruise; et tu me tueras après, si tu veux ». Que pense-t-on qu'il apprit à ce prêtre fanatique? L'arithmétique et la géométrie : il n'en fallut pas davantage, pour l'adoucir et le réformer. C'est peut-être ainsi qu'il en faudroit user avec les peuples féroces, superstitieux et barbares. Faites précéder le missionnaire par un géomètre; qu'ils sachent combiner des vérités; et puis vous leur ferez combiner ensuite des idées plus difficiles.

Thabit suivit la méthode d'Alkindi; il fut géomètre, philosophe, théologien et médecin sous le calife Mootade; il naquit l'an de l'hégire 221, et mourut l'an de la même époque 288.

Al-Farabe méprisa les dignités et la richesse, s'enfuit de la maison paternelle, et s'en alla entendre Mésué à Bagdad : il s'occupa de la dialectique, de la physique, de la métaphysique et de la politique; il joignit à ces études celles de la géométrie, de la médecine et de l'astronomie, sans lesquelles on ne se distinguoit pas dans l'école de Mésué. Sa réputation parvint jusqu'à l'oreille des califes; on l'appela; on lui proposa des récompenses : mais rien ne lui parut préférable aux douceurs de la solitude et de la méditation; il abandonna la cour au crime, à la volupté, à la fausseté, à l'ambition, au mensonge et à l'intrigue : celui-ci ne sut pas seulement de la philosophie, il fut philosophe ; une seule chose l'affligeoit ; c'est la brièveté de la vie, l'infirmité de l'homme, les besoins naturels, la difficulté de la science, et l'étendue de la nature. Il disoit : du pain d'orge, de l'eau d'un puits, un habit de laine ; et loin de moi, ces joies trompeuses, qui finissent par des larmes. Il s'étoit attaché à Aristote ; il embrassa les mêmes objets. Ses ouvrages furent estimés des Arabes et des Juifs : ceux-ci les traduisirent dans leur langue. Il mourut l'an 339 de l'hégire, à l'âge de 80 ans.

Eschiari ou Al-Asshari appliqua les principes de la philosophie péripatéticienne aux dogmes relevés de l'islamisme, fit une théologie nouvelle, et devint chef de la secte appelée de son nom des *Assharites* ; c'est un syncrétisme théosophique. (*Voyez les articles* SYNCRÉTISTES et THÉOSOPHES.) Il avoit été d'abord motazalite ; et il étoit dans le sentiment que Dieu est nécessité de faire ce qu'il y a de mieux pour chaque être ; mais il quitta cette opinion.

Asshari, suivant à toute outrance les abstractions, distinctions, précisions aristotéliques, en vint à soutenir que l'existence de Dieu différoit de ses attributs.

Il ne vouloit pas qu'on instituât de comparaison entre le créateur et la créature. Maimonide, qui vivoit au milieu de tous les hérésiarques musulmans, dit qu'Aristote attribuoit la diversité des individus à l'occident ; Asaria, à la volonté; Mutazali, à la sagesse ; et il ajoute : pour nous autres Juifs, c'est une suite du mérite de chacun, et de la raison générale des choses.

La doctrine d'Asshari fit les progrès les plus rapides. Elle trouva des sectateurs en Asie, en Afrique et en Espagne. Ce fut le docteur orthodoxe par excellence. Le nom d'hérésiarque demeura aux autres théologiens. Si quelqu'un osoit accuser de fausseté le dogme d'Asshari, il encouroit peine de mort. Cependant il ne se soutint pas avec le même crédit en Asie et en Egypte. Il s'éteignit dans la plupart des contrées, au temps de la grande révolution ; mais il ne tarda pas à se renouveler ; et c'est aujourd'hui la religion dominante ; on l'explique dans les écoles ; on l'enseigne aux enfans ; on l'a mise en vers ; et je me souviens bien, dit Léon, qu'on me faisoit apprendre ces vers par cœur, quand j'étois jeune.

Abul-Hussein Essophi succéda à Al-Asshari ; il naquit à Bagdad ; il y fut élevé ; il y apprit la philosophie et les mathématiques, deux sciences qu'on faisoit marcher ensemble, et qu'il ne faudroit jamais séparer. Il posséda l'astronomie au point qu'on dit de lui, que la terre ne fut pas aussi bien connue de Ptolomée, que le ciel, d'Essophi. Il imagina le premier un planisphère, où le mouvement des planètes étoit rapporté aux étoiles fixes. Il mourut l'an 383 de l'hégire.

Qui est-ce qui a parcouru l'histoire de la médecine, et qui ignore le nom de Rasès, ou Al-Rase, ou Abubecre ? Il naquit à Rac, ville de Perse, d'où son père l'emmena à Bagdad, pour l'initier au commerce ; mais l'autorité ne subjugue pas le génie. Rasès étoit appelé par la nature à autre chose qu'à vendre ou acheter. Il prit quelque teinture de médecine, et s'établit dans un hôpital. Il crut que c'étoit là le grand livre du médecin ; et il crut bien. Il ne négligea pas l'érudition de la philosophie, ni celle de son art ; ce fut le Galien des Arabes. Il voyagea ; il parcourut différens climats. Il conversa avec des hommes de toutes sortes de professions ; il écouta sans distinction quiconque pouvoit l'instruire, ou des médicamens, ou des plantes, ou des métaux, ou des animaux, ou de la philosophie, ou de la chirurgie, ou de l'histoire naturelle, ou de la physique, ou de la chymie. Arnauld de Ville-Neuve disoit de lui : Cet homme fut profond dans l'expérience, sûr dans le jugement, hardi dans la pratique, clair dans la spéculation. Son mérite fut connu d'Almansor, qui l'appela en Espagne, où Rasès acquit des richesses immenses. Il devint aveugle à l'âge de quatre-vingts ans, et mourut à Cordoue, âgé de quatre-vingt-dix ans, l'an de l'hégire 101. Il laissa une multitude incroyable d'opuscules ; il nous en reste plusieurs.

Avicenne naquit à Bochara, l'an 370 de l'hégire, d'un père qui connut de bonne heure l'esprit excellent de son fils, et le cultiva. Avicenne, à l'âge où les enfans bégayent encore, parloit distinctement d'arithmétique, de géométrie et d'astronomie. Il fut instruit de l'islamisme dans sa maison ; il alla à Bagdad étudier la médecine, et la philosophie rationelle et expérimentale. J'ai pitié de la manière dont nous employons le temps, quand je parcours la vie d'Avicenne. Les jours et les nuits ne lui suffisoient pas ; il en trouvoit la durée trop courte. Il faut convenir que la nature leur avoit été bien ingrate, à lui et à ses contemporains, ou qu'elle nous a bien favorisés, si nous devenons plus savans au milieu du tumulte et des distractions, qu'ils ne l'ont été après leurs veilles, leurs peines et leur assiduité. Son mérite le conduisit à la cour ; il y jouit de la plus grande considération ; mais il ignoroit le sort qui l'attendoit. Il tomba tout-à-coup du faîte des honneurs et de la richesse au fond d'un cachot. Le sultan Jasochbagh avoit conféré le gouvernement de la contrée natale d'Avicenne à son neveu. Celui-ci s'étoit attaché notre philosophe en qualité de médecin, lorsque le sultan, allarmé sur la conduite de son neveu, résolut de s'en défaire par le poison, et par la main d'Avicenne. Avicenne ne voulut ni manquer au maître qui l'avoit élevé, ni à celui qu'il servoit. Il garda le silence, et ne commit pas le crime ; mais le neveu de Jasochbagh, instruit avec le temps du projet atroce de son oncle, punit son médecin du secret qu'il lui en avoit fait. Sa prison dura deux ans. Sa conscience ne lui reprochoit rien ; mais le peuple qui juge, comme on sait, le regardoit comme un monstre d'ingratitude. Il ne voyoit pas qu'un mot indiscret auroit armé les deux princes, et fait répandre des fleuves de sang. Avicenne fut un homme voluptueux ; il écouta le penchant qu'il avoit au plaisir ; et ses excès furent suivis d'une dyssenterie qui l'emporta l'an 428 de l'hégire. Lorsqu'il étoit entre la mort et la vie, les inhumains qui l'environnoient, lui disoient : Eh bien ! grand médecin, que ne te guéris-tu ? Avicenne, indigné, se fit apporter un verre d'eau, y jeta un peu d'une poudre qui le glaça sur-le-champ, dicta son testament, prit son verre de glace, et mourut. Il laissa à son fils unique Hali, homme qui s'est fait un nom dans l'histoire de la médecine, une succession immense. Freind a dit d'Avicenne, qu'il avoit été louche en médecine, et aveugle en philosophie; ce jugement est sévère. D'autres prétendent que son *canon medicinœ* prouve, avec tous ses défauts, que ce fut un homme divin : c'est aux gens de l'art à l'apprécier.

Sortis de l'Asie, nous allons entrer en Afrique et dans l'Europe, et passer chez les Maures. *Essereph-Essachalli*, le premier qui se présente, naquit en Sicile; ce fut un homme instruit et éloquent. Il eut les connoissances communes aux savans de son temps; mais il les surpassa dans la cosmographie. Il fut connu et protégé du comte Roger, qui préféroit la lecture du *spatiatorium locorum* d'Essachalli à celle de l'almageste de Ptolomée, parce que Ptolomée n'avoit traité que d'une partie de l'univers, et qu'Essachalli avoit embrassé l'univers entier. Ce philosophe se défit des biens qu'il tenoit de son souverain, reconça aux espérances qu'il pouvoit encore fonder sur sa libéralité, quitta la cour et la Sicile, et se retira dans la Mauritanie.

*Thograi* naquit à Ispahan. Il fut poëte, historien, orateur, philosophe, médecin et chymiste. Cet homme, né malheureusement pour son bonheur, accablé des bienfaits de son maître, élevé à la seconde dignité de l'empire, toujours plus riche, plus considéré et plus mécontent, n'ouvroit la bouche, ne prenoit la plume que pour se plaindre de la perversité du sort et de l'injustice des hommes; c'étoit le sujet d'un poëme qu'il composoit, lorsque le sultan, son maître, entra dans sa tente. Celui-ci, après en avoir lu quelques vers, lui dit: « Thograi, je vois que tu es mal
» avec toi-même; écoute, et ressouviens-toi de ma
» prédiction. Je commande à la moitié de l'Asie;
» tu es le premier d'un grand empire, après moi;
» le ciel a versé sur nous sa faveur; il ne dépend
», que de nous d'en jouir. Craignons qu'il ne punisse,

« un jour, notre ambition par quelques revers ; nous
» sommes des hommes ; ne veuillons pas être des
» dieux ». Peu de temps après, le sultan, plus sage
dans la spéculation que dans la pratique, fut jeté
dans un cachot avec son ministre. Thograi fut mis
à la question, et dépouillé de ses trésors peu de
temps après ; et il fut condamné de périr attaché
à un arbre et percé de flèches. Ce supplice ne
l'abattit point. Il montra plus de courage qu'on
n'en devoit attendre d'une ame que l'avarice avoit
avilie. Il chanta des vers qu'il avoit composés,
brava la mort ; il insulta à ses ennemis, et s'offrit
sans pâlir à leurs coups. On exerça la férocité
jusques sur son cadavre, qui fut abandonné aux
flammes. Il a écrit des commentaires historiques
sur les choses d'Asie et de Perse ; et il nous a
laissé un ouvrage d'alchymie, intitulé, *Defloratio
naturæ*. Il paroît s'être soustrait au joug de l'aristotélisme, pour s'attacher à la doctrine de Platon.
Il avoit médité sa république. D'un grand nombre de
poëmes, dans lesquels il avoit célébré les hommes
illustres de son temps, il ne nous en reste qu'un,
dont l'argument est moral.

L'histoire de la philosophie et de la médecine
des *Sarrasins* d'Espagne, nous offre d'abord les
noms d'Avenzoard et d'Avenpas.

*Avenzoard* naquit à Séville ; il professa la philosophie, et exerça la médecine avec un désintéressement digne d'éloge. Il soulageoit les malades

indigens du salaire qu'il recevoit des riches. Il eut pour disciples Avenpas, Averroës et Rasis. Il bannit les hypothèses de la médecine, et la ramena à l'expérience et à la raison. Il mourut l'an de l'hégire 1064.

Le médecin Avenpas fut une espèce de théosophe. (*Voyez cet article.*) Sa philosophie le rendit suspect; il fut emprisonné à Cordoue, comme impie ou comme hérétique. Il y avoit alors un assez grand nombre d'hommes qui, s'imaginant perfectionner la religion par la philosophie, corrompoient l'une et l'autre. Cette manie, qui se décéloit dans l'islamisme, devoit un jour se manifester avec une force bien autre dans le christianisme. Elle prend son origine dans une sorte de pusillanimité religieuse très-naturelle. Avenpas mourut l'an 1025 de l'hégire.

*Algazel* s'illustra par son apologie du mahométisme contre le judaïsme et le christianisme. Il professa la philosophie, la théologie et le droit islamitique à Bagdad. Jamais école ne fut plus nombreuse que la sienne. Riches, pauvres, magistrats, nobles, artisans, tous accoururent pour l'entendre. Mais, un jour qu'on s'y attendoit le moins, notre professeur disparut. Il prit l'habit de pélerin; il alla à la Mecque; il parcourut l'Arabie, la Syrie et l'Egypte : il s'arrêta quelque temps au Caire pour y entendre Etartose, célèbre théologien islamite. Du Caire, il revint à Bagdad, où il mourut âgé de 55 ans, l'an 1005 de l'hégire. Il étoit de la secte de Al-Asshari. Il écrivit de l'unité de Dieu contre les chrétiens. Sa foi ne fut pas si aveugle, qu'il n'eût le courage et la témérité de reprendre quelque chose dans l'alcoran ; ni si pure, qu'elle n'ait excité la calomnie des zélés de son temps. On loue l'élégance et la facilité de ses poëmes ; ils sont tous moraux. Après avoir exposé les systèmes des philosophes, dans un premier ouvrage intitulé : *De opinionibus philosophorum*, il travailla à les réfuter dans un second qu'il intitula, *De destructione philosophorum*.

*Thophail*, né à Séville, chercha à sortir des ruines de sa famille par ses talens. Il étudia la médecine et la philosophie ; il s'attacha à l'aristotélisme : il eut un tour poétique dans l'esprit. Averroës fait grand cas de l'ouvrage, où il introduit un homme abandonné dans un fort et nourri par une biche, s'élevant par les seules forces de la raison à la connoissance des choses naturelles et surnaturelles, à l'existence de Dieu, à l'immortalité de l'ame, et à la béatitude intuitive de Dieu après la mort. Cette fable s'est conservée jusqu'à nos jours ; elle n'a point été comprise dans la perte des livres, qui a suivi l'expulsion des Mores hors de l'Espagne. Léibnitz l'a connue et admirée. Thophail mourut dans sa patrie, l'an 1071 de l'hégire.

*Averroës* fut disciple de Thophail. Cordoue fut sa patrie. Il eut des parens connus par leurs talens, et respectés par leurs postes. On dit que son aïeul entendit particulièrement le droit mahométan, selon l'opinion de Malachi.

Pour se faire une idée de ce que c'est que le droit mahométan, il faut savoir, 1.° que les disputes de religion, chez les musulmans, ont pour objet, ou les mots, ou les choses, et que les choses se divisent en articles de foi fondamentaux, et en articles de foi non fondamentaux; 2.° que leurs lieux théologiques sont la divine écriture ou l'alcoran; la sonnah ou la tradition; le consentement et la raison. S'élève-t-il un doute sur le licite ou l'illicite? on ouvre d'abord l'alcoran; s'il ne s'y trouve aucun passage formel sur la question, on a recours à la tradition; la tradition est-elle muette? on assemble des savans, et l'on compte les voix; les sentimens sont-ils partagés? on consulte la raison. Le témoignage de la raison est le dernier auquel on s'en rapporte. Il y a plus; les uns rejettent absolument l'autorité de la raison; tels sont les asphahanites; d'autres la préfèrent aux opinions des docteurs, tels sont les hanifites; il y en a qui balancent les motifs; il y en a, au contraire, au jugement desquels rien ne prévaut sur un passage précis. Au reste, quelque parti que l'on prenne, on n'est accusé ni d'erreur, ni d'incrédulité. Entre ces casuistes, Malachi fut un des plus célèbres. Son souverain s'adressa quelquefois à lui ; mais la crainte ne le porta jamais à interpréter la loi au gré de la passion de l'homme puissant qui le consultoit. Le calife Rashid l'ayant invité à venir dans son palais instruire ses enfans, il lui répondit : « La science ne vient point à » nous, mais allons à elle »; et le sultan ordonna que ses enfans fussent conduits au temple avec les autres. L'approche de la mort et des jugemens de Dieu lui rappela la multitude de ses décisions : il sentit alors tout le danger de la profession de casuiste; il versa des larmes amères, en disant : « Eh ! que ne m'a-t-on donné autant » de coups de verges, que j'ai décidé de cas de » conscience ? Dieu va donc comparer mes ju— » gemens avec sa justice : je suis perdu ». Cependant ce docteur s'étoit montré en toute circonstance d'une équité et d'une circonspection peu communes.

Averroës embrassa l'assharisme. Il étudia la théologie et la philosophie scholastique, les mathématiques et la médecine. Il succéda à son père dans les fonctions de juge et de grand-prêtre à Cordoue. Il fut appelé à la cour du calife Jacques Al-Mansor, qui le chargea de réformer les loix et la jurisprudence. Il s'acquitta dignement de cette commission importante. Al-Mansor, à qui il avoit présenté ses enfans, le chérit ; il demanda e plus jeune au père, qui le lui refusa. Ce jeune homme aimoit le chérif et la cour. La maison paternelle lui devint odieuse ; il se détermina à la quitter, contre le sentiment de son père, qui le maudit et lui souhaita la mort.

Averroës jouissoit de la faveur du prince, et de la plus grande considération, lorsque l'envie et la calomnie s'attachèrent à lui. Ses ennemis n'ignoroient pas combien il étoit aristotélicien, et l'incompatibilité de l'aristotélisme et de l'islamisme. Ils envoyèrent leurs domestiques, leurs parens, leurs amis dans l'école d'Averroës. Ils se servirent ensuite de leurs témoignages pour l'accuser d'impiété. On dressa une liste de différens articles mal sonnans ; et on l'envoya, souscrite d'une multitude de noms, au prince Al-Mansor, qui dépouilla Averroës de ses biens, et le relégua parmi les Juifs. La persécution fut si violente, qu'elle compromit ses amis. Averroës, à qui elle devint insupportable à-la-longue, chercha à s'y soustraire par la fuite ; mais il fut arrêté, et jeté dans une prison. On assembla un concile pour le juger ; et il fut condamné à paroître les vendredis à la porte du temple, la tête nue, et à souffrir toutes les ignominies qu'il plairoit au peuple de lui faire. Ceux qui entroient lui crachoient au visage ; et les prêtres lui demandoient doucement : Ne vous repentez-vous pas de vos hérésies ?

Après cette petite correction charitable et théologique, il fut renvoyé dans sa maison, où il vécut long-temps dans la misère et dans le mépris. Cependant un cri général s'éleva contre son successeur dans les fonctions de juge et de prêtre, homme dur, ignorant, injuste et violent. On redemanda Averroës. Al-Mansor consulta là-dessus des théologiens, qui répondirent que le souverain qui réprimoit un sujet, quand il lui plaisoit, pouvoit aussi le relever à son gré ; et Averroës retourna à Maroc, où il vécut assez tranquille et assez heureux.

Ce fut un homme sobre, laborieux et juste. Il ne prononça jamais la peine de mort contre aucun criminel. Il abandonna à son subalterne le jugement des affaires capitales. Il montra de la modestie dans ses fonctions, de la patience et de la fermeté dans ses peines. Il exerça la bienfaisance envers ses ennemis. Ses amis s'offensèrent quelquefois de cette préférence, et il leur répondoit : « C'est avec ses ennemis, et non avec ses amis qu'on » est bienfaisant : avec ses amis, c'est un devoir » qu'on remplit ; avec ses ennemis, c'est une vertu » qu'on exerce. Je dépense ma fortune comme » mes parens l'ont acquise : je rends à la vertu ce » qu'ils ont obtenu d'elle. La préférence dont mes » amis se plaignent, ne m'ôtera pas ceux qui » m'aiment vraiment ; elle peut me ramener ceux » qui me haïssent ». La faveur de la cour ne le corrompit point ; il se conserva libre et honnête au milieu des grandeurs. Il fut d'un commerce facile et doux. Il souffrit moins dans sa disgrâce de la perte de sa fortune, que des calomnies de l'injustice. Il s'attacha à la philosophie d'Aristote; mais il ne négligea pas Platon. Il défendit la cause de la raison contre Al-Cazel. Il étoit pieux; et on n'entend pas trop comment il concilioit avec la religion sa doctrine de l'éternité du monde. Il a écrit de la logique, de la physique, de la métaphysique, de la morale, de la politique, de l'astronomie, de la théologie, de la rhétorique, et de la musique. Il croyoit à la possibilité de l'union de l'ame avec la divinité dans ce monde. Personne ne fut aussi violemment attaqué de l'aristotélomanie, fanatisme qu'on ne conçoit pas dans un homme qui ne savoit pas un mot de grec, et qui ne jugeoit de cet auteur que sur de mauvaises traductions. Il professa la médecine. A l'exemple de tous les philosophes de sa nation, il s'étoit fait un système particulier de religion. Il disoit que le christianisme ne convenoit qu'à des fous; le judaïsme, qu'à des enfans; et le mahométisme, qu'à des pourceaux. Il admettoit, avec Aristote, une ame universelle, dont la nôtre étoit une particule. A cette particule éternelle, immortelle, divine, il associoit un esprit sensitif, périssable et passager. Il accordoit aux animaux une puissance estimatrice, qui les guidoit aveuglément à l'utile, que l'homme connoît par la raison. Il eut quelque idée du *sensorium commune*. Il a pu dire, sans s'entendre, mais sans se contredire, que l'ame de l'homme étoit mortelle, et qu'elle étoit immortelle. Averroës mourut l'an de l'hégire 1104.

Le philosophe Noimoddin obtint des Romains quelque marque de distinction, après la conquête de la Grèce ; mais il sentit bientôt l'embarras et le dégoût des affaires publiques : il s'enferma seul dans une petite maison, où il attendit en philosophe que son ame délogeât de son corps, pour passer dans un autre ; car il paroît avoir eu quelque foi à la métempsycose.

Ibrin Al-Chatil Rasis, l'orateur de son siècle, fut théologien, jurisconsulte et médecin. Ceux qui professoient à Bagdad l'accusèrent d'hérésie, et le conduisirent dans une prison qui dura. Il y a long-temps qu'un hérétique est un homme qu'on veut perdre. Le prince, mieux instruit, lui rendit justice ; mais Rasis, qui connoissoit apparemment l'opiniâtreté de la haine théologique, se réfugia au Caire, d'où la réputation d'Averroës l'appela en Espagne. Il partit précisément au moment où on exerçoit contre Averroës la même persécution qu'il avoit soufferte. La frayeur le saisit, il s'en revint à Bagdad. Il suivit Abu-Habdilla dans ses disgraces. Il prononça à Fez un poëme si touchant sur les malheurs d'Habdilla, que le souverain et le peuple se déterminèrent à le secourir. On passa en Espagne. On ramena les villes à l'autorité de leur maître. Rasis, ami d'Habdilla, fut renfermé dans la Castille, et celui-ci régna sur le reste de la contrée. Habdilla, tranquille sur le trône de Grenade, ne l'oublia pas; mais Rasis préféra l'obscurité du séjour de Fez à celui de la cour d'Espagne. Le plus léger mécontentement efface, auprès des grands, la mémoire des services les plus importans. Habdilla, qui lui devoit sa couronne, devint son ennemi. La conduite de ce prince envers notre philosophe est un tissu de faussetés et de cruautés, auxquelles on ne conçoit pas qu'un roi, qu'un homme puisse s'abaisser. Il employa l'artifice et les promesses pour l'attirer; il médita de le faire périr dans une prison: Rasis lui échappa: il le fit redemander mort ou vif au souverain de Fez; celui-ci le livra, à condition qu'on ne disposeroit point de sa vie. On manqua à cette promesse. On accusa Rasis de vol et d'hérésie: il fut mis à la question; la violence des tourmens en arrachèrent l'aveu des crimes qu'il n'avoit point commis. Après l'avoir brisé, disloqué, on l'étouffa. On le poursuivit au-delà du tombeau; il fut exhumé; et l'on exerça contre son cadavre toutes sortes d'indignités. Tel fut le sort de cet homme, à qui la nature avoit accordé l'art de peindre et d'émouvoir, talens qui devoient un jour servir si puissamment ses ennemis, et lui être si inutiles auprès d'eux. Il mourut l'an 1278 de l'hégire.

*Etosi*, ainsi nommé de *Tos*, sa patrie, fut ruiné dans le sac de cette ville par le tartare Holac. Il ne lui resta qu'un bien qu'on ne pouvoit lui enlever, la science et la sagesse. Holac le protégea dans la suite, se l'attacha, et l'envoya même, en qualité d'ambassadeur, au souverain de Bagdad, qui paya chèrement le mépris qu'il fit de notre philosophe. Etosi fut aristotélicien. Il commenta la logique de Rasis et la métaphysique d'Avicenne. Il mourut à Samarcande, en Asie, l'an 1179 de l'hégire. On exige d'un philosophe, ce qu'on pardonneroit à un homme ordinaire. Les mahométans lui reprochent encore aujourd'hui de n'avoir point arrêté la vengeance terrible qu'Holac tira du calife de Bagdad. Falloit-il, pour une petite insulte, qu'un souverain et ses amis fussent foulés aux pieds des chevaux, et que la terre bût le sang de quatre-vingt mille hommes ? Il est d'autant plus difficile d'écarter cette tache de la mémoire d'Etosi, qu'Holac fut un homme doux, ami de la science et des savans, et qui ne dédaigna pas de s'instruire sous Etosi.

*Nasiroddin de Tus* naquit l'an de l'hégire 1097. Il étudia la philosophie, et se livra de préférence aux mathématiques et aux arts qui en dependent. Il présida sur toutes les écoles du Mogol : il commenta Euclide et Ptolomée. Il observa le ciel ; il dressa des tables astronomiques. Il s'appliqua à la morale. Il écrivit un abrégé de l'éthique de Platon et d'Aristote. Ses ouvrages furent également estimés des Turcs, des Arabes et des Tartares. Il inspira à ces derniers le goût de la science, qu'ils reçurent et qu'ils conservèrent même au milieu du tumulte des armes. Holac, Iléchan, Kublat, Kanm et Tamerlan aimèrent à conférer avec les hommes instruits.

Mais nous ne finirions point, si nous nous étendions sur l'histoire des philosophes qui, moins célèbres que les précédens, n'ont pas été sans nom dans les siècles qui ont suivi la fondation du mahométisme; tels sont, parmi les Arabes, Mathieu-Ebn-Junis, Afrihi, Al-Bazrani, Bachillani, Abul-Chars, Ebn-Malca, Ebnol'Hosan, Abul'Helme, Mogrebin, Ibun-el-Baitar, qui a écrit des animaux, des plantes, des venins et des métaux; Abdessalame, qui fut soupçonné d'hérésie, et dont les ouvrages furent brûlés; Said-ebn-Hébatolla, Muhammed Tusius, Masisii, Joseph, Hasnum, Dacxub, Phacroddin, Noimoddin, Eltphthesteni, qui fut premier ministre de Tamerlan, philosophe et factieux; Abul-Hasan, Abu-Bahar, parmi les Maures; Abumasar, astronome célèbre; Albatigne, Alfragan, Alchabit, Geber, un des pères de la chymie; Isaac-ben-Ezram, qui disoit à Zaid son maître, qui lui avoit associé un autre médecin, avec lequel il ne s'accordoit pas, que la contradiction de deux médecins étoit pire que la fièvre tierce; Esseram de Tolède, Abraham-Ibnu-Sahel de Séville, qui s'amusa à composer des vers licentieux; Aaron-ben-Senton, qui mécontenta les habitans de Fez, auxquels il commandoit pour Abdalla, et excita, par sa sévérité, leur révolte, dans laquelle il fut égorgé, lui et le reste des Juifs.

Il suit, de ce qui précède, qu'à proprement parler, les Arabes ou *Sarrasins* n'ont point eu de philosophe avant l'établissement de l'islamisme.

Que le zabianisme, mélange confus de différentes opinions empruntées des Perses, des Grecs, des Égyptiens, ne fut point un système de théologie.

Que Mahomet fut un fanatique ennemi de la raison, qui ajusta comme il put ses sublimes rêveries à quelques lambeaux arrachés des livres des Juifs et des Chrétiens; et qui mit le couteau sur la gorge de ceux qui balancèrent à regarder ses chapitres comme des ouvrages inspirés. Ses idées ne s'élevèrent point au-dessus de l'anthropomorphisme.

Que le temps de la philosophie ne commença que sous les Ommiades.

Qu'elle fit quelques progrès sous les Abassides.

Qu'alors on s'en servit, pour pallier le ridicule de l'islamisme.

Que l'application de la philosophie à la révélation engendra parmi les musulmans une espèce de théosophisme, le plus détestable de tous les sytêmes.

Que les esprits, aux yeux desquels la théologie et la philosophie s'étoient dégradées par une association ridicule, inclinèrent à l'athéisme : tels furent les Zendekéens et les Dararianéens.

Qu'on en vit éclore une foule de fanatiques, de sectaires et d'imposteurs.

Que bientôt on ne sut ni ce qui étoit vrai, ni ce qui étoit faux ; et qu'on se jeta dans le scepticisme.

Les Motasalites disoient : Dieu est juste et sage ; il n'est point l'auteur du mal : l'homme se rend lui-même bon ou méchant.

Les Al-jobariens disoient : L'homme n'est pas libre ; Dieu produit en lui tout ce qu'il fait : il est le seul être qui agisse. Nous ne sommes pas moins nécessités que la pierre qui tombe, et que l'eau qui coule.

Les Al-naiarianens disoient que Dieu, à-la-vérité, faisoit le bien et le mal, l'honnête et le déshonnête ; mais que l'homme libre s'approprioit ce qui lui convenoit.

Les Al-assharistes rapportoient tout à l'idée de l'harmonie universelle.

Que l'attachement servile à la philosophie d'Aristote étouffa tout ce qu'il y eut de bons esprits parmi les *Sarrasins*.

Qu'avec cela, ils ne possédèrent en aucun temps une traduction fidelle de ce philosophe.

Et que la philosophie, qui passa des écoles arabes dans celles des chrétiens, ne pouvoit que retarder le progrès de la connoissance parmi ces derniers.

*De la théologie naturelle des* Sarrasins.

Ces peuples suivirent la philosophie d'Aristote ; ils perdirent des siècles à disputer des catégories, du syllogisme, de l'analytique, des topiques, de l'art sophistique. Or nous n'avons que trop parlé des sentimens de ces anciens. *Voyez* les articles Aristotélisme et Péripatéticien. Nous allons donc exposer les principaux axiomes de la théologie naturelle des *Sarrasins*.

Dieu a tout fait et réparé ; il est assis sur un trône de force et de gloire : rien ne résiste à sa volonté.

Dieu, quant à son essence, est un ; il n'a point de collègue ; singulier, il n'a point de pareil ; uniforme, il n'a point de contraire ; séparé, il n'a point d'intime ; ancien, il n'a rien d'antérieur ; éternel, il n'a point eu de commencement ; perdurable, il n'aura point de fin ; constant, il ne cesse point d'être, il sera dans tous les siècles des siècles orné de ses glorieux attributs.

Dieu n'est soumis à aucun décret, qui lui donne des limites, ou qui lui prescrive une fin ; il est le premier et le dernier terme ; il est au-dehors et en dedans.

Dieu, élevé au-dessus de tout, n'est point un corps ; il n'a pas de forme, et n'est pas une substance circonscrite, une mesure déterminée ; les corps peuvent se mesurer et se diviser. Dieu ne ressemble point aux corps. Il semble, d'après ce principe, que les musulmans ne sont ni anthropomorphites, ni matérialistes : mais il y a des sectes qui, s'attachant plus littéralement à l'alcoran, donnent à Dieu des yeux, des pieds, des mains, des membres, une tête, un corps. Reste à savoir s'il n'en est pas d'elles comme des Juifs et de nous : celui qui voudroit juger de nos sentimens sur Dieu par les expressions de nos livres, et par les nôtres, se tromperoit grossièrement. Il n'y a aucun de nos théologiens qui s'en tienne assez ouvertement à la lettre, pour rendre Dieu corporel ; et s'il reste encore parmi les fidèles quelques personnes qui, accoutumées à s'en faire une image, voyent l'éternel sous la forme d'un vieillard vénérable avec une longue barbe, elles ont été mal instruites, elles n'ont point entendu leur catéchisme ; elles imaginent Dieu comme il est représenté dans les morceaux de peinture qui décorent nos temples, et qui peut-être sont le premier germe de cette espèce de corruption.

Dieu n'est point une substance ; et il n'y a point de substance en lui. Ce n'est point un accident ; et il n'y a point en lui d'accident. Il ne ressemble à rien de ce qui existe, ni rien de ce qui existe ne lui ressemble.

Il n'y a en Dieu ni quantité, ni termes, ni limites, ni position différente ; les cieux ne l'environnent point. S'il est dit qu'il est assis sur un trône, c'est d'une manière et sous une acception qui ne marque ni contact, ni forme, ni existence en un lieu déterminé, ni mouvement local. Son trône ne le soutient point ; mais il est soutenu avec tout ce qui l'environne par la bonté de sa puissance. Son trône est par-tout, parce qu'il règne par-tout ; sa main est par-tout, parce qu'il commande en tous lieux. Il n'est ni plus éloigné, ni plus voisin du ciel que de la terre.

Il est en tout ; il est plus proche de l'homme que ses veines jugulaires ; il est présent à tout ; il est témoin de tout ce qui se passe ; sa proximité des choses n'a rien de commun avec la proximité des choses entre elles : ce sont deux essences, deux existences, deux présences différentes.

Il n'existe en quoi que ce soit, ni quoi que ce soit en lui ; il n'est le sujet de rien.

Il est immense, et l'espace ne le comprend pas ; il est très-saint, et le temps ne le limite pas. Il étoit avant le temps et l'espace ; et il est à-présent comme il a été de toute éternité.

Dieu est distingué de la créature, par ses attributs : il n'y a dans son essence que lui ; il n'y a dans les autres choses que son essence.

Sa sainteté ou perfection exclud de sa nature toute idée de changement et de translation ; il n'y a point en lui d'accident ; il n'est point sujet à la contingence ; il est lui dans tous les siècles ; exempt de dissolution, quant aux attributs de sa gloire ;

exempt d'accroissement, quant aux attributs de sa perfection.

Il est de foi que Dieu existe présent à l'entendement et aux yeux pour les saints et les bienheureux, dont il fait ainsi le bonheur dans la demeure éternelle, où il leur accorde de contempler sa face glorieuse.

Dieu est vivant, fort, puissant, supérieur à tout ; il n'est sujet ni à excès ni à impuissance, ni au sommeil ni à la veille, ni à la vieillesse ni à la mort.

C'est lui qui commande, et qui règne ; qui veut, et qui peut ; c'est de lui qu'est la souveraineté et la victoire, l'ordre et la création.

Il tient les cieux dans sa droite ; les créatures sont dans la paume de sa main ; il a notifié son excellence et son unité par l'œuvre de la création.

Les hommes et leurs œuvres sont de lui ; il a marqué leurs limites.

Le possible est en sa main : ce qu'il peut ne se compte pas ; ce qu'il sait ne se comprend pas.

Il sait tout ce qui peut être su ; il comprend, il voit tout ce qui se fait dès extrémités de la terre jusqu'au haut des cieux ; il suit la trace d'un atome dans le vide ; il est présent au mouvement délié de la pensée ; le mouvement le plus sacré du cœur ne lui est pas caché ; il sait d'une science antique qui fut son attribut de toute éternité, et non d'une science nouvelle qu'il ait acquise dans le temps. La charge de l'univers est moins par rapport à lui, que celle d'une fourmi, par rapport à l'étendue et à la masse de l'univers.

Dieu veut ce qui est; il a disposé à l'événement ce qui se fera; il n'y a, par rapport à sa puissance, ni peu ni beaucoup, ni petitesse ni grandeur, ni bien ni mal, ni foi ni incrédulité, ni science ni ignorance, ni bonheur ni malheur, ni jouissance ni privation, ni accroissement ni diminution, ni obéissance ni révolte, si ce n'est par un jugement déterminé, un décret, une sentence, un acte de sa volonté.

[ Ce fatalisme est l'opinion dominante des musulmans. Ils accordent tout à la puissance de Dieu; rien à la liberté de l'homme. ]

Ce que Dieu veut, est; ce qu'il ne veut pas, n'est pas; le clin d'œil, l'essor de la pensée sont par sa volonté.

C'est lui par qui les choses ont commencé, qui les a ordonnées, les réordonnera; c'est lui qui fait ce qui lui plaît, dont la sentence est irrévocable, dont rien ne retarde ou n'avance le décret, à la puissance duquel rien ne se soustrait; qui ne souffre point de rebelles; qui n'en trouve point; qui les empêche par sa miséricorde, ou qui les permet par sa puissance : c'est de son amour et de sa volonté que l'homme tient la faculté de lui obéir, de le servir; que les hommes, les démons et les anges se rassemblent; qu'ils combinent toutes leurs forces; s'ils ont mis un atome en mouvement, ou arrêté un atome mû, c'est qu'il l'aura voulu.

Entre les attributs qui constituent l'essence de Dieu, il faut sur-tout considérer la volonté ; il a voulu de toute éternité que ce qui est fût ; il en a vu le moment ; et les existences n'ont ni précédé ce moment, ni suivi ; elles se sont conformées à sa science, à son décret, sans délai, sans précipitation, sans désordre.

Il voit, il entend : rien n'est loin de son oreille, quelque foible qu'il soit ; rien n'est loin de sa vue, quelque petit qu'il soit. Il n'y a point de distance pour son ouïe, ni de ténèbres pour ses yeux. Il est sans organes ; cependant il a toutes les sensations ; comme il connoît sans cœur, il exécute sans membres ; il crée sans instrument : il n'y a rien d'analogue à lui dans la créature.

Il parle, il ordonne, il défend, il promet, il menace d'une voix éternelle, antique partie de son essence. Mais son idiome n'a rien de commun avec les langues humaines. Sa voix ne ressemble point à la nôtre : il n'y a ni ondulation d'air, ni collision de corps, ni mouvement de lèvres, ni lettres, ni caractères ; c'est la loi, c'est l'alcoran, c'est l'évangile, c'est le pseautier, c'est son esprit qui est descendu sur ses apôtres, qui ont été les interprètes entre lui et nous.

Tout ce qui existe hors de Dieu est son œuvre, émane de sa justice de la manière la plus parfaite et la meilleure.

Il est sage dans ses œuvres, juste dans ses décrets; comment pourroit-il être accusé d'injustice? Ce ne pourroit être que par un autre être, qui auroit quelque droit de juger de l'administration des choses; et cet être n'est pas.

[ D'où l'on voit que les musulmans n'établissent aucune liaison entre le créateur et la créature; que tout se rapporte à lui seul; qu'il est juste, parce qu'il est tout-puissant; que l'idée de son équité n'a peut-être rien de commun avec la nôtre; et que nous ne savons précisément par quels principes nous serons jugés à son tribunal, bons ou méchans. Qu'est-ce qu'un être passager d'un moment, d'un point, devant un être éternel, immense, infini, tout-puissant? moins que la fourmi devant nous. Qu'on imagine ce que les hommes seroient pour un de leurs semblables, si l'existence éternelle étoit seulement assurée à cet être? Croit-on qu'il eût quelque scrupule d'immoler à sa félicité tout ce qui pourroit s'y opposer? Croit-on qu'il balançât de dire à celui qui deviendroit sa victime : qu'êtes-vous, par rapport à moi? Dans un moment, il ne s'agira plus de vous; vous ne souffrirez plus; vous ne serez plus : moi, je suis, et je serai toujours. Quel rapport de votre bien-être au mien! Je ne vous dois qu'à proportion de votre durée comparée à la mienne. Il s'agit d'une éternité pour moi, d'un instant pour vous. Je me dois en raison de ce que vous êtes, et de ce que je suis : voilà la base de toute justice. Souffrez donc, mourez, périssez sans vous plaindre. Or, quelle distance encore plus grande d'un Dieu qui auroit accordé l'éternité à sa créature, à cette créature éternelle, que de cette créature éternelle à nous ? Combien ne lui resteroit-il pas d'infirmités qui rapprocheroient sa condition de la nôtre, tandis qu'elle n'auroit qu'un seul attribut qui rendroit sa condition comparable à celle de Dieu? Un seul attribut divin, supposé dans un homme, suffit donc pour anéantir entre cet homme et ses pareils toute notion de justice. Rien par rapport à cet homme hypothétique ; que sommes-nous donc par rapport à Dieu ? Il n'y a que le brachmane qui a craint d'écraser la fourmi, qui puisse lui dire : O Dieu ! pardonne-moi ; si j'ai fait descendre l'idée de ma justice jusqu'à la fourmi; j'ai pu la faire aussi remonter jusqu'à toi. Traite-moi comme j'ai traité le plus foible de mes inférieurs. ]

Les génies, les hommes, les démons, les anges, le ciel, la terre, les animaux, les plantes, la substance, l'accident, l'intelligible, le sensible, tout a commencé, excepté Dieu. Il a tiré tout du néant, ou de la pure privation : rien n'étoit ; lui seul a toujours été.

Il n'avoit besoin de rien. S'il a créé, ce n'est pas qu'il ne pût se passer des créatures. Il a voulu qu'elles fussent pour que sa volonté se fît, sa puissance se manifestât, la vérité de sa parole s'accomplît. Il ne remplit point un devoir ; il ne céda point à une nécessité ; il ne satisfit point à un sentiment de justice ; il n'étoit obligé à rien envers quelqu'être que ce fût. S'il a fait aux êtres la condition dont ils jouissent, c'est qu'il l'a voulu. Il pourroit accabler l'homme de souffrances, sans qu'il pût en être accusé. S'il en a usé autrement, c'est bienveillance, c'est bonté, c'est grace. O homme ! remercie-le donc du bien qu'il t'a départi gratuitement ; et soumets-toi sans murmurer à la peine.

S'il récompense, un jour, ceux qui l'auront aimé et imité, cette récompense ne sera point le prix du mérite, une indemnité, une compensation, une reconnoissance nécessaire. Ce sera l'accomplissement de sa parole, la suite de son pacte, qui fut libre. Il pouvoit créer ; et ne se point obliger ; disposer de nous à son gré ; et cela sans cesser d'être juste. Qu'y a-t-il de commun entre nous et lui ?

Il faut avouer que les musulmans ont de hautes idées de la nature de Dieu ; et que Léibnitz avoit raison de dire que le christianisme ne s'étoit élevé à rien de plus sublime.

*De la doctrine des musulmans sur les anges et sur l'ame de l'homme.*

Ils disent :

Les anges sont les ministres de Dieu ; ils n'ont

point péché ; ils sont proches de leur souverain ; il commande ; et ils lui obéissent.

Ce sont des corps subtils, saints, formés de lumière ; ils ne courent point, ils ne mangent point, ils ne dorment point, ils n'ont point de sexe ; ils n'ont ni père, ni mère, ni appétit charnel.

Ils ont différentes formes, selon les fonctions auxquelles ils sont destinés. Il y en a qui sont debout; d'autres sont inclinés, d'autres assis, d'autres prosternés ; les uns prient, les autres chantent ; les uns célèbrent Dieu par des louanges, les autres implorent sa miséricorde pour les pécheurs ; tous l'adorent.

Il faut croire aux anges ; quoiqu'on en ignore et les noms et les ordres. Il faut les aimer. La foi l'ordonne. Celui qui les néglige, est un infidèle. Celui qui n'y croit pas, qui ne les aime pas, qui ne les révère pas, qui les suppose de différens sexes, est un infidèle.

L'ame de l'homme est immortelle. La mort est la dissolution du corps et le sommeil de l'ame. Ce sommeil cessera.

[ Ce sentiment n'est pas général. Les al-sharestans et les al-assharites regardent l'ame comme un accident périssable ].

Lorsque l'homme est déposé dans le tombeau, deux anges terribles le visitent : ils s'appellent *Moncar* et *Nacir;* ils l'interrogent sur sa croyance et sur ses œuvres. S'il répond bien, ils lui permettent de reposer mollement ; s'il répond mal, ils le tourmentent, en le frappant à grands coups de masse de fer.

[ Ce jugement du sépulcre n'est pas dans l'alcoran ; mais c'est un point de tradition pieuse ].

La main de l'ange de mort, qui s'appelle *Azariel,* reçoit l'ame au sortir du corps ; si elle a été fidelle, il la confie à deux anges qui la conduisent au ciel, où son mérite désigne sa place, ou entre les prophètes, ou entre les martyrs, ou parmi le commun des fidèles.

Les ames, au sortir du corps, descendent dans l'albazach. C'est un lieu placé entre ce monde et le monde futur, où elles attendent la résurrection.

L'ame ne ressuscite pas seule. Le corps ressuscite aussi. L'alcoran dit : Qui est-ce qui pourra ressusciter les os dissous ? qui est-ce qui rassemblera leurs particules éparses ? Celui qui les a formés, lorsqu'ils n'étoient rien.

Au jour du jugement, Dieu rassemblera, et les hommes, et les génies qui ont été. Il les examinera ; il accordera le ciel aux bons ; les méchans seront envoyés à la gêne.

Entre les méchans, ceux qui auront reconnu l'unité de Dieu, sortiront du feu, après avoir expié leurs fautes.

Il n'y a point de damnation éternelle pour celui qui a cru en un seul Dieu.

## *De la physique et de la métaphysique des Sarrasins.*

C'est l'aristotélisme ajouté aux préjugés religieux, une théosophie islamitique; Thophail admet les quatre qualités des péripatéticiens ; l'humide et le sec , le foid et le chaud. C'est de leur combinaison qu'il déduit l'origine des choses : l'ame a, selon lui , trois facultés ; la végétative, la sensitive et la naturelle : il y a trois principes ; la matière , la forme et la privation ; les deux premiers sont de l'essence : la puissance est la raison des existences ; le mouvement est l'acte de la puissance, en tant que puissance. Le progrès du mouvement n'est point infini; il se résoud à un premier moteur immobile, un, éternel, invisible , sans quantité et sans matière. Il y a des corps simples, il y en a de composés; ils sont mus en ligne droite ou circulaire. Il n'y a que quatre élémens. Le ciel est un ; il est simple, exempt de génération et de corruption. Il se meut circulairement. Il n'y a point de corps infini. Le monde est fini, cependant éternel. Les corps célestes ont un cinquième élément particulier. Plus une sphère est voisine du premier moteur ; plus elle est parfaite , plus son mouvement est rapide. Les élémens sont des corps simples, dans lesquels les composés se résolvent. Il y en a de légers, qui tendent en haut ; et de graves, qui tendent en bas. C'est leur tendance opposée qui cause l'altération et le changement des corps. L'ame végétative préside à la végétation ; la sensitive, aux sens ; la rationelle, à la raison. L'entendement est, ou actif, ou passif. L'entendement actif est éternel, immortel, loin de tout commerce avec le corps ; le passif est, ou théorétique ou pratique. La mort est l'extinction de la chaleur naturelle. La vie est l'équilibre de la chaleur naturelle et de l'humide vital. Tous les êtres sont par la matière et par la forme. On ne peut définir que les composés ; la matière et la forme ne s'engendrent point. Il y a des puissances douées de la raison ; il y en a qui en sont privées. Personne ne juge mal de ce qui ne change point. L'unité est l'opposé de la multitude. Il y a trois sortes de substances ; les unes, qui périssent, comme les plantes et les animaux ; d'autres, qui ne périssent point, comme le ciel ; de troisièmes, qui sont éternelles et immobiles. Il y a un mouvement éternel. Il y a donc des substances éternelles. Elles sont immatérielles. Elles se meuvent de toute éternité d'un mouvement actuel. Le premier moteur meut toutes les autres intelligences. Cette cause première du mouvement ne change point. Elle est par elle-même. C'est Dieu, être éternel, immobile, insensible, indivisible, infiniment puissant, infiniment heureux dans sa propre contemplation. Il y a sous Dieu des substances motrices des sphères. Ce sont des esprits. Elles ont leurs fonctions particulières, etc...

### De la physique et de la métaphysique de Thophail.

Il peut y avoir, dans quelque contrée saine et tempérée placée sous la ligne équinoxiale ou ailleurs, des hommes vraiment autochtones, naissans de la terre, sans père et sans mère, par la seule influence de la lumière et du ciel.

Cette génération spontanée sera l'effet d'une fermentation du limon, continuée pendant des siècles, jusqu'au moment où il s'établit un équilibre fécond entre le froid et le chaud, l'humide et le sec.

Dans une masse considérable de ce limon ainsi fécondé, il y aura des parties où l'équilibre des qualités ou la température sera plus parfaite, où la disposition à la formation du mixte sera plus grande. Ces parties appartiendront à la nature animale ou humaine.

La matière s'agitera; il s'y formera des bulles; elle deviendra visqueuse; les bulles seront partagées au-dedans d'elles-mêmes, en deux capacités séparées par un voile léger; un air subtil y circulera; une température égale s'y établira; l'esprit envoyé par Dieu s'y insinuera et s'y unira; et le tout sera vivant.

L'union de l'esprit avec la matière prédisposée à le recevoir sera si intime, qu'on ne pourra le séparer.

L'esprit vivifiant émane incessamment de Dieu. La lumière qui s'élance continuellement du soleil, sans l'épuiser, en est une image.

Il descend également sur toute la création; mais il ne se manifeste pas également en tout lieu. Toutes les parties de l'univers ne sont pas également disposées à le faire valoir. De-là, les êtres inanimés, qui n'ont pas de vie ; les plantes, où l'on apperçoit quelques symptômes de sa présence ; les animaux, où il a un caractère plus évident.

Entre les animaux, il y en a qui ont avec lui une affinité particulière, une organisation plus analogue à sa forme, dont le corps est, pour ainsi dire, une image de l'esprit qui doit l'animer. Tel est l'homme.

Si cette analogie de l'esprit et de la forme prédomine dans un homme, ce sera un prophète.

Aussi-tôt que l'esprit s'est uni à sa demeure, il se soumet toutes les facultés ; elles lui obéissent : Dieu a voulu qu'il en disposât.

Alors il se forme une autre bulle divisée en trois capacités séparées chacune par des cloisons, des fibres, des canaux déliés. Un air subtil, assez semblable à celui qui remplissoit les capacités de la première bulle, remplit les capacités de celle-ci.

Chacune de ces capacités contient des qualités qui lui sont propres ; elles s'y exercent ; et ce qu'elles produisent de grand ou de petit, est trans-

H *

mis à l'esprit vivifiant qui a son ventricule particulier.

Aux environs de ce ventricule, il naît une troisième bulle. Cette bulle est aussi remplie d'une substance aérienne, mais plus grossière. Elle a ses capacités. Ce sont des réservoirs des facultés subalternes.

Ces réservoirs communiquent entre eux et s'entretiennent. Mais ils sont tous subordonnés au premier, à celui de l'esprit, excepté dans les fonctions des membres qui se formeront, et auxquels ils présideront avec souveraineté.

Le premier des membres, c'est le cœur. Sa figure est conique ; c'est l'effet de celle que l'esprit ou la flamme affecte. C'est par la même raison que la membrane forte qui l'environne suit la même configuration. Sa chair est solide. Il est conservé par une enveloppe épaisse.

La chaleur dissout les humeurs et les dissipe. Il falloit que quelques organes les réparassent. Il falloit que ces organes sentissent ce qui leur étoit propre, et l'attirassent ; ce qui leur étoit contraire, et le repoussassent.

Deux membres ont été formés à cette fin, avec les facultés convenables. L'un préside aux sensations, c'est le cerveau ; l'autre à la nutrition, c'est le foie.

Il étoit nécessaire qu'ils communiquassent entre eux et avec le cœur. De-là, les artères, les veines et la multitude de canaux, les uns étroits, les autres larges, qui s'y rendent et qui s'en distribuent.

C'est ainsi que le germe se forme, que l'embryon s'accroît, et qu'il se perfectionne jusqu'au moment de la naissance.

Lorsque l'homme est parfait, les tégumens du limon se déchirent, comme dans les douleurs de l'enfantement ; la terre aride environnante s'entr'ouvre ; et la génération spontanée s'achève.

La nature a refusé à l'homme ce qu'elle a accordé aux bêtes ; elle lui a fait des besoins particuliers. De-là, l'invention des vêtemens et d'autres arts.

Ses mains ont été les sources les plus fécondes de ses connoissances. C'est de-là que lui est venue la connoissance de sa force et de sa supériorité sur les animaux.

L'exercice des sens ne se fait pas sans obstacle. Il a fallu les lever.

Lorsque l'action des sens est suspendue, et que le mouvement cesse dans l'animal, sans qu'il y ait aucun obstacle extérieur, aucun vice interne, l'animal continue de vivre. Il faut donc chercher en lui quelqu'organe, sans le secours duquel les autres ne puissent vaquer à leurs fonctions. Cet organe est le cœur.

Lorsque l'animal est mort, lorsque la vie n'y est plus, sans qu'on remarque dans sa configuration et dans ses organes aucun dérangement qui en anéantisse les opérations, il faut en conclure qu'il y a un principe particulier et antérieur, dont toute l'économie dépendoit.

Lorsque ce principe s'est retiré, l'animal restant entier ; quelle apparence qu'il revienne, l'animal étant détruit ?

Il y a donc deux choses dans l'animal, le principe, par lequel il vit ; et le corps, qui sert d'instrument au principe. La partie noble, c'est le principe ; le corps est la partie vile.

Il faut le déposer dans le temps, lorque le principe vivifiant s'en est retiré. Un être vraiment étonnant, précieux et digne d'admiration, c'est le feu.

Sa force est surprenante, ses effets prodigieux ; la chaleur du cœur ne permet pas de douter que le feu n'anime cet organe, et ne soit le principe de son action.

La chaleur subsiste dans l'animal, tant qu'il vit ; elle n'est, dans aucune partie, aussi grande qu'au cœur. A la mort, elle cesse. L'animal est froid.

Cette vapeur humide et chaude du cœur, qui fait le mouvement dans l'animal, est sa vie.

Malgré la multitude et la diversité des parties dont l'animal est composé, il est un, relativement à l'esprit. L'esprit y occupe un point central, d'où il commande à toute l'organisation.

L'esprit est un. Il communique avec les membres par des fibres et des canaux. Coupez, anéantissez, embarrassez la communication de l'esprit à un membre ; et ce membre sera paralysé.

Le cœur envoie l'esprit au cerveau ; le cerveau le distribue dans les artères. Le cerveau abonde en esprits. Il est un réservoir.

Si, par quelque cause que ce soit, un organe est privé d'esprit, son action cesse. C'est un instrument inutile et abject.

Si l'esprit s'échappe de tous les corps ; s'il se consume en entier, ou s'il se dissout, le corps reste sans mouvement; il est dans l'état de mort.

De la comparaison de l'homme avec les autres êtres, il suit qu'ils ont des qualités communes et des qualités différentes. Qu'ils sont uns dans les convenances, variés et plusieurs dans les disconvenances.

Le premier coup-d'œil, que nous jetons sur les propriétés des choses, nous instruit de toute la richesse de la nature.

Si l'esprit est un, le corps est un relativement à la continuité et à son économie. C'est un même organe qui a différentes fonctions sur sa longueur, selon le plus ou le moins d'énergie de l'esprit.

Il y a aussi une sorte d'unité, sous laquelle on peut considérer tous les animaux ; même organisation, mêmes sens, même mouvement, mêmes fonctions, même vie, même esprit.

L'esprit est un ; les cœurs sont différens. La différence est dans les vaisseaux, et non dans la liqueur.

L'espèce est une. Les individus diffèrent ; mais cette différence est semblable à celle des membres, qui n'empêche point la personne d'être une.

Il y a dans toute espèce d'animaux la sensation, la nutrition et le mouvement spontané. Ces fonctions communes sont propres à l'esprit ; les autres fonctions diverses dans les différentes espèces d'animaux lui appartiennent moins spécialement.

L'esprit est un dans tout le genre animal, quoiqu'il y ait quelque différence légère dans ses fonctions, d'une espèce d'animaux à une autre. Le genre animal est un.

Quelque diversité que nous remarquions dans le port, la tige, les branches, les fleurs, les feuilles, les fruits, les semences des plantes ; elles vivent, elles croissent, elles se nourrissent de même. Le genre en est un.

Le genre animal et le genre végétal ont des qualités communes, telles que l'accroissement et la nutrition. Les animaux sentent, conçoivent ; les plantes ne sont pas tout-à-fait privées de ces qualités. On peut donc renfermer par la pensée ces deux genres, et n'en faire qu'un.

Les pierres, la terre, l'eau, l'air, le feu ; en un mot, tous les corps qui n'ont ni sentiment, ni accroissement, ni nutrition, ne diffèrent entre eux que comme les colorés et les non-colorés, les chauds et les froids, les ronds et les quarrés. Mais ce qui est chaud, peut se refroidir; ce qui est froid, se réchauffer; ce qui est coloré, s'obscurcir; ce qui est obscur, se colorer : les eaux se changent en vapeurs; les vapeurs se remettent en eau : ainsi, malgré l'apparence de la diversité, il y a unité.

Mais c'est la diversité des organes qui fait la diversité des actions; les actions ne sont point essentielles : appliquez le principe de l'action de la même manière, et vous aurez les mêmes actions; appliquez-le diversement, vous aurez des actions différentes : mais, tous les êtres étant convertibles les uns dans les autres, il n'y a que le principe de l'action qui soit un. Il est commun à tous les êtres, animés ou inanimés, vivans ou brutes, mus ou en repos.

Toute cette variété répandue dans l'univers disparoît donc aux yeux de l'homme attentif. Tout se réduit à l'unité.

Entre les qualités des corps naturels, les premières qu'on remarque, ce sont la tendance en haut dans les uns, tels que l'air, le feu, la fumée, la flamme; et la tendance en bas dans les autres, tels que l'eau, la terre, les pierres.

Il n'y en a point qui soit absolument privé de l'un et de l'autre de ces mouvemens, ou parfaitement en repos, à-moins qu'un obstacle ne l'arrête.

La pesanteur et la légèreté ne sont pas des

qualités des corps comme tels ; sans quoi il n'y auroit point de grave qui n'eût quelque légèreté, ni de léger qui n'eût quelque pesanteur. La pesanteur et la légèreté sont donc quelque chose de sur-ajouté à la notion de corporéité.

L'essence des graves et des légers est donc composée de deux notions ; l'une, commune, c'est la corporéité; l'autre, différente, c'est ce qui constitue grave le corps grave, et léger le corps léger.

Mais cela n'est pas vrai seulement des graves et des légers, mais de tout en général. L'essence est une notion composée de la corporéité et de quelque chose sur-ajouté à cette qualité.

L'esprit animal qui réside dans le cœur, a nécessairement quelque chose de sur-ajouté à sa corporéité, qui le rend propre à ses fonctions admirables : c'est la notion de ce quelque chose qui constitue sa forme et sa différence : c'est par elle qu'il est ame animale ou sensitive.

Ce qui opère dans les plantes les effets de la chaleur radicale dans les animaux, s'appelle *ame végétative*.

Ces qualités sur-ajoutées ou formes se distinguent par leurs effets.

Elles ne tombent pas toujours sous le sens. La raison les soupçonne.

La nature d'un corps animé, c'est le principe particulier de ce qu'il est, et de ce qui s'y opère.

L'essence même de l'esprit consiste dans quelque

chose de sur-ajouté à la notion de corporéité.

Il y a une forme générale et commune à tous les êtres, dans laquelle ils conviennent, et d'où émanent une ou plusieurs actions; outre cette forme commune et générale, un grand nombre ont une forme commune particulière sur-ajoutée, d'où émanent une ou plusieurs actions particulières à cette forme sur-ajoutée. Outre cette première forme sur-ajoutée, un grand nombre de ceux auxquels elle est commune, en ont une seconde sur-ajoutée particulière, d'où émanent une ou plusieurs actions particulières à cette seconde forme sur-ajoutée. Outre cette seconde forme sur-ajoutée, un grand nombre de ceux à qui elle est commune, en ont une troisième particulière sur-ajoutée, d'où émanent une ou plusieurs actions particulières à cette troisième forme sur-ajoutée ; et ainsi de suite.

Ainsi les corps terrestres sont graves, et tombent. Entre les corps graves et qui tombent, il y en a qui se nourrissent et s'accroissent. Entre les corps graves et qui tombent, et qui se nourrissent et s'accroissent, il y en a qui sentent et se meuvent. Entre les corps graves et qui tombent, et qui se nourrissent et s'accroissent, et qui sentent et se meuvent, il y en a qui pensent.

Ainsi toute espèce particulière d'animaux a une propriété commune avec d'autres espèces, et une propriété sur-ajoutée qui la distingue.

Les corps sensibles, qui remplissent dans ce

monde le lien de la génération et de la corruption, ont plus ou moins de qualités sur-ajoutées à celles de la corporéité ; et la notion en est plus ou moins composée.

Plus les actions sont variées, plus la notion est composée, et plus il y a de qualités sur-ajoutées à la corporéité.

L'eau a peu d'actions propres à sa forme d'eau. Ainsi sa notion ni sa composition ne supposent pas beaucoup de qualités sur-ajoutées.

Il en est de même de la terre et du feu.

Il y a dans la terre des parties plus simples que d'autres.

L'air, l'eau, la terre, et le feu se convertissant les uns dans les autres, il faut qu'il y ait une qualité commune : c'est la corporéité.

Il faut que la corporéité n'ait par elle-même rien de ce qui caractérise chaque élément. Ainsi elle ne suppose ni pesanteur ni légèreté, ni chaleur ni froid, ni humidité ni sécheresse. Il n'y a aucune de ces qualités qui soit commune à tous les corps. Il n'y en a aucune qui soit du corps, en tant que corps.

Si l'on cherche la forme sur-ajoutée à la corporéité qui soit commune à tous les êtres animés ou inanimés, on n'en trouvera point d'autre que l'étendue conçue sous les trois dimensions. Cette notion est donc du corps comme corps.

Il n'y a aucun corps, dont l'existence se manifeste aux sens par la seule qualité d'étendue sur-ajoutée à celle de corporéité; il y en a une troisième surajoutée.

La notion de l'étendue suppose la notion d'un sujet de l'étendue : ainsi l'étendue et le corps diffèrent.

La notion du corps est composée de la notion de la corporéité et de la notion de l'étendue. La corporéité est de la matière; l'étendue est de la forme. La corporéité est constante; l'étendue est variable à l'infini.

Lorsque l'eau est dans l'état que sa forme exige, on y remarque un froid sensible, un penchant à descendre d'elle-même; deux qualités qu'on ne peut lui ôter sans détruire le principe de sa forme, sans en séparer la cause de sa manière d'être aqueuse; autrement, des propriétés essentielles à une forme pourroient émaner d'une autre.

Tout ce qui est produit, suppose un produisant; ainsi d'un effet existant, il existe une cause efficiente.

Qu'est-ce que l'essence d'un corps? c'est une disposition d'où procèdent ses actions, ou une aptitude à y produire ses mouvemens.

Les actions des corps ne sont pas d'elles-mêmes; mais de la cause efficiente qui a produit dans les corps les attributs qu'ils ont, et d'où ces actions émanent.

Le ciel et toutes les étoiles sont des corps, qui ont longueur, largeur et profondeur. Ces corps ne peuvent être infinis ; car la notion d'un corps infini est absurde.

Les corps célestes sont finis par le côté qu'ils nous présentent ; nous avons là-dessus le témoignage de nos sens. Il est impossible que, par le côté opposé, ils s'étendent à l'infini. Car soient deux lignes parallèles tirées des extrémités du corps, et s'enfonçant ou le suivant dans toute son extension à l'infini ; qu'on ôte à l'une de ces lignes une portion finie ; qu'on applique cette ligne moins cette portion coupée à la parallèle qui est entière ; il arrivera de deux choses l'une, ou qu'elles seront égales, ce qui est absurde ; ou qu'elles seront inégales, ce qui est encore absurde ; à-moins qu'elles ne soient l'une et l'autre finies, et par conséquent le corps dont elles formoient deux côtés.

Les cieux se meuvent circulairement ; donc le ciel est sphérique.

La sphéricité du ciel est encore démontrée par l'égalité des dimensions des astres à leur lever, à leur midi et à leur coucher. Sans cette égalité, les astres seroient plus éloignés ou plus voisins dans un moment que dans un autre.

Les mouvemens célestes s'exécutent en plusieurs sphères contenues dans une sphère suprême qui les emporte toutes d'orient en occident dans l'intervalle d'un jour et d'une nuit.

Il faut considérer l'orbe céleste, et tout ce qu'il contient, comme un système composé de parties unies les unes aux autres, de manière que la terre, l'eau, l'air, les plantes, les animaux et le reste des corps renfermés sous la limite de cet orbe, forment une espèce d'animal dont les astres sont les organes de la sensation, dont les sphères particulières sont les membres, dont les excrémens sont cause de la génération et de la corruption dans ce grand animal, comme on remarque quelquefois que les excrémens des petits produisent d'autres animaux.

Le monde est-il éternel, ou ne l'est-il pas? C'est une question qui a ses preuves également fortes pour et contre.

Mais, quel que soit le sentiment qu'on suive, on dira : Si le monde n'est pas éternel, il a une cause efficiente ; cette cause efficiente ne peut tomber sous les sens, être matérielle ; autrement elle feroit partie du monde. Elle n'a donc ni l'étendue et les autres propriétés du corps ; elle ne peut donc agir sur le monde. Si le monde est éternel, le mouvement est éternel ; il n'y a jamais eu de repos. Mais tout mouvement suppose une cause motrice hors de lui : donc la cause motrice du monde seroit hors de lui ; il y auroit donc quelque chose d'abstrait, d'antérieur au monde, d'incomparable, et d'anomal à toutes les parties qui le composent.

L'essence de ce monde, relativement au moteur dont il reçoit son action, qui n'est point matériel, qui est un abstrait qui ne peut tomber sous le sens, qu'on ne peut s'imaginer, qui produit les mouvemens célestes sans différence, sans altération, sans relâche, est quelque chose d'analogue à ce moteur.

Toute substance corporelle a une forme, sans laquelle le corps ne peut ni être conçu, ni être. Cette forme a une cause; cette cause est Dieu: c'est par elle que les choses sont, subsistent, durent: sa puissance est infinie, quoique ce qui en dépend soit fini.

Il y a donc eu création. Il y a priorité d'origine, mais non de temps, entre le monde et la cause efficiente du monde. Au moment qu'on la conçoit, on peut la concevoir, disant que tout soit, et tout étant.

Sa puissance et sa sagesse, si évidentes dans son œuvre, ne nous laissent aucun doute sur sa liberté, sa prévoyance et ses autres attributs: le poids de l'atome le plus petit lui est connu.

Les membres qu'il a donnés à l'animal, avec la faculté d'en user, annoncent sa munificence et sa miséricorde.

L'être le plus parfait de cet univers n'est rien en comparaison de son auteur. N'établissons point de rapport entre le créateur et la créature.

Le créateur est un être simple. Il n'y a en lui ni privation, ni défaut. Son existence est nécessaire; c'est la source de toutes les autres existences. Lui, lui; tout périt, excepté lui.

Le Dieu des choses est le seul digne objet de

notre contemplation. Tout ce qui nous environne, nous ramène à cet être, et nous transporte du monde sensible dans le monde intelligible.

Les sens n'ont de rapport qu'au corps ; l'être qui est en nous, et par lequel nous atteignons à l'existence de la cause incorporelle, n'est donc pas corps.

Tout corps se dissout et se corrompt ; tout ce qui se corrompt et dissout, est corps. L'ame incorporelle est donc indissoluble, incorruptible, immortelle.

Les facultés intelligentes le sont, ou en puissance, ou en action.

Si une faculté intelligente conçoit un objet, elle en jouit à sa manière ; et sa jouissance est d'autant plus exquise, que l'objet est plus parfait ; et lorsqu'elle en est privée, sa douleur est d'autant plus grande.

La somme des facultés intelligentes, l'essence de l'homme ou l'ame, c'est la même chose.

Si l'ame unie au corps n'a pas connu Dieu, au sortir du corps, elle n'en peut jouir : elle est étrangère au bonheur de posséder, ou à la douleur d'être privée de la contemplation de l'Être éternel : que devient-elle donc ? Elle descend à l'état des brutes. Si l'ame unie au corps a connu Dieu, quand elle en sera séparée, devenue propre à la jouissance de cet astre par l'usage qu'elle auroit fait de ses sens et de ses facultés, lorsqu'elle les commandoit, elle sera, ou tourmentée éternellement par la privation d'un bien infini qui lui est familier, ou éternellement heureuse par sa possession : c'est selon les œuvres de l'homme en ce monde.

La vie de la brute se passe à satisfaire à ses besoins et à ses appétits. La brute ne connoît point Dieu ; après sa mort elle ne sera point tourmentée par le désir d'en jouir, ni heureuse par sa jouissance.

L'incorruptibilité, la permanence, l'éclat, la durée, la constance du mouvement des astres, nous portent à croire qu'ils ont des ames ou essences capables de s'élever à la connoissance de l'être nécessaire.

Entre les corps de ce monde corruptible, les uns ont la raison de leur essence dans certain nombre de qualités sur-ajoutées à la corporéité, et ce nombre est plus ou moins grand ; les autres, dans une seule qualité sur-ajoutée à la corporéité, tels sont les élémens. Plus le nombre des qualités sur-ajoutées à la corporéité est grand, plus le corps a d'action, plus il a de vie. Le corps, considéré sans aucune qualité sur-ajoutée à la corporéité, c'est la matière nue ; elle est morte. Ainsi voici donc l'ordre des vies, la matière morte, les élémens, les plantes, les animaux. Les animaux ont plus d'actions, et conséquemment vivent plus qu'aucun autre être.

Entre les composés, il y en a où la coordination des élémens est si égale, que la force ou qualité d'aucun ne prédomine point sur la force ou qualité d'un autre. La vie de ces composés en est d'autant meilleure, et plus parfaite.

L'esprit animal, qui est dans le cœur, est un composé de terre et d'eau très-subtil ; il est plus grossier que l'air et le feu ; sa température est très-égale ; sa forme est celle qui convient à l'animal. C'est un être moyen, qui n'a rien de contraire à aucun élément : de tout ce qui existe dans ce monde corruptible, rien n'est mieux disposé à une vie parfaite. Sa nature est analogue à celle des corps célestes.

L'homme est donc un animal doué d'un esprit, d'une température égale et uniforme, semblable à celle des corps célestes, et supérieure à celle des autres animaux. Aussi est-il destiné à une autre fin. Son ame est sa portion la plus noble ; c'est par elle, qu'il connoît l'être nécessaire. C'est quelque chose de divin, d'incorporel, d'inaltérable, d'incorruptible.

L'homme étant de la nature des corps célestes, il faut qu'il s'assimile à eux, qu'il prenne leurs qualités, et qu'il imite leurs actions.

L'homme étant de la nature de l'être nécessaire, il faut qu'il s'assimile à lui, qu'il prenne ses qualités, et qu'il imite ses actions.

Il représente toute l'espèce animale par sa partie abjecte. Il subit dans ce monde corruptible le même sort que les animaux. Il faut qu'il boive, qu'il mange, qu'il s'accouple.

La nature ne lui a pas donné un corps sans dessein ; il faut qu'il le soigne et le conserve. Ce soin et cette conservation exigent de lui certaines actions correspondantes à celles des animaux.

Les actions de l'homme peuvent donc être considérées, ou comme imitatives de celles des brutes, ou comme imitatives de celles des corps célestes, ou comme imitatives de l'Être éternel. Elles sont toutes également nécessaires : les premières, parce qu'il a un corps ; les secondes, parce qu'il a un esprit animal ; les troisièmes, parce qu'il a une ame, ou essence propre.

La jouissance, ou contemplation ininterrompue de l'être nécessaire, est la souveraine félicité de l'homme.

Les actions imitatives de la brute, ou propres au corps, l'éloignent de ce bonheur ; cependant elles ne sont pas à négliger ; elles concourent à l'entretien et à la conservation de l'esprit animal.

Les actions imitatives des corps célestes ou propres à l'esprit animal, l'approchent de la vision béatifique.

Les actions imitatives de l'être nécessaire, ou propres à l'ame ou à l'essence de l'homme, lui acquièrent vraiment ce bonheur.

D'où il s'ensuit qu'il ne faut vaquer aux premières, qu'autant que le besoin ou la conservation de l'esprit animal l'exige. Il faut se nourrir, il faut se vêtir; mais il y a des limites à ces soins.

Préférez, entre ces alimens, ceux qui vous distrairont le moins des actions imitatives de l'être nécessaire. Mangez la pulpe des fruits; et jetez-en les pepins dans un endroit où ils puissent germer. Ne reprenez des alimens qu'au moment où la défaillance des autres actions vous en avertira.

Vous n'imiterez bien les actions des corps célestes, qu'après les avoir étudiés et connus.

Les corps célestes sont lumineux, transparens, purs, mus autour d'un centre; ils ont de la chaleur; ils obéissent à l'être nécessaire; ils s'en occupent.

En vous conformant à leur bonté, vous ne blesserez ni les plantes, ni les animaux; vous ne détruirez rien sans nécessité; vous entretiendrez tout dans son état d'intégrité; vous vous attacherez à écarter de vous toute souillure extérieure. Vous tournerez sur vous-même, d'un mouvement circulaire et rapide; vous poursuivrez ce mouvement jusqu'à ce que le saint vertige vous saisisse; vous vous éleverez, par la contemplation, au-dessus des choses de la terre. Vous vous séparerez de vos sens; vous fermerez vos yeux et vos oreilles aux objets extérieurs; vous enchaînerez votre imagination; vous tenterez tout, pour vous aliéner et vous unir à l'être nécessaire. Le mouvement sur vous-même, en vous étourdissant, vous facilitera beaucoup cette pratique. Tournez donc sur vous-même, étourdissez-vous, procurez-vous le saint vertige.

Le saint vertige suspendra toutes les fonctions du corps et de l'esprit animal, vous réduira à votre essence, vous fera toucher à l'Être éternel, vous assimilera à lui.

Dans l'assimilation à l'Être divin, il faut considérer ses attributs. Il y en a de positifs; il y en a de négatifs.

Les positifs constituent son essence; les privatifs, sa perfection.

Vos actions seront imitatives de celles de l'être nécessaire, si vous travaillez à acquérir les premiers, et à éloigner de vous toutes les qualités dont les seconds supposent toute la privation.

Occupez-vous à séparer de vous toutes les qualités sur-ajoutées à la corporéité. Enfoncez-vous dans une caverne; demeurez-y en repos, la tête penchée, les yeux fixés en terre; perdez, s'il se peut, tout mouvement, tout sentiment; ne pensez point, ne réfléchissez point, n'imaginez point; jeûnez, conduisez par dégrés toute votre existence, jusqu'à l'état simple de votre essence ou de votre ame : alors un, constant, pur, permanent, vous entendrez la voix de l'être nécessaire; il s'intimera à vous; vous le saisirez; il vous parlera; et vous jouirez d'un bonheur, que celui qui ne l'a point éprouvé n'a jamais conçu et ne concevra jamais.

C'est alors que vous connoîtrez que votre essence diffère peu de l'essence divine ; que vous subsistez, ou qu'il y a quelque chose en vous qui subsiste par soi-même, puisque tout est détruit, et que ce quelque chose résiste et agit ; qu'il n'y a qu'une essence ; et que cette essence est comme la lumière de notre monde, une et commune à tous les êtres éclairés.

Celui qui a la connoissance de cette essence, a aussi cette essence. C'est en lui la particule de contact avec l'essence universelle.

La multitude, le nombre, la divisibilité, la collection, sont des attributs de la corporéité.

Il n'y a rien de cela dans l'essence simple.

La sphère suprême, au-delà de laquelle il n'y a point de corps, a une essence propre. Cette essence est incorporelle. Ce n'est point la même que celle de Dieu. Ce n'est point non plus quelque chose qui en diffère ; l'une est à l'autre comme le soleil est à son image représentée dans une glace.

Chaque sphère céleste a son essence immatérielle, qui n'est point ni la même que l'essence divine, ni la même que l'essence d'une autre sphère, et qui n'en est cependant pas différente.

Il y a différens ordres d'essences.

Il y a des essences pures ; il y en a de libres ; il y en a d'enchaînées à des corps ; il y en a de souillées ; il y en a d'heureuses ; il en a de malheureuses.

Les essences divines et les ames héroïques sont libres. Si elles sont unies ou liées à quelque chose, c'est à l'essence éternelle et divine, leur principe, leur cause, leur perfection, leur incorruptibilité, leur éternité, toute leur perfection.

Elles n'ont point de corps, et n'en ont pas besoin.

Le monde sensible est comme l'ombre du monde divin ; quoique celui-ci n'ait nulle dépendance, nul besoin du premier, il seroit absurde de supposer l'un existant, et l'autre non existant.

Il y a corruption, vicissitude, génération, changement dans le monde sensible ; mais rien ne s'y résoud en privation absolue.

Plus on s'exercera à la vision intuitive de l'essence première, plus on l'acquerra facilement. Il en est du voyage du monde sensible dans le divin, comme de tout autre.

Cette vision ne sera parfaite qu'après la mort. L'ame ou l'essence de l'homme sera libre alors de tous les obstacles du corps.

Toute cette science mystique est contenue dans le livre du saint prophète ; je ne suis que l'interprète. Je n'invente aucune vérité nouvelle. La raison étoit avant moi, la tradition étoit avant moi, l'alcoran étoit avant moi. Je rapproche ces trois sources de la lumière.

Pourquoi le saint prophète ne l'a-t-il pas fait

lui-même ? c'est un châtiment qu'il a tiré de l'opiniâtreté, de la désobéissance et de l'imbécillité de ceux qui l'écoutoient. Il a laissé à leurs descendans le soin de s'élever par eux-mêmes à la connoissance de l'unité vraie.

L'imitateur du saint prophète, qui travaillera comme lui à éclairer ses semblables, trouvera les mêmes hommes, les mêmes obstacles, les mêmes passions, les mêmes jalousies, les mêmes inimitiés ; et il exercera la même vengeance. Il se taira ; il se contentera de leur prescrire les principes de cette vie, afin qu'ils s'abstiennent de l'offenser.

Peu sont destinés à la félicité de la vie ; les seuls vrais croyans l'obtiendront.

Quand on voit un derviche tourner sur lui-même jusqu'à tomber à terre sans connoissance, sans sentimens, ivre, abruti, étourdi, presque dans un état de mort, qui croiroit qu'il a été conduit à cette pratique extravagante par un enchaînement incroyable de conséquences déliées et de vérités très-sublimes ?

Qui croiroit que celui qui est assis immobile au fond d'une caverne, les coudes appuyés sur ses genoux, la tête penchée sur ses mains, les yeux fixément attachés au bout de son nez, où il attend des journées entières l'apparition béatifique de la flamme bleue, est un aussi grand philosophe que celui qui le regarde comme un fou, et qui se promène tout fier d'avoir découvert qu'on voit tout en Dieu ?

Mais après avoir exposé les principaux axiomes de la philosophie naturelle des Arabes et des Sarrasins, nous allons passer à leur philosophie morale ; après avoir remarqué que c'est vraisemblablement par une suite de ces idées que les musulmans révèrent les idiots : ils les regardent sans doute comme des hommes étourdis de naissance, qui sont naturellement dans l'état de vertige, et dont la stupidité innée suspendant toutes les fonctions animales et vitales, l'essence de leur être est sans habitude, sans exercice ; mais par une faveur particulière du ciel, intimement unie à l'essence éternelle.

Mahomet ramena les idolâtres à la connoissance de l'unité de Dieu ; il assura les fondemens de la science morale, la distinction du juste et de l'injuste, l'immortalité de l'ame, les récompenses et les châtimens à venir : il pressentit que la passion des femmes étoit trop naturelle, trop générale et trop violente, pour tenter avec quelque succès à la réfréner ; il aima mieux y conformer sa législation, que d'en multiplier à l'infini les infractions, en opposant son autorité à l'impulsion si utile et si douce de la nature ; il défendit le vin, et il permit les femmes ; en encourageant les hommes à la vertu, par l'espérance future des voluptés corporelles, il les entretint d'une sorte de bonheur dont ils avoient un avant-goût.

Voici les cinq préceptes de l'islamisme; vous direz: il n'y a qu'un Dieu, et Mahomet est l'apôtre de Dieu; vous prierez; vous ferez l'aumône; vous irez en pélerinage; et vous jeûnerez le ramadan.

Ajoutez à cela des ablutions légales, quelques pratiques particulières, un petit nombre de cérémonies extérieures, et de ces autres choses dont le peuple ne sauroit se passer, qui sont absolument arbitraires, et ne signifient rien pour les gens sensés de quelque religion que ce soit, comme de tourner le dos au soleil pour pisser chez les mahométans.

Il prêcha le dogme de la fatalité, parce qu'il n'y a point de doctrine qui donne tant d'audace et de mépris de la mort, que la persuasion que le danger est égal pour celui qui combat et pour celui qui dort; que l'heure, l'instant, le lieu de notre sortie de ce monde est fixé, et que toute notre prudence est vaine devant celui qui a enchaîné les choses de toute éternité d'un lien que sa volonté même ne peut relâcher.

Il proscrivit les jeux de hasard, dont les Arabes avoient la fureur.

Il fit un culte pour la multitude, parce que le

culte qui seroit fait pour un petit nombre marqueroit l'imbécillité du législateur.

La morale de l'islamisme s'étendit et se perfectionna dans les siècles qui suivirent sa fondation. Parmi ceux qui s'occupèrent de ce travail, et dont nous avons fait mention, on peut compter encore scheich Muslas - Eddin Sadi, l'auteur du *Jardin des roses Persiques*.

Sadi parut vers le milieu du treizième siècle; il cultiva par l'étude le bon esprit que la nature lui avoit donné; il fréquenta l'école de Bagdad, et voyagea en Syrie, où il tomba entre les mains des chrétiens qui le jetèrent dans les chaînes, et le condamnèrent aux travaux publics. La douceur de ses mœurs et la beauté de son génie, lui firent un protecteur zélé, qui le racheta, et qui lui donna sa fille. Après avoir beaucoup vu les hommes, il écrivit son *Rosarium*, dont voici l'exorde :

Quâdam nocte præteriti temporis memoriam revo-
  cavi ;
Vitæque malè transactæ dispendium cum indignatione devoravi;
Saxumque habitaculo cordis lacrymarum adamante
  perforavi ;
Hosque versus conditioni meæ convenientes effudi.
Quovis momento unus vitæ abit spiritus.
Illud dùm inspicio, non multùm restitit.
O te cujus jam quinquaginta sunt elapsi somno, etiamnum gravem !

Utinam istos quinque supremos vitæ dies probè intelligens !·
Pudor illi qui absit ; opusque non perfecit.
Discussus tympanum percusserunt, sarcinam non composuit :
Suavis somnus in discessus aurora,
Retinet peditem ex itinere.
Quicumque venit novam fabricam struxit ;
Abit ille ; fabricamque alteri construxit.
Alter illa similia huic vanitatis molimina agitavit ;
Illam verò fabricam ad finem perduxit nemo.
Sodalem instabilem, amicum ne adscisse.
Amicitiâ indignus est fallacissimus hic mundus.
Cum bonis malisque pariter sit moriendum.
Beatus ille qui bonitatis palmam reportavit.
Viaticum vitæ in sepulcrum tuum præmitte ;
Mortuo enim te, nemo feret, tute ipse præmitte.
Vita ut nix est, solque augusti.
Pauxillum reliquit ; sibi tamen domino etiamnum socordia et inertia blanditur !
Heus tu qui manu vacuâ forum adiisti ?
Metuo ut plenum referas strophiolum.
Quicumque segetem suam comederit, dum adhuc in herbâ est,
Messis tempore spicilegio contentus esse cogitur.
Consilium Sadi, attentis animi auribus percipe.
Vita ita se habet : tu te virum presta, et vade.

Le poëte ajoute : J'ai mûrement pesé ces choses ; j'ai vu que c'étoit la vérité, et je me suis retiré dans un lieu solitaire ; j'ai abandonné la société des hommes ; j'ai effacé de mon esprit tous les discours frivoles que j'avois entendus ; je me suis bien proposé de ne plus rien dire de mal; et ce dessein étoit formé au-dedans de moi, lorsqu'un de mes anciens amis, qui alloit à la Mecque à la suite d'une caravane, avec sa provision et son chameau, entra dans mon hermitage : c'étoit un homme dont l'entretien étoit plein d'agrémens et de saillies ; il chercha inutilement à m'engager de conversation : je ne proférai pas un mot ; dans les momens qui suivirent, si j'ouvris la bouche, ce fut pour lui révéler mon dessein de passer ici loin des hommes, obscur et ignoré, le reste de ma vie; d'adorer Dieu dans le silence, et d'ordonner toutes mes actions à ce but : mais l'ami séduisant me peignit avec tant de charmes la douceur et les avantages d'ouvrir son cœur à un homme de bien, lorsqu'on l'avoit rencontré, que je me laissai vaincre ; je descendis avec lui dans mon jardin ; c'étoit au printemps, il étoit couvert de roses écloses, l'air étoit embaumé de l'odeur délicieuse qu'elles exhaent sur le soir. Le jour suivant, nous passâmes une partie de la nuit à nous promener et à converser, dans un autre jardin aussi planté et embaumé de roses ; au point du jour, mon hôte et mon ami se mit à cueillir une grande quantité de ces roses, et il en remplissoit son sein ; l'amusement qu'il prenoit, me donnoit des pensées sérieuses; je me disois, voilà le monde, voilà ses plaisirs : voilà l'homme : voilà la vie ; et je méditois d'écrire un ouvrage que j'appellerois *le Jardin des Roses ;* et je confiai ce dessein à mon ami ; et mon dessein lui plut ; et il m'encouragea ; et je pris la plume ; et je commençai mon ouvrage, qui fut achevé avant que les roses dont il avoit rempli son sein ne fussent fanées. La belle ame qu'on voit dans ce récit ! qu'il est simple, délicat et élevé ! qu'il est touchant !

Le *Rosarium* de Sadi n'est pas un traité complet de morale ; ce n'est pas non plus un amas informe et décousu de préceptes moraux; il s'attache à certains points capitaux, sous lesquels il rassemble ses idées ; ces points capitaux sont les mœurs des rois, les mœurs des hommes religieux, les avantages de la continence, les avantages du silence, l'amour et la jeunesse, la vieillesse et l'imbécillité, l'étude des sciences, la douceur et l'utilité de la conversation.

Voici quelques maximes générales de la morale des *Sarrasins*, qui serviront de préliminaire à l'abrégé que nous donnerons du *Rosarium* de Saadi, le monument le plus célèbre de sagesse de ses compatriotes.

L'impie est mort au milieu des vivans : l'homme pieux vit dans le séjour même de la mort.

La religion, la piété, le culte religieux, sont autant de glaives de la concupiscence.

La crainte de Dieu est la vraie richesse du cœur.

Les prières de la nuit font la sécurité du jour.

La piété est la sagesse la plus sage ; et l'impiété est la folie la plus folle.

Si l'on gagne à servir Dieu, on perd à servir son ennemi.

Celui qui dissipe sa fortune en folies, a tort de se plaindre, lorsque Dieu l'abandonne à la pauvreté.

L'humilité est le havre de la foi ; la présomption est son écueil.

Humilie-toi dans ta jeunesse, afin que tu sois grand dans ta vieillesse.

L'humilité est le fard de la noblesse ; c'est le complément de la grace ; elle élève devant le monde et devant Dieu.

L'insensé, aux yeux des hommes et de Dieu, c'est celui qui se croit sage.

Plus tu seras éclatant, plus tu seras prudent si tu te caches ; les ténèbres dérobent à l'envie, et ajoutent de la splendeur à la lumière ; ne monte point au haut de la montagne d'où l'on t'appercevroit de loin ; enfonce-toi dans la caverne que la nature a creusée à ses pieds, où l'on t'ira chercher ; si tu te montres, tu seras haï ou flatté ; tu souffriras, ou tu deviendras vain ; marche, ne cours pas.

Trois choses tourmentent sur-tout; l'avarice, le faste, et la concupiscence.

Moins l'homme vaut, plus il est amoureux de lui.

Plus il est amoureux de lui, plus il aime à contredire un autre.

Entre les vices difficiles à corriger, c'est l'amour de soi, c'est le penchant à contredire.

Lorsque les lumières sont allumées, ferme les fenêtres.

Sois distrait, lorsqu'on tient un discours obscène.

S'il reste en toi une seule passion qui te domine, tu n'es pas encore sage.

Malheur au siècle de l'homme qui sera sage dans la passion.

On s'enrichit, en appauvrissant ses désirs.

Si la passion enchaîne le jugement, il faut que l'homme périsse.

Une femme sans pudeur est un mets fade et sans sel.

Si l'homme voyoit sans distraction la nécessité de sa fin et la brièveté de son jour, il mépriseroit le travail et la fraude.

Le monde n'est éternel pour personne; laisse-le passer, et t'attache à celui qui l'a fait.

Le monde est doux à l'insensé; il est amer au sage.

Chacun a sa peine; celui qui n'en a point, n'est pas à compter parmi les enfans des hommes.

Le monde est un mensonge, un séjour de larmes.

Le monde est la route qui te conduit dans ta patrie.

Donne celui-ci pour l'autre, et tu gagneras au change.

Reçois de lui, selon ton besoin; et songe que la mort est le dernier de ses dons.

Quand as-tu résolu de le quitter? quand as-tu résolu de le haïr? quand, dis-moi, quand? il passe, et il n'y a que la sagesse qui reste. C'est le rocher et l'amas de poussière.

Songe à ton entrée dans le monde, songe à ta sortie; et tu te diras: j'ai été fait homme de rien, et je serai dans un instant comme quand je n'étois pas.

Le monde et sa richesse passent; ce sont les bonnes œuvres qui durent.

Vois-tu ce cadavre infect, sur lequel ces chiens affamés sont acharnés? c'est le monde, ce sont les hommes.

Que le nombre ne te séduise point; tu seras seul un jour; un jour tu répondras seul.

Suppléer à une folie par une folie, c'est vouloir éteindre un incendie avec du bois et de la paille.

L'homme religieux ne s'accoude point sur la terre.

Dis-toi souvent: d'où suis-je venu? qui suis-je? où vais-je? où m'arrêtai-je?

Tu marches sans cesse au tombeau.

C'est la victime grasse qu'on immole; c'est la maigre qu'on épargne.

Tu sommeilles à-présent; mais tu t'éveilleras.

Entre la mort et la vie, tu n'es qu'une ombre qui passe.

Ce monde est aujourd'hui pour toi, demain c'en sera un autre.

C'est l'huile qui soutient la lampe qui luit; c'est la patience qui retient l'homme qui souffre.

Sois pieux en présence des dieux, prudent parmi les hommes, patient à côté des méchans.

La joie viendra, si tu sais l'attendre; le repentir, si tu te hâtes.

Le mal se multiplie pour le pusillanime; il n'y en a qu'un pour celui qui sait souffrir.

Laisse l'action dont tu ne pourras supporter le châtiment; fais celle dont la récompense t'est assurée.

Tout chemin qui écarte de Dieu, égare.

L'aumône dit en passant de la main de celui qui donne dans la main de celui qui reçoit: je n'étois rien, et tu m'as fait quelque chose; j'étois petite, et tu m'as fait grande; j'étois haïe, et tu m'as fait aimer; j'étois passagère, et tu m'as fait éternelle; tu me gardois, et tu m'as fait ta gardienne.

La justice est la première vertu de celui qui commande.

Philos. anc. et mod. TOME III.

N'écoute pas ta volonté, qui peut être mauvaise; écoute la justice.

Le bienfaisant touche l'homme; il est à côté de Dieu; il est proche du ciel.

L'avare est un arbre stérile.

Si le pauvre est abject, le riche est envié.

Sans le contentement, qu'est-ce que la richesse? qu'est-ce que la pauvreté, sans l'abjection?

Le juge n'écoutera point une partie, sans son adversaire.

Ton ami est un rayon de miel qu'il ne faut pas dévorer.

Mon frère est celui qui m'avertit du péril; mon frère est celui qui me secourt.

La sincérité est le sacrement de l'amitié.

Bannissez la concorde du monde; et dites-moi ce qu'il devient.

Le ciel est dans l'angle, où les sages sont assemblés.

La présence d'un homme sage donne du poids à l'entretien.

Embarque-toi sur la mer, ou fais société avec les méchans.

Obéis à ton père, afin que tu vives.

Imite la fourmi.

Celui-là possède son ame, qui peut garder un secret avec son ami.

Le secret est ton esclave, si tu le gardes; tu deviens le sien, s'il t'échappe.

La taciturnité est sœur de la concorde.

L'indiscret fait, en un moment, des querelles d'un siècle.

On connoît l'homme savant, à son discours; l'homme prudent, à son action.

Celui qui ne sait pas obéir, ne sait pas commander.

Le souverain est l'ombre de Dieu.

L'homme capable, qui ne fait rien, est une nue qui passe, et qui n'arrose point.

Le plus méchant des hommes, est l'homme inutile qui sait.

Le savant, sans jugement, est un enfant.

L'ignorant est un orphelin.

Regarde derrière toi, et tu verras l'infirmité et la vieillesse qui te suivent; or, tu concevras que la sagesse est meilleure que l'épée; la connoissance, meilleure que le sceptre.

Il n'y a point d'indigence pour celui qui sait.

La vie de l'ignorant ne pèse pas une heure de l'homme qui sait.

La douceur accomplit l'homme qui sait.

Fais le bien, si tu veux qu'il te soit fait.

Qu'as-tu, riche, si la vie est nulle pour toi?

Celui qui t'entretient des défauts d'autrui, entretient les autres des tiens.

Les rois n'ont point de frères; les envieux, point de repos; les menteurs, point de crédit.

Le visage du mensonge est toujours hideux.

Dis la vérité, et que ton discours éclaire ta vie.

Que la haine même ne t'approche point du parjure.

L'avare qui a, est plus indigent que le libéral qui manque.

La soif la plus ardente est celle de la richesse.

Il y a deux hommes qu'on ne rassasie point; celui qui court après la science, et celui qui court après la richesse.

La paresse et le sommeil éloignent de la vérité, et conduisent à l'indigence.

Le bienfait périt par le silence de l'ingrat.

Celui que tu vois marcher la tête penchée et les yeux baissés, est souvent un méchant.

Oublie l'envieux; il est assez puni par son vice.

C'est trop d'un crime.

Le malheureux, c'est l'homme coupable qui meurt avant le repentir.

Le repentir après la faute ramène à l'état d'innocence.

La petitesse de la faute est ce qu'il y a de mieux dans le repentir.

Il est temps de se repentir, tant que le soleil se lève.

Songe à toi; car il y a une récompense et un châtiment.

La récompense attend l'homme de bien dans l'éternité.

Outre cette sagesse dont l'expression est simple,

ils en ont une parabolique. Les *Sarrasins* sont même plus riches en ce fonds, que le reste des nations. Ils disent :

Ne nage point dans l'eau froide; émousse l'épine avec l'épine; ferme ta porte au voleur; ne lâche point ton troupeau sans parc; chacun a son pied; ne fais point de société avec le lion; ne marche point nu dans les rues; ne parle point où il y a des oiseaux de nuit; ne te livre point aux singes; mets le verrou à ta porte; j'entends le bruit du moulin, mais je ne vois point de farine; si tu crains de monter à l'échelle, tu n'arriveras point sur le toit; celui qui a le poing serré, a le cœur étroit; ne brise point la salière de ton hôte; ne crache point dans le puits d'où tu bois; ne t'habille point de blanc dans les ténèbres; ne bois point dans une coupe de chair; si un ange passe, ferme ta fenêtre; lave-toi avant le coucher; allume ta lampe avant la nuit; toute brebis sera suspendue par le pied.

Ils ont aussi des fables : en voici une. Au temps d'Isa, trois hommes voyageoient ensemble : chemin faisant, ils trouvèrent un trésor; ils étoient bien contens : ils continuèrent de marcher; mais ils sentirent la fatigue et la faim, et l'un d'eux dit aux autres : Il faudroit avoir à manger; qui est-ce qui en ira chercher? Moi, répondit l'un d'entre eux; il part; il achète des mets; mais après les avoir achetés, il pensa que, s'il les empoisonnoit, ses compagnons de voyage en mourroient, et que le trésor lui resteroit; et il les empoisonna. Cependant, les deux autres avoient résolu, pendant son absence, de le tuer, et de partager le trésor entre eux. Il arriva; ils le tuèrent : ils mangèrent des mets qu'il avoit apportés; ils moururent tous les trois; et le trésor n'appartint à personne.

## SCEPTICISME et SCEPTIQUES.

SCEPTICI, secte d'anciens philosophes, qui avoient Pirrhon pour chef, et dont le principal dogme consistoit à soutenir que tout étoit incertain et incompréhensible; que les contraires étoient également vrais; que l'esprit ne devoit jamais donner son consentement à rien, mais qu'il devoit rester dans une indifférence entière sur toute chose. (*Voyez* PIRRHONISME.)

Le mot *sceptique*, qui est grec dans son origine, signifie proprement *contemplatif;* c'est-à-dire, un homme qui balance les raisons de part et d'autre, sans décider pour aucun côté; c'est un mot formé du verbe σκεπτομαι, *je considère, j'examine, je délibère.*

Diogène Laërce remarque que les sectateurs de Pirrhon avoient différens noms : on les appeloit *Pirrhoniens,* du nom de leur chef; on les appeloit aussi *Aporetici,* gens qui doutent, parce que leur maxime principale consistoit à douter de tout;

enfin, on les nommoit *Zététiques*, gens qui cherchent ; parce qu'ils n'alloient jamais au-delà de la recherche de la vérité.

Les *sceptiques* ne retenoient leur doute que dans la spéculation. Pour ce qui concerne les actions civiles et les choses de pratique, ils convevoient qu'il falloit suivre la nature pour guide, se conformer à ses impressions, et se plier aux loix établies dans chaque nation. C'étoit un principe constant chez eux, que toutes choses étoient également vraisemblables, et qu'il n'y avoit aucune raison qui ne pût être combattue par une raison contraire aussi forte. La fin qu'ils se proposoient, étoit l'ataraxie ou l'exemption du trouble à l'égard des opinions, et la métriopathie ou la modération des passions et des douleurs. Ils prétendoient qu'en ne déterminant rien sur la nature des biens et des maux, on ne poursuit rien avec trop de vivacité ; et que par-là on arrive à une tranquillité parfaite, telle que peut la procurer l'esprit philosophique : au-lieu que ceux qui établissent qu'il y a de vrais biens et de vrais maux, se tourmentent pour obtenir ce qu'ils regardent comme un vrai bien. Il arrive de là, qu'ils sont déchirés par mille secrètes inquiétudes, soit que, n'agissant plus conformément à la raison, ils s'élèvent sans mesure ; soit qu'ils soient emportés loin de leur devoir, par la fougue de leurs passions ; soit enfin que, craignant toujours quelque changement, ils se consument en efforts inutiles, pour retenir des biens qui leur échappent. Ils ne s'imaginoient pourtant pas, comme les stoïciens, être exempts de toutes les incommodités qui viennent du choc et de l'action des objets extérieurs ; mais ils prétendoient, qu'à la faveur de leur doute sur ce qui est bien ou mal, ils souffroient beaucoup moins que le reste des hommes, qui sont doublement tourmentés, et par les maux qu'ils souffrent, et par la persuasion où ils sont que ce sont de vrais maux.

C'est une ancienne question, comme nous l'apprenons d'Aulugelle, et fort débattue par plusieurs auteurs grecs ; savoir en quoi diffèrent les *sceptiques* et les académiciens de la nouvelle académie. Plutarque avoit fait un livre sur cette matière ; mais, puisque le temps nous a privés de ces secours de l'antiquité, suivons Sextus Empiricus, qui a rapporté si exactement tous les points en quoi consiste cette différence, qu'il ne s'y peut rien ajouter. ( *Voyez, sur les nuances délicates et légères qui séparent ces deux doctrines, l'article* ACADÉMICIENS, PHILOSOPHIE DES. )

Il met le premier point de différence, qui se trouve entre la nouvelle académie et la doctrine *sceptique*, en ce que, l'une et l'autre disant que l'entendement humain ne peut rien comprendre, les académiciens le disent affirmativement, et les *sceptiques* le disent en doutant.

Le second point de différence, proposé par Sextus, consiste en ce que les uns et les autres, étant conduits par une apparence de bonté, dont l'idée leur est imprimée dans l'esprit, les académiciens la suivent, et les *sceptiques* s'y laissent conduire ; et en ce que les académiciens appellent cela opinion ou persuasion, et non les *sceptiques* : bien que ni les uns ni les autres n'affirment que la chose d'où part cette image ou apparence de bonté soit bonne ; mais les uns et les autres avouent que la chose qu'ils ont choisie leur semble bonne, et qu'ils ont cette idée imprimée dans l'esprit, à laquelle ils se laissent conduire.

Le troisième point de différence revient au même. Les académiciens soutiennent que quelques-unes de leurs idées sont vraisemblables ; les autres, non ; et qu'entre celles qui sont vraisemblables, il y a du plus ou du moins. Les *sceptiques* prétendent qu'elles sont égales, par rapport à la créance que nous leur donnons ; mais Sextus, qui propose cette différence, fournit lui-même le moyen de la lever ; car il dit que les *sceptiques* veulent que la foi des idées soit égale par rapport à la raison ; c'est-à-dire, autant qu'elle se rapporte à la connoissance de la vérité et à l'acquisition de la science par la raison ; car l'idée la plus claire n'a pas plus de pouvoir pour me faire connoître la vérité : mais, en ce qui regarde l'usage de la vie, ils veulent que l'on préfère cette idée claire à celle qui est obscure.

La quatrième différence consiste moins dans la chose que dans la manière de s'exprimer; car les uns et les autres avouent qu'ils sont attirés par quelques objets; mais les académiciens disent que cette attraction se fait en eux avec une véhémente propension, ce que les *sceptiques* ne disent pas; comme si les uns étoient portés vers les choses vraisemblables, et que les autres s'y laissent seulement conduire, quoique ni les uns, ni les autres n'y donnent leur consentement.

Sextus Empiricus met encore entre eux une autre différence sur les choses qui concernent la fin, disant que les académiciens suivent la probabilité dans l'usage de la vie, et que les *sceptiques* obéissent aux loix, à la coutume, et aux affections naturelles. En cela, comme en plusieurs choses, leur langage est différent, quoique leurs sentimens soient pareils. Quand l'académicien obéit aux loix, il dit qu'il le fait, parce qu'il a opinion que cela est bon à faire, et que cela est probable; et quand le *sceptique* fait la même chose, il ne se sert point de ces termes d'*opinion* et de *probabilité*, qui lui paroissent trop décisifs.

Ces différences, qui sont légères et imperceptibles, ont été cause qu'on les a tous confondus sous le nom de *sceptiques*. Si les philosophes, qui ont embrassé cette secte, ont mieux aimé être appelés académiciens que pirrhoniens, deux raisons assez vraisemblables y ont contribué; l'une est que fort peu de philosophes illustres sont sortis de l'école de Pirrhon, au-lieu que l'académie a donné beaucoup d'excellens hommes, auxquels il est glorieux de se voir associé ; l'autre est qu'on a ridiculisé Pirrhon et les Pirrhoniens, comme s'ils avoient réduit la vie des hommes à une entière inaction, et que ceux qui se diront pirrhoniens, tomberont nécessairement dans le même ridicule.

# SCHOLASTIQUES.

### (PHILOSOPHIE DES)

La philosophie qu'on appelle *scholastique*, a régné depuis le commencement du onzième ou douzième siècle, jusqu'à la renaissance des lettres.

Ce mot n'est pas aussi barbare que la chose ; on le trouve dans Pétrone : « Non notavi mihi » Ascylti fugam ; et dùm in hoc doctorum æstu » totus incedo, ingens *scholasticorum* turba in » porticum venit, ut apparebat, ab extemporali » declamatione nescio cujus, qui Agamemnonis » suasoriam exceperat ». Il signifie un *écolier de rhétorique.*

Voici un autre passage où il se prend pour rhéteur, ou sophiste : « Deduci in scenas *scho-* » *lasticorum,* qui rhetores vocantur, quos paulò » antè Ciceronis tempora extitisse, nec majoribus » placuisse probat ex eo quod Marco Crasso et

» Domitio censoribus claudere, ut ait Cicero,
» ludum impudentiæ jussi sunt ». *Quint. dialog.
de Caus. corrup. eloquent.*

De la comparaison de ces deux passages, l'on voit que l'éloquence dégénérée peu-à-peu étoit, chez les Romains, au temps de Pétrone et de Quintilien, ce qu'elle avoit été jusqu'à Cicéron.

Dans la suite, le nom de *scholastique* passa des déclamateurs de l'école à ceux du barreau. Consultez là-dessus le code de Théodose et de Justinien.

Enfin, il dédaigna ces maîtres-ès-arts et de philosophie, qui enseignoient dans les écoles publiques des églises cathédrales et des monastères que Charlemagne et Louis-le-pieux avoient fondés.

Ces premiers *scholastiques* ou *écolâtres* ne furent point des hommes tout-à-fait inutiles ; mais la richesse engendra bientôt parmi eux l'oisiveté, l'ignorance et la corruption ; ils cessèrent d'enseigner ; et ils ne retinrent que le nom de leurs fonctions, qu'ils faisoient exercer par des gens de rien, et gagés à vil prix, tandis qu'ils retiroient de l'état de larges pensions, qu'ils dissipoient dans une vie de crapule et de scandale.

L'esprit de l'institution se soutint un peu mieux dans quelques maisons religieuses, où les nobles continuèrent d'envoyer leurs enfans, pour y prendre les leçons qu'on donnoit aux novices. Ce fut dans ces réduits obscurs, que se conserva l'étincelle du feu sacré, depuis le huitième siècle, jusqu'au douzième ou onzième ; que le titre d'écolâtre ou de *scholastique*, qui avoit été particulier à de méchans professeurs de philosophie et de belles-lettres, devint propre à de plus méchans professeurs de théologie.

La première origine de la théologie *scholastique* est très-incertaine ; les uns la font remonter à Augustin, dans l'occident ; et à Jean Damascène, dans l'orient : d'autres, au temps où la philosophie d'Aristote s'introduisit dans les écoles, sous la forme sèche et décharnée que lui avoient donnée les Arabes, et que les théologiens adoptèrent : quelques-uns, au siècle de Roscelin et d'Anselme, auxquels succédèrent, dans la même carrière, Abélard et Gilbert en France, et Otton de Frisingue en Allemagne. Quoiqu'il en soit, il est démontré que la *scholastique* étoit antérieure aux livres des sentences, et que Pierre Lombard trouva la doctrine chrétienne défigurée par l'application de l'art sophistique de la dialectique aux dogmes de l'église ; c'est un reproche qu'il ne seroit pas moins injuste de faire à Thomas d'Aquin : on apperçoit des vestiges de la *scholastique*, avant qu'on connût l'arabico-péripatétisme ; ce n'est donc point de ce côté que cette espèce de peste est venue : mais il paroît que plusieurs causes éloignées et prochaines concoururent, dans l'intervalle du onzième au douzième siècle, à l'accroître, à l'étendre, et à la rendre générale. *Voyez* ce que nous en avons dit à l'*article* Aristotélisme.

On peut distribuer le règne de la *scholastique* sous trois périodes ; l'une, qui commence à Lanfranc ou Abélard, et Pierre Lombard son disciple, et qui comprend la moitié du douzième siècle, temps où parut Albert-le-Grand : ce fut son enfance.

Une seconde, qui commence en 1220, et qui finit à Durand de Saint-Porcien : ce fut son âge de maturité et de vigueur.

Une troisième, qui commence où la seconde finit, et qui se proroge jusqu'à Gabriel Biel, qui touche au moment de la réforme : ce fut le temps de son déclin et de sa décrépitude.

Guillaume des Champeaux, Pierre Abélard, Pierre Lombard, Robert Pulleyn, Gilbert de la Porrée, Pierre Comestor, Jean de Sarisbery et Alexandre de Hales, se distinguèrent dans la première période.

Albert-le-Grand, Thomas d'Aquin, Bonaventure, Pierre d'Espagne, Roger Bacon, Gille de Colomna et Jean Scot, se distinguèrent dans la seconde.

Durand de Saint-Porcien, Guillaume Occam, Richard Suisseth, Jean Buridan, Marsile d'Inghen,

Gautier Burlée, Pierre d'Alliac, Jean-Wessel Gansfort et Gabriel Biel, se distinguèrent dans la troisième.

*Première période de la* philosophie scholastique.

Guillaume des Champeaux, né en Brie, de parens obscurs, s'éleva par la réputation qu'il se fit, de grade en grade, jusqu'à l'épiscopat : telle étoit la barbarie de son temps, qu'il n'y avoit aucun poste dans l'église, auquel ne pût aspirer un homme qui entendoit les catégories d'Aristote, et qui savoit disputer sur les universaux. Celui-ci prétendoit qu'il n'y avoit, dans tous les individus, qu'une seule chose essentiellement une ; et que s'ils différoient entre eux, ce n'étoit que par la multitude des accidens. Abélard, son disciple, l'attaqua vivement sur cette opinion ; des Champeaux, frappé des objections d'Abélard, changea d'avis, et perdit toute la considération dont il jouissoit. Il ne s'agissoit pas alors d'enseigner la vérité, mais de bien défendre son sentiment vrai ou faux ; le comble de la honte étoit d'en être réduit au silence ; de-là, cette foule de distinctions ridicules qui s'appliquent à d'autant plus de cas, qu'elles sont vides de sens. Avec ce secours, il n'y avoit point de questions, qu'on n'embrouillât ; point de thèses, qu'on ne pût défendre pour ou contre ; point d'objections, auxquelles on n'échappât; point de disputes, qu'on ne prorogeât sans fin.

Des Champeaux, vaincu par Abélard, alla s'enfermer dans l'abbaye de Saint-Victor; mais celui-ci ne se fut pas plus-tôt retiré à Sainte-Geneviève, que des Champeaux reparut dans l'école.

Qui est-ce qui ne connoît pas l'histoire et les malheurs d'Abélard? qui est-ce qui n'a pas lu les lettres d'Héloïse? qui est-ce qui ne déteste pas la fureur avec laquelle le doux et pieux Saint Bernard le persécuta? Il naquit en 1079; il renonça à tous les avantages qu'il pouvoit se promettre dans l'état militaire, pour se livrer à l'étude; il sentit combien la manière subtile, dont on philosophoit de son temps, supposoit de dialectique; et il s'exerça particulièrement à manier cette arme à deux tranchans, sous Roscelin, le ferrailleur le plus redouté de son temps. Celui-ci avoit conçu que les universaux n'existoient point hors de l'entendement, et qu'il n'y avoit dans la nature que des individus dont nous exprimions la similitude par une dénomination générale; et il avoit fondé la secte des nominaux, parmi lesquels Abélard s'enrôla : il alla faire assaut avec tous ceux qui avoient quelque réputation : il vint à Paris; il prit les leçons de Guillaume des Champeaux; il fut successivement l'honneur et la honte de son maître; il ouvrit une école à l'âge de vingt-deux ans, à Melun, d'où il vint à Corbeil;

il eut un grand nombre de disciples, d'amis et d'ennemis ; ses travaux affoiblirent sa santé ; il fut obligé de suspendre ses exercices pendant deux ans qu'il passa dans sa patrie. Son absence ne fit qu'ajouter au désir qu'on avoit de l'entendre. De retour, il trouva des Champeaux sous l'habit de moine, continuant, dans le fond d'un cloître, à professer la rhétorique et la logique, deux arts qui ne devroient point être séparés ; il alla l'écouter, moins pour s'instruire que pour le harceler de nouveau. Ce projet indigne lui réussit ; il acheva de triompher de son maître, qui vit en un moment son école déserte, et ses disciples attachés à la suite d'Abélard. Celui, à qui des Champeaux avoit cédé sa chaire cathédrale, au sortir du monde, l'offrit à Abélard, qui en fut écarté par la faction de des Champeaux et la protection de l'archevêque de Paris. Notre jeune philosophe fut moins encore irrité de ce refus que de la promotion de des Champeaux à l'épiscopat. L'élévation d'un homme auquel il s'étoit montré si supérieur, l'indigna secrètement ; il crut que des Champeaux ne devoit les honneurs qu'on lui conféroit, qu'à la réputation qu'il s'étoit faite en qualité de théologien ; et il se rendit sous Anselme qui avoit formé des Champeaux. Les leçons d'Anselme ne lui parurent pas répondre à la célébrité de cet homme ; bientôt il eût dépouillé celui-ci de son auditoire et de sa réputation ; il enseigna la théologie malgré ses ennemis, qui répandoient de tous côtés qu'il étoit dangereux de permettre à un homme de son âge et de son caractère de se mêler d'une science si sublime. Ce fut alors qu'il connut le chanoine Fulbert et sa nièce Héloïse ; cette fille savoit, à l'âge de dix-huit ans, l'hébreu, le grec, le latin, les mathématiques, la philosophie, la théologie ; c'est-à-dire, plus que tous les hommes de son temps réunis. Outre l'esprit que la nature lui avoit donné, la sensibilité de cœur, les talens qu'elle devoit à une éducation très-recherchée, elle étoit encore belle. Comment résiste-t-on à tant de charmes ? Abélard la vit, l'aima ; et jamais homme ne fut peut-être autant aimé d'une femme, qu'Abélard d'Héloïse. Non, disoit-elle, le maître de l'univers entier, s'il y en avoit un, m'offriroit son trône et sa main, qu'il me seroit moins doux d'être sa femme, que la maîtresse d'Abélard. Nous n'entrerons point dans le détail de leurs amours. Fulbert prit Abélard dans sa maison ; celui-ci négligea son école, pour s'abandonner tout entier à sa passion ; il employa son temps, non plus à méditer les questions abstraites et tristes de la philosophie, mais à composer des vers tendres et des chansons galantes ; sa réputation s'obscurcit ; et ses malheurs commencèrent, et ceux d'Héloïse.

Abélard, privé du bonheur qu'il s'étoit promis dans la possession d'Héloïse, désespéré, confus, se retira dans l'abbaye de S. Denis; cependant Héloïse, renfermée dans une autre solitude, périssoit de douleur et d'amour. Cet homme, qui devoit avoir appris, par ses propres foiblesses, à pardonner aux foiblesses des autres, se rendit odieux aux moines avec lesquels il vivoit, par la dureté de ses réprimandes; et toute la célébrité qu'il devoit au nombreux concours de ses auditeurs, ne lui procura point un repos qu'il s'efforçoit à éloigner de lui. Les ennemis qu'il s'étoit fait autretre-fois, et ceux qu'il se faisoit tous les jours, avoient sans cesse les yeux ouverts sur sa conduite; ils attendoient l'occasion de le perdre; et ils crurent l'avoir trouvée dans l'ouvrage qu'il publia sous le titre de *la foi à la sainte Trinité, pour servir d'introduction à la théologie*. Abélard y appliquoit à la distinction des personnes divines, la doctrine des nominaux; il comparoit l'unité d'un Dieu dans la trinité des personnes, au syllogisme où trois choses réellement distinctes, la proposition, l'assomption et la conclusion, ne forment qu'un seul raisonnement; c'étoit un tissu d'idées très-subtiles, à travers lesquelles il n'étoit pas difficile d'en rencontrer de contraires à l'orthodoxie. Abélard fut accusé d'hérésie; on répandit qu'il admettoit trois dieux, tandis que, d'après ses principes, il étoit si strictement austère, que peut-être réduisoit-il les trois personnes divines à trois mots; il risqua d'être lapidé par le peuple;

cependant ses juges l'écoutèrent; et il s'en seroit retourné absous, s'il n'eût pas donné le temps à ses ennemis de ramasser leurs forces, et d'aliéner l'esprit du concile qu'on avoit assemblé. Il fut obligé de brûler lui-même son livre, de réciter le symbole d'Athanase, et d'aller subir dans l'abbaye de S. Médard de Soissons la pénitence qu'on lui imposa; cette condamnation fut affligeante pour lui, mais plus déshonorante encore pour ses ennemis. On revint sur sa cause; et l'on détesta la haine et l'ignorance de ceux qui l'avoient accusé et jugé.

Il revint de Soissons à S. Denis; là, il eut l'imprudence de dire, et qui pis est, de démontrer aux moines, que leur S. Denis n'avoit rien de commun avec l'aréopagite; et dès ce moment, ce fut un athée, un brigand, un scélérat digne des derniers supplices. On le jeta dans une prison; on le traduisit auprès du prince comme un sujet dangereux; et peut-être eût-il perdu la vie entre les mains de ces ignorans et cruels cénobites, s'il n'eût eu le bonheur de leur échapper. Il se justifia auprès de la cour, et se réfugia dans les terres du comte Thibault. Cependant l'abbé de S. Denis ne jouit pas long-temps de l'avantage d'avoir éloigné un censeur aussi sévère qu'Abélard. Il mourut; et l'abbé Suger lui succèda; on essaya de concilier à Abélard la bienveillance de celui-ci; mais on ne put s'accorder sur les conditions; et

Abélard obtint du roi la permission de vivre où il lui plairoit. Il se retira dans une campagne déserte, entre Troyes et Nogent. Là, il se bâtit un petit oratoire de chaume et de boue, sous lequel il eût trouvé le bonheur, si la célébrité qui le suivoit par-tout n'eût rassemblé autour de lui une foule d'auditeurs, qui se bâtirent des cabanes à côté de la sienne, et qui s'assujettirent à l'austérité de sa vie, pour jouir de sa société et de ses leçons. Il se vit, dès la première année, jusqu'à six cents disciples. La théologie qu'il professoit étoit un mélange d'aristotélisme, de subtilités, de distinctions; il étoit facile de ne le pas entendre, et de lui faire dire tout ce qu'on vouloit. S. Bernard qui, sans peut-être s'en appercevoir, étoit secrètement jaloux d'un homme qui attachoit sur lui trop de regards, embrassa la haine des autres théologiens, sortit de la douceur naturelle de son caractère, et suscita tant de troubles à notre philosophe, qu'il fut tenté plusieurs fois de sortir de l'Europe, et d'aller chercher la paix au milieu des ennemis du nom chrétien. L'invocation du Paraclet, sous laquelle il avoit fondé une petite maison qui subsiste encore aujourd'hui, fut le motif réel ou simulé de la persécution la plus violente qu'on ait jamais exercée. Abélard vécut long-temps au milieu des anxiétés. Il ne voyoit pas des ecclésiastiques s'assembler, sans trembler pour sa liberté. On attenta plusieurs fois à sa vie. La rage de ses ennemis le suivoit jusqu'aux autels, et chercha à lui faire boire la mort avec le sang de Jésus-Christ. On empoisonna les vases sacrés dont il se servoit dans la célébration des saints mystères. Héloïse ne jouissoit pas d'un sort plus doux ; elle étoit poursuivie, tourmentée, chassée d'un lieu dans un autre. On ne lui pardonnoit pas son attachement à Abélard. Ces deux êtres, qui sembloient destinés à faire leur bonheur mutuel, vivoient séparés, de la vie la plus malheureuse, lorsqu'Abélard appela Héloïse au Paraclet, lui confia la conduite de ce monastère, et se retira dans un autre, d'où il sortit peu de temps après, pour reprendre à Paris une école de théologie et de philosophie; mais les accusations d'impiété ne tardèrent pas à se renouveller. S. Bernard ne garda plus de mesure ; on dressa des catalogues d'hérésies qu'on attribuoit à Abélard. Sa personne étoit moins en sûreté que jamais, lorsqu'il se détermina de porter sa cause à Rome. S. Bernard l'accusoit de regarder l'Esprit-saint comme l'ame du monde; d'enseigner que l'univers est un animal d'autant plus parfait, que l'intelligence qui l'animoit étoit plus parfaite ; de christianiser Platon, etc. Peut-être notre philosophe n'étoit-il pas fort éloigné de là ; mais ses erreurs ne justifioient ni les imputations, ni les violences de S. Bernard.

Abélard fit le voyage de Rome. On l'y avoit déjà

condamné, quand il arriva. Il fut saisi, mis en prison, ses livres brûlés, et réduit à ramper sous S. Bernard, et accepter l'obscurité d'une abbaye de Cluny, où il cessa de vivre et de souffrir. Il mourut en 1142.

Abélard forma plusieurs hommes de nom, entre lesquels on compte Pierre Lombard. Celui-ci est plus célèbre parmi les théologiens, que parmi les philosophes. Il fit ses premières études à Paris. Il professa la *scholastique* dans l'abbaye de Sainte-Geneviève. Il fut chargé de l'éducation des enfans de France. Il écrivit le livre intitulé *le Maître des Sentences*. On pourroit regarder cet ouvrage comme le premier pas à une manière d'enseigner beaucoup meilleure que celle de son temps ; cependant on y trouve encore des questions très-ridicules, telles par exemple que celle-ci : *Le Christ, en tant qu'homme, est-il une personne ou quelque chose ?* il mourut en 1164.

Robert Pulleyn parut dans le cours du douzième siècle ; les troubles de l'Angleterre, sa patrie, le chassèrent en France, où il se lia d'amitié avec S. Bernard. Après un assez long séjour à Paris, il retourna à Oxford, où il professa la théologie. Sa réputation se répandit au loin. Le pape Innocent II l'appela à Rome ; et Célestin II lui conféra le chapeau de cardinal. Il a publié huit livres des *Sentences*. On remarque dans ses ouvrages un homme ennemi des subtilités de la métaphysique ;

le goût des connoissances solides, un bon usage de l'écriture sainte, et le courage de préférer les décisions du bon sens et de la raison, à l'autorité des théologiens et des Pères.

Gilbert de la Porée acheva d'infecter la théologie de futilités. La nouveauté de ses expressions rendit sa foi suspecte. On l'accusa d'enseigner que l'essence divine et Dieu étoient deux choses distinguées ; que les attributs des personnes divines n'étoient point les personnes mêmes ; que les personnes ne pouvoient entrer dans aucune proposition comme prédicats ; que la nature divine ne s'étoit point incarnée ; qu'il n'y avoit point d'autre mérite que celui de Jésus-Christ ; et qu'il n'y avoit de baptisé que celui qui devoit être sauvé. Tout ce que ces propositions offrirent d'effrayant au premier coup-d'œil, tenoit à des distinctions subtiles, et disparoissoit lorsqu'on se donnoit le temps de s'expliquer ; mais cette patience est rare parmi les théologiens, qui semblent trouver une satisfaction particulière à condamner. Gilbert mourut en 1154, après avoir aussi éprouvé la haine du doux S. Bernard.

Pierre Comestor écrivit un abrégé de quelques livres de l'ancien et du nouveau testament, avec un commentaire à l'usage de l'école ; cet ouvrage ne fut pas sans réputation.

Jean de Sarisbéri vint en France en 1157. Personne ne posséda la méthode *scholastique* comme lui. Il s'en étoit fait un jeu ; et il étoit tout vain de la supériorité que cette espèce de mécanisme lui donnoit sur les hommes célèbres de son temps. Mais il ne tarda pas à connoître la frivolité de sa science, et à chercher à son esprit un aliment plus solide. Il étudia la grammaire, la rhétorique, la philosophie et les mathématiques, sous différens maîtres. La pauvreté le contraignit à prendre l'éducation de quelques enfans de famille. En leur transmettant ce qu'il avoit appris, il se le rendoit plus familier à lui-même. Il sut le grec et l'hébreu, exemple rare de son temps. Il ne négligea ni la physique ni la morale. Il disoit de la dialectique, que ce n'est par elle-même qu'un vain bruit, incapable de féconder l'esprit, mais capable de développer les germes conçus d'ailleurs. On rencontre dans ses ouvrages des morceaux d'un sens très-juste, pleins de force et de gravité. Les reproches qu'il fait aux philosophes de son temps, sur la manière dont ils professent, sur leur ignorance et leur vanité, montrent que cet homme avoit les vraies idées de la méthode, et que sa supériorité ne lui avoit pas ôté la modestie. Il fut connu, estimé, et chéri des papes Eugène III, Adrien IV. Il vécut dans la familiarité la plus grande avec eux. Il défendit avec force les droits prétendus de la papauté contre son souverain. Cette témérité fut punie par l'exil. Il y accompagna Becket. Il mourut en France, où son mérite fut récompensé par la grande considération et la promotion à des places. Il a laissé des écrits qui font regretter que cet homme ne soit pas né dans des temps plus heureux ; c'est un grand mérite, que de balbutier parmi les muets.

Alexandre de Hales donna des leçons publiques de théologie à Paris, en 1230. Il eut pour disciples Thomas d'Aquin et Bonaventure ; s'il faut s'en rapporter à son épitaphe, il s'appela le *docteur irréfragable.* Il commenta le *maître des sentences.* Il compila une somme de théologie universelle. Il écrivit un livre des vertus ; et il mourut en 1245, sous l'habit de franciscain. Tous ces hommes vénérables, séraphiques, angéliques, subtils, irréfragables, si estimés de leurs temps, sont bien méprisés aujourd'hui.

On comprend encore sous la même période de la philosophie *scholastique,* Alain d'Isle ou le *docteur universel.* Il fut philosophe, théologien et poëte. Parmi ses ouvrages on en trouve un sous le titre de *Encyclopedia versibus hexametris distincta in libros* 9. C'est une apologie de la providence, contre Claudien. Il paroît s'être aussi occupé de morale. Pierre de Riga, Hugon, Jean Belith, Etienne de Langhton, Raimond *de Pennaforti,* Vincent de Beauvais ; ce dernier fut un homme assez instruit, pour former le projet d'un ouvrage qui lioit toutes les connoissances qu'on possédoit de son temps sur les sciences et les arts. Il compila beaucoup d'ouvrages, dans les quels on retrouve des fragmens d'auteurs que nous n'avons plus. Il ne s'attacha point si scrupuleusement aux questions de la dialectique et de la métaphysique qui occupoient et perdoient les meilleurs esprits de son siècle, qu'il ne tournât aussi ses yeux sur la philosophie morale, civile et naturelle. Il faut regarder la masse énorme de ses écrits comme un grand fumier où l'on rencontre quelques paillettes d'or. Guillaume d'Averne, connu dans l'histoire de la philosophie, de la théologie, et des mathématiques de cet âge. Il méprisa les futilités de l'école, et son ton pédantesque et barbare. Il eut le style naturel et facile. Il s'attacha à des questions relatives aux mœurs et à la vie. Il osa s'éloigner quelquefois des opinions d'Aristote, et lui préférer Platon. Il connut la corruption de l'église ; et il s'en expliqua fortement. Alexandre de Villedieu, astronome et calculateur. Alexandre Neckam de Hartford. Ce fut un philosophe éloquent. Il écrivit, de la nature des choses, un ouvrage mêlé de prose et de vers. Alfred, qui sut les langues, expliqua la philosophie naturelle d'Aristote, commenta ses météores, chercha à débrouiller le livre des plantes, et publia un livre du *mouvement du cœur*. Robert Capiton, ou Grosse-tête, qui fut profond dans l'hébreu, le grec et le latin, et qui sut tant de philosophie et de mathématiques, ou qui vécut avec des hommes à qui ces sciences étoient si étrangères, qu'il en passa pour sorcier. Roger Bacon, qui étoit un homme, et qui s'y connoissoit, compare Grosse-tête à Salomon et à Aristote. On voit par son commentaire sur Denys l'aréopagite, que les idées de la philosophie platonico-alexandrine lui étoient connues; d'où l'on voit que la France, l'Italie, l'Angleterre ont eu des *scholastiques* dans tous les états. L'Allemagne n'en a pas manqué; consultez là-dessus son histoire littéraire.

*Seconde période de la philosophie* scholastique.

*Albert le Grand*, qui la commence, naquit en 1193. Cet homme, étonnant pour son temps, sut presque tout ce qu'on pouvoit savoir; il prit l'habit de Saint-Dominique en 1221. Il professa dans son ordre la philosophie d'Aristote, proscrite par le souverain pontife; ce qui ne l'empêcha pas de parvenir aux premières dignités monacales et ecclésiastiques. Il abdiqua ces dernières, pour se livrer à l'étude. Personne n'entendit mieux la dialectique et la métaphysique péripatéticienne. Mais il en porta les subtilités dans la théologie, dont il avança la corruption. Il s'appliqua aussi à la connoissance de la philosophie naturelle : il étudia la nature; il sut des mathématiques et de la mécanique : il ne dédaigna ni la métallurgie, ni la lithologie. On dit qu'il avoit fait une tête automate qui parloit, et que Thomas d'Aquin brisa d'un coup de bâton : il ne pouvoit guère échapper au soupçon de magie ; aussi en fut-il accusé. La plupart des ouvrages qui ont paru sous son nom, sont supposés. Il paroît qu'il a connu le moyen d'obtenir des fruits dans toutes les saisons. Il a écrit de la physique, de la logique, de la morale, de la métaphysique, de l'astronomie et de la théologie, vingt et un gros volumes qu'on ne lit plus.

*Thomas d'Aquin* fut disciple d'Albert le Grand ; il n'est pas moins célèbre par la sainteté de ses mœurs, que par l'étendue de ses connoissances théologiques. Il naquit en 1224 : sa somme est le corps le plus complet, et peut-être le plus estimé que nous ayons encore aujourd'hui. Il entra chez les Dominicains en 1243 : il paroissoit avoir l'esprit lourd ; ses condisciples l'appeloient *le Bœuf;* et Albert ajoutoit : *Oui ; mais si ce bœuf se met à mugir, on entendra son mugissement dans toute la terre.* Il ne trompa point les espérances que son maître en avoit conçues. La philosophie d'Aristote étoit suspecte de son temps ; cependant il s'y livra tout entier, et la professa en France et en Italie. Son autorité ne fut pas moins grande dans l'église que dans l'école ; il mourut en 1274. Il est le fondateur d'un système particulier sur la grace et la prédestination, qu'on appelle le

*Thomisme.* (*Voyez les art.* Grace, Prédestination, etc.)

*Bonaventure le Franciscain* fut contemporain, condisciple et rival de Thomas d'Aquin. Il naquit en 1221, et fit profession en 1243; la pureté de ses mœurs, l'étendue de ses connoissances philosophiques et théologiques, la bonté de son caractère, lui méritèrent les premières dignités dans son ordre et dans l'église. Il n'en jouit pas long-temps : il mourut en 1274, âgé de 53 ans. Sa philosophie fut moins futile et moins épineuse que dans ses prédécesseurs. Voici quelques-uns de ses principes:

Tout ce qu'il y a de bon et de parfait, c'est un don d'en-haut, qui descend sur les hommes du sein du père des lumières.

Il y a plusieurs distinctions à faire entre les émanations gratuites de cette source libérale et lumineuse.

Quoique toute illumination se fasse intérieurement par la connoissance, on peut l'appeler *intérieure ou extérieure, sensitive ou mécanique, philosophique ou surnaturelle, de la raison ou de la grace.*

La mécanique, inventée pour suppléer à la foiblesse des organes, est servile ; elle est au-dessous du philosophe ; elle comprend l'art d'ourdir des étoffes, l'agriculture, la chasse, la navigation, la médecine, l'art scénique, etc.

La sensitive, qui nous conduit à la connoissance des formes naturelles par les organes corporels. Il y a un esprit dans les nerfs, qui se multiplie et se diversifie en autant de sens que l'homme en a reçus.

La philosophie s'élève aux vérités intelligibles, aux causes des choses, à l'aide de la raison et des principes.

La vérité peut se considérer ou dans les discours, ou dans les choses, ou dans les actions; et la philosophie, se diviser en rationelle, naturelle et morale.

La rationelle s'occupe de l'un de ces trois objets; exprimer, enseigner ou mouvoir : la grammaire exprime, la logique enseigne, la rhétorique meut; c'est la raison qui comprend, ou indique, ou persuade.

Les raisons, qui dirigent notre entendement dans ses fonctions, sont ou relatives à la matière, ou à l'esprit, ou à Dieu. Dans le premier cas, elles retiennent le nom *de formelles;* dans le second, on les applle *intellectuelles;* au troisième, *idéales.* De-là, trois branches de philosophie naturelle; physique, mathématique et métaphysique.

La physique s'occupe de la génération et de la corruption, selon les forces de la nature et les élémens des choses.

La mathématique, des abstractions, selon les raisons intelligibles.

La métaphysique, de tous les êtres, en tant que réductibles à un seul principe dont ils sont émanés ; selon les raisons idéales, à Dieu qui en fut l'exemplaire et la source, et qui en est la fin.

La vertu a trois points de vue différens ; la vie, la famille et la multitude ; et la morale est ou monastique, ou économique, ou politique.

La lumière de l'écriture nous éclaire sur les vérités salutaires ; elle a pour objet les connoissances qui sont au-dessus de la raison. Quoiqu'elle soit une ; cependant il y a le sens mystique et spirituel, selon lequel elle est allégorique, morale ou anagogique.

On peut rappeler toute la doctrine de l'écriture à la génération éternelle de Jésus-Christ, à l'incarnation, aux mœurs, à l'union ou commerce de l'âme avec Dieu ; de-là, les fonctions du docteur, du prédicateur et du contemplant.

Ces six illuminations ont une vespérie ou soirée : il suit un septième jour de repos, qui n'a plus de vespérie ou de soirée ; c'est l'illumination glorieuse.

Toutes ces connoissances tirent leur origine de la même lumière ; elles se rappellent à la connoissance des écritures ; elles s'y résolvent, y sont contenues et consommées ; et c'est par ce moyen, qu'elles conduisent à l'illumination éternelle.

La connoissance sensible se rappelle à l'écriture, si nous passons de la manière dont elle atteint son objet, à la génération divine du verbe ; de l'exercice des sens, à la régularité des mœurs ; des plaisirs dont ils sont la source, au commerce de l'ame et de Dieu.

Il en est de même de la connoissance mécanique, et de la connoissance philosophique.

Les écritures sont les empreintes de la sagesse de Dieu : la sagesse de Dieu s'étend à tout. Il n'y a donc aucune connoissance humaine, qui ne puisse se rapporter aux écritures et à la théologie ; [ et j'ajouterai : aucun homme, quelque sensé qu'il soit, qui ne rapporte tous les points de l'espace immense qui l'environne, au petit clocher de son village. ]

*Pierre d'Espagne*, mieux connu dans l'histoire ecclésiastique sous le nom de *Jean XXI*, avoit été philosophe, avant que d'être pape et théologien. Tritheme dit de lui qu'il entendoit la médecine ; et qu'il eût été mieux à côté du lit d'un malade, que sur la chaire de Saint-Pierre. Calomnie de moine offensé. Il montra, dans les huit mois de son pontificat, qu'il n'étoit point au-dessous de sa dignité : il aima les sciences et les savans ; et tout homme lettré, riche ou pauvre, noble ou roturier, trouva un accès facile auprès de lui. Il finit sa vie sous les ruines d'un bâtiment qu'il faisoit élever à Viterbe. Il a laissé plusieurs ouvrages, où l'on voit qu'il étoit très-versé dans la mauvaise philosophie de son temps.

*Roger Bacon* fut un des génies les plus surprenans que la nature ait produits, et un des hommes les plus malheureux. Lorsqu'un être naît à l'illustration, il semble qu'il naisse aussi aux supplices ; ceux que la nature signe, sont également signés par elle pour les grandes choses et pour la peine. Bacon s'appliqua d'abord à la grammaire, à l'art oratoire, et à la dialectique. Il ne voulut rien ignorer de ce qu'on pouvoit savoir en mathématique. Il sortit de l'Angleterre sa patrie, et il vint en France entendre ceux qui s'y distinguoient dans les sciences. Il étudia l'histoire, les langues de l'Orient et de l'Occident, la jurisprudence et la médecine. Ceux qui parcourront ses ouvrages, le trouveront versé dans toute la littérature ancienne et moderne, et familier avec les auteurs grecs, latins, hébreux, italiens, français, allemands, arabes. Il ne négligea pas la théologie. De retour dans sa patrie, il prit l'habit de Franciscain ; il ne perdit pas son temps à disputer ou à végeter ; il étudia la nature ; il rechercha ses secrets ; il se livra tout entier à l'astronomie, à la chymie, à l'optique, à la statique ; il fit, dans la physique expérimentale, de si grands progrès, qu'on apperçoit chez lui les vestiges de plusieurs découvertes qui ne se sont faites que dans des siècles très-postérieurs au sien ; mais rien ne montre mieux la force de son esprit, que celle de ses conjectures. L'art, dit-il, peut fournir aux hommes des moyens de naviguer plus promptement et sans le secours

de leurs bras, que s'ils en employoient des milliers.
Il y a telle construction de chars, à l'aide de laquelle on peut se passer d'animaux. On peut traverser les airs, en volant à la manière des oiseaux.
Il n'y a point de poids, quelqu'énormes qu'ils soient,
qu'on n'élève ou n'abaisse. Il y a des verres qui approcheront les objets, les éloigneront, les agrandiront, diminueront ou multiplieront à volonté. Il
y en a qui réduiront en cendres les corps les plus
durs ; nous pouvons composer, avec le salpêtre et
d'autres substances, un feu particulier. Les éclairs,
le tonnerre et tous ses effets, il les imitera : on détruira, si l'on veut, une ville entière, avec une très-petite quantité de matière. Ce qu'il propose sur la correction du calendrier et sur la quadrature du cercle,
marque son savoir dans les deux sciences auxquelles
ces objets appartiennent. Il falloit qu'il possédât
quelque méthode particulière d'étudier les langues
grecque et hébraïque, à en juger par le peu de
temps qu'il demandoit d'un homme médiocrement
intelligent, pour le mettre en état d'entendre tout
ce que les auteurs grecs et hébreux ont écrit de
théologie et de philosophie. Un homme aussi au-dessus de ses contemporains ne pouvoit manquer
d'exciter leur jalousie. L'envie tourmente les hommes de génie dans les siècles éclairés ; la superstition et l'ignorance font cause commune avec elle
dans les siècles barbares. Bacon fut accusé de magie ; cette calomnie compromettoit son repos et sa

liberté. Pour pouvoir obvier aux suites fâcheuses qu'elle pouvoit avoir, il fut obligé d'envoyer à Rome ses machines, avec un ouvrage apologétique. La faveur du pape ne réduisit pas ses ennemis à l'inaction : ils s'adressèrent à son général, qui condamna sa doctrine, supprima ses ouvrages, et le jeta au fond d'un cachot. On ne sait s'il y mourut, ou s'il en fut tiré. Quoi qu'il en soit, il laissa après lui des ouvrages dont on ne devoit connoître tout le prix que dans des temps bien postérieurs au sien. Roger, ou frère Bacon, cessa d'être persécuté et de vivre en 1294, à l'âge de 78 ans.

*Gilles Colonne*, hermite de Saint-Augustin, fut théologien et philosophe *scholastique*. Il étudia sous Thomas d'Aquin ; il eut pour condisciple et pour ami, Bonaventure. Il se fit une si prompte et si grande réputation, que Philippe-le-Hardi lui confia l'éducation de son fils ; et Colonne montra, par son traité *de regimine principum*, qu'il n'étoit point d'un mérite inférieur à cette fonction importante. Il professa dans l'Université de Paris. On lui donna le titre de *docteur très-fondé* ; et il fut résolu, dans un chapitre général de son ordre, qu'on s'y conformeroit à sa méthode et à ses principes. Il fut créé général en 1292. Trois ans après sa nomination, il abdiqua une dignité incompatible avec son goût pour l'étude ; son savoir lui consilia les protecteurs les plus illustres. Il fut nommé successivement archevêque et désigné cardinal par Boniface VIII, qu'il avoit défendu contre ceux qui attaquoient son élection, qui suivit la résignation de Célestin. Il mourut à Avignon, en 1314.

Nous reviendrons encore ici sur Jean Duns Scot, dont nous avons déjà dit un mot à l'art. ARISTOTÉLISME. S'il falloit juger du mérite d'un professeur par le nombre de ses disciples, personne ne lui pourroit être comparé. Il prit le bonnet de docteur à Paris, en 1204 : il fut chef d'une secte qu'on connoît encore aujourd'hui sous le nom de *scotistes* : il se fit, sur la grace, sur le concours de l'action de Dieu et de l'action de la créature, et sur les questions relatives à celles-ci, un sentiment opposé à celui de saint Thomas ; il laissa de côté saint Augustin, pour s'attacher à Aristote ; et les théologiens se divisèrent en deux classes, que l'on nomma du nom de leurs fondateurs. Il passe pour avoir introduit dans l'église l'opinion de l'immaculée conception de la Vierge. La théologie et la philosophie de son temps, déjà surchargées de questions ridicules, achevèrent de se corrompre sous Scot, dont la malheureuse subtilité s'exerça à inventer de nouveaux mots, de nouvelles distinctions et de nouveaux sujets de disputes qui se sont perpétuées en Angleterre, au-delà des siècles de Fr. Bacon et de Hobbes.

Nous ajouterons à ces noms de la seconde période de la scholastique, ceux de Simon de Tournai, de Robert Sorbon, de Pierre d'Abano, de Guil-

laume Durantis, de Jacques de Ravenne, d'A-
lexandre d'Alexandrie, de Jean le parisien, de Jean
de Naples, de François Mayro, de Robert le scrutateur, d'Arnauld de Villeneuve, de Jean Bas-
soles, et de quelques autres qui se sont distingués dans les différentes contrées de l'Allemagne.

*Simon de Tournai* réussit, par ses subtilités,
à s'attirer la haine de tous les philosophes de
son temps, et à rendre sa religion suspecte. Il
brouilla l'aristotélisme avec le christianisme; et
s'amusa à renverser toujours ce qu'il avoit établi la
veille sur les matières les plus graves. Cet homme
étoit violent: il aimoit le plaisir; il fut frappé
d'apoplexie; et l'on ne manqua pas de regarder
cet accident comme un châtiment miraculeux de
son impiété.

*Pierre d'Apono* ou *d'Abano*, philosophe et
médecin, fut accusé de magie. On ne sait trop
pourquoi on lui fit cet honneur. Ce ne seroit aujourd'hui qu'un misérable astrologue, et un ridicule charlatan.

*Robert Sorbon* s'est immortalisé par la maison
qu'il a fondée, et qui porte son nom.

*Pierre de Tarantaise*, ou *Innocent V*, entra
chez les Dominicains à l'âge de dix ans. Il savoit
de la théologie et de la philosophie. Il professa
en 1225 ces deux sciences avec succès. Il fut
élevé en 1263 au généralat de son ordre; il obtint
en 1277 le chapeau; en 1284 il fut élu pape,

Il a écrit de l'unité, de la forme, de la nature des cieux, de l'éternité du monde, de l'entendement et de la volonté, et de la jurisprudence canonique.

*Guillaume Durand* ou *Durantis*, de l'ordre des Dominicains, joignit aussi l'étude du droit à celle de la *scholastique*.

La *scholastique* est moins une philosophie particulière, qu'une méthode d'argumentation syllogistique, sèche et serrée, sous laquelle on a réduit l'aristotélisme fourré de cent questions puériles.

La théologie *scholastique* n'est que la même méthode appliquée aux objets de la théologie, mais embarrassée de péripatétisme. Rien ne put garantir de cette peste la jurisprudence : à-peine fut-elle assujettie à la rigueur de la dialectique de l'école, qu'on la vit infectée de questions ridicules, et de distinctions frivoles.

D'ailleurs on vouloit tout ramener aux principes vrais ou supposés d'Aristote.

*Rizard Malumbra* s'opposa inutilement à l'entrée de la *scholastique* dans l'étude du droit civil et canonique : elle se fit.

Je n'ai rien à dire d'*Alexandre* d'Alexandrie, ni de *Dinus* de Garbo, si-non que ce furent, parmi les ergoteurs de leur temps, deux hommes merveilleux.

*Jean de Paris*, ou *Quidort*, imagina une manière d'expliquer la présence réelle du corps de Jésus-Christ au sacrement de l'autel. Il mourut en 1304 à Rome, où il avoit été appelé pour rendre compte de ses sentimens.

*Jean de Naples, François de Mayronis, Jean Bassolis*, furent sublimes sur l'univocité de l'être, la forme, la quiddité, la qualité, et autres questions de la même importance.

Il falloit qu'un homme fût doué d'un esprit naturel bien excellent, pour résister au torrent de la *scholastique*, qui s'enfloit tous les jours, et se porter à de meilleures connoissances. C'est un éloge qu'on ne peut refuser à Robert, surnommé *le scrutateur*; il se livra à l'étude des phénomènes de la nature; mais ce ne fut pas impunément: on intenta contre lui l'accusation commune de magie. La condition d'un homme de sens étoit alors bien misérable; il falloit qu'il se condamnât lui-même à n'être qu'un sot, ou à passer pour sorcier.

*Arnauld de Villeneuve* naquit avant l'an 1300. Il laissa la *scholastique*; il étudia la philosophie naturelle, la médecine et la chymie. Il voyagea dans la France, sa patrie, en Italie, en Espagne, en Allemagne, en Asie et en Afrique. Il apprit l'arabe, l'hébreu, le grec: l'ignorance stupide et jalouse ne l'épargna pas. C'est une chose bien singulière, que la fureur avec laquelle des hommes qui ne savoient rien, s'entêtoient à croire que quiconque n'étoit pas aussi bête qu'eux, avoit fait pacte avec le diable.

Les moines, intéressés à perpétuer l'ignorance, accréditoient sur-tout ces soupçons odieux. Arnauld de Villeneuve les méprisa d'abord; mais lorsqu'il vit Pierre d'Apono entre les mains des inquisiteurs, il se méfia de la considération dont il jouissoit, et se retira en Sicile. Ce fut là qu'il se livra à ses longues opérations, que les chymistes les plus ardens n'ont pas le courage de répéter. On dit qu'il eut le secret de la pierre philosophale. Le temps, qu'un homme instruit donnera à la lecture de ses ouvrages, ne sera pas tout-à-fait perdu. *Voyez* dans la première Encyclopédie, l'excellent article Chymie, par Venel.

On nomme parmi les *scholastiques* de l'Allemagne, *Conrad* d'Halberstad : il faut le louer de s'être occupé de la morale, si méprisée, si négligée de ses contemporains ; mais bien davantage d'en avoir moins cherché les vrais préceptes dans Aristote que dans la nature de l'homme. Le goût de l'utile ne se porte pas sur un objet seulement ; Conrad joignit à l'étude de la morale celle de la physique. Il étoit de l'ordre de S.-Dominique. Il satisfit à la curiosité des religieux, en écrivant des corps célestes, des élémens ou simples, de quelques mixtes, ou des minéraux ou des végétaux, des animaux et de leurs organes, et de l'homme.

*Bibrach* remarqua la corruption de l'église dans son ouvrage de *cavendo malo*.

*Eccard,* confondant les opinions d'Aristote avec

les dogmes de Jésus-Christ, ajoutant de nouveaux mots à ceux qu'on avoit déjà inventés, tomba dans des sentimens hétérodoxes que Jean XXII proscrivit.

Nous terminerons la seconde époque par Pierre de Dacia, et par Alphonse X, roi de Castille.

*Pierre de Dace* fut astronome et calculateur; il eut quelques teintures d'hébreu et de grec.

Personne n'ignore combien l'astronomie doit à *Alphonse* : qui est-ce qui n'a pas entendu nommer du-moins les tables alphonsines ? C'est lui qui, considérant les embarras de la sphère de Ptolomée, disoit que « si Dieu l'avoit appelé à son conseil, il » auroit arrangé le ciel un peu mieux ».

*Troisième période de la philosophie* scholastique.

Lorsque l'absurdité, soit dans les sciences, soit dans les arts, soit dans la religion, soit dans le gouvernement, a été poussée jusqu'à un certain point, les hommes en sont frappés; et le mal commence à se réparer quand il est extrême. La philosophie et la théologie *scholastiques* étoient devenues un si abominable fatras, que les bons esprits, ou s'en dégoûtèrent, ou s'occupèrent à les débrouiller.

*Guillaume Durant* commença cette tâche; il en fut appelé le docteur très-résolu. Il eut des opinions particulières sur l'état des ames après leur séparation d'avec le corps, et le concours de Dieu et de la créature. Il n'en admettoit qu'un général ; selon lui, un esprit est dans le lieu ; mais ce lieu n'est point déterminé. Il convient à son essence, d'être par-tout. Sa présence à un corps n'est pas nécessaire, soit pour l'animer, soit pour le mouvoir. Sa hardiesse philosophique fit douter de son orthodoxie et de son salut.

*Occam*, disciple de Scot, renouvela la secte des nominaux. On l'appela *le docteur singulier et invincible;* il professa la théologie à Paris, au commencement du quatorzième siècle. Il eut des idées très-saines sur les deux puissances ecclésiastique et civile ; et il servit avec zèle Philippe-le-Bel dans sa querelle avec Boniface. Il en eut une autre sur la propriété des biens religieux, avec le pape Jean XXII, qui l'anathématisa. Il vint en France, y chercha un asyle, d'où il eut bientôt occasion de se venger de la cour de Rome, en achevant de fixer les limites de l'autorité du souverain pontife. Celui-ci eut beau renouveler ses excommunications, l'aggraver, briser des cierges, et le réaggraver ; Occam persista à soutenir que le souverain n'étoit soumis qu'à Dieu dans les choses temporelles. Il se montra en 1330 à la cour de l'empereur Louis, qui l'accueillit, et à qui Occam dit : « Défendez-moi de votre épée, et moi je vous » défendrai de ma plume ». Il a écrit de la logique, de la métaphysique et de la théologie. On lui reproche d'avoir fait flèche de tout bois, mêlant les pères et les philosophes, les auteurs sacrés et les auteurs profanes, les choses divines et les choses naturelles, les dogmes révélés et les opinions des hommes, le profane et le sacré, l'exotique et le domestique, l'orthodoxe et l'hérésie, le vrai et le faux, le clair et l'obscur, plus scrupuleux sur son but que sur les moyens.

*Richard Suisseth* parut vers le milieu du quatorzième siècle. Il s'appliqua aux mathématiques, et tenta de les appliquer à la philosophie naturelle; il ne négligea ni la philosophie, ni la théologie de son temps. Il entra dans l'ordre de Cîteaux en 1350. Rien ne s'allarme plus vîte, que le mensonge. C'est l'erreur, et non la vérité, qui est ombrageuse. On s'apperçut aisément que Suisseth suivoit une méthode particulière d'étudier et d'enseigner; et l'on se hâta de le rendre suspect d'hétérodoxie. Le moyen qu'un homme sût l'algèbre, et qu'il remplît sa physique de caractères inintelligibles, sans être un magicien ou un athée? Cette vile et basse calomnie est aujourd'hui, comme alors, la ressource de l'ignorance et de l'envie. Si nos hypocrites, nos faux dévôts l'osoient, ils condamneroient au feu quiconque entend les principes mathématiques de la philosophie de Newton, et possède un fossile. Suisseth suivit la philosophie d'Aristote. Il commenta sa physique et sa morale; il introduisit le calcul mathématique dans la recherche des propriétés des corps, et publia des calculs astronomiques. Il écrivit un ouvrage intitulé *le Calculateur*. Il méritoit d'être nommé parmi les inventeurs de l'algèbre ; et il l'eût été, si son livre du Calculateur eût été plus commun. On étoit alors si perdu dans des questions futiles, qu'on ne pouvoit revenir à de meilleures connoissances. S'il paroissoit, par hasard, un ouvrage sensé, il n'étoit pas lu. Comme il n'y a rien qui ne soit susceptible de plus ou de moins, Suisseth étendit le calcul de la quantité physique à la quantité morale. Il compara les intensités et les rémissions des vices et des vertus entre elles. Les uns l'en louèrent ; d'autres l'en blâmèrent. Il traite, dans son Calculateur, de l'intensité et de la rémission ; des difformes ; de l'intensité de l'élément doué de deux qualités inégales ; de l'intensité du mixte ; de la rareté et de la densité ; de l'augmentation ; de la réaction ; de la puissance ; des obstacles ; de l'action ; du mouvement et du *minimum* ; du lieu de l'élément ; des corps lumineux ; de l'action du corps lumineux ; du mouvement local ; d'un milieu non-résistant ; de l'induction d'un dégré suprême. Il ne s'agit plus ici, comme on voit, d'eccéité, de quiddité, d'entité, ni d'autres sottises pareilles. De quelque manière que Suisseth ait traité son sujet, du-moins il est important. Il marque une tête singulière ; et je ne doute point qu'on ne retrouvât, dans cet auteur, le germe d'un grand nombre d'idées, dont on s'est fait honneur long-temps après lui.

*Buridan* professa la philosophie, au temps où Jeanne, épouse de Philippe-le-Bel, se déshonoroit par ses débauches et sa cruauté. On dit qu'elle appeloit à elle les jeunes disciples de notre philosophe, et qu'après les avoir épuisés entre ses bras, elle les faisoit précipiter dans la Seine. On croit que Buridan, qui voyoit avec chagrin son école se dépeupler de tous ceux qui y entroient avec une figure agréable, osa leur proposer cet exemple d'un sophisme de position : *Reginam interficere nolite, timere, bonum est ;* où le verbe *timere*, renfermé entre deux virgules, peut également se rapporter à ce qui précède, ou à ce qui suit, et présenter en-même-temps deux sens très-opposés. Quoi qu'il en soit, il se sauva de France en Allemagne. Tout le monde connoît son sophisme de l'âne placé entre deux bottes égales de foin. *Voyez* son article dans BAYLE.

*Marsile d'Inghen* fut condisciple de Buridan ; et défenseur, comme lui, de l'opinion des nominaux.

*Gautier Burley* fut appelé le *docteur perspicu*. Il écrivit de la vie et des mœurs des philosophes, depuis Thalès jusqu'à Sénèque ; ouvrage médiocre. Il fut successivement réaliste et nominal.

*Pierre d'Alliac* fut encore plus connu parmi les théologiens, que parmi les philosophes. Il naquit en 1350. Il fut boursier au collége de Navarre, docteur en 1380 ; successivement principal, professeur, maître de Gerson et de Clemengis, défenseur de l'immaculée conception, chancelier de l'université, aumônier de Charles VI, trésorier de la Sainte-Chapelle, évêque, protégé de Boniface IX et de Benoît XIII, père du concile de Pise et de Constance, et cardinal. Il fut entêté d'astrologie. Tout tourne à mal dans les esprits gauches ; il fut conduit à cette folie par les livres qu'Aristote a écrits de la nature de l'ame, et par quelque connoissance qu'il avoit des mathématiques. Il lisoit tous les grands événemens dans les astres.

*Jean-Wessel Gansfort* naquit à Groningue. Il eut des lettres ; il sut les langues anciennes et modernes, le grec, le latin, l'hébreu, l'arabe, le syriaque, le chaldéen : il parcourut l'ouvrage de Platon. Il fut d'abord scotiste, puis occamiste. On ne conçoit pas comment cet homme ne prit pas dans Platon le mépris de la barbarie *scholastique*. Il eut au-moins le courage de préférer l'autorité de la raison à celle de Thomas, de Bonaventure, et des autres docteurs qu'on lui opposoit quelquefois. On pourroit presque dater de son temps la réforme de la *scholastique*. Cet homme avoit plus de mérite, qu'il n'en falloit pour être persécuté ; et il le fut.

*Gabriel Biel* naquit à Spire. Il ferma la troisième période de la *philosophie scholastique*.

Nous n'avons rien de particulier à en dire, non

plus que de *Jean Botzell,* de *Pierre de Verberia,* de *Jean Conthorp,* de *Grégoire d'Arimini,* d'*Alphonse Vargas,* de *Jean Capréolus,* de *Jérôme de Ferraris,* de *Martinus Magister,* de *Jean Raulin,* de *Jacques Almain,* de *Robert Holcoth,* de *Nicolas d'Orbilly,* de *Dominique de Flandres,* de *Maurice l'hibernois,* et d'une infinité d'autres, si-non qu'il n'y eut jamais tant de pénétration mal employée, et tant d'esprits gâtés et perdus, que sous la durée de la *philosophie scholastique.*

Il suit, de ce qui précède, que cette méthode détestable d'enseigner et d'étudier infecta toutes les sciences et toutes les contrées ;

Qu'elle donna naissance à une infinité d'opinions, ou puériles, ou dangereuses ;

Qu'elle dégrada la philosophie ;

Qu'elle introduisit le scepticisme, par la facilité qu'on avoit de défendre le mensonge, d'obscurcir la vérité, et de disputer sur une même question pour ou contre ;

Qu'elle introduisit l'athéisme spéculatif et pratique ;

Qu'elle ébranla les principes de la morale ;

Qu'elle ruina la véritable éloquence ;

Qu'elle éloigna les meilleurs esprits des bonnes études ;

Qu'elle entraîna le mépris des auteurs anciens et modernes ;

Qu'elle donna lieu à l'aristotélisme, qui dura si long-temps, et qu'on eut tant de peine à détruire;

Qu'elle exposa ceux qui avoient quelque teinture de bonne doctrine, aux accusations les plus graves, et aux persécutions les plus opiniâtres;

Qu'elle encouragea à l'astrologie judiciaire;

Qu'elle éloigna de la véritable intelligence des ouvrages et des sentimens d'Aristote;

Qu'elle réduisit toutes les connoissances sous un aspect barbare et dégoûtant;

Que la protection des grands, les dignités ecclésiastiques et séculières, les titres honorifiques, les places les plus importantes, la considération, les dignités, la fortune, accordées à de misérables disputeurs, achevèrent de dégoûter les bons esprits des connoissances plus solides;

Que leur logique n'est qu'une sophisticaillerie puérile;

Leur physique, un tissu d'impertinences;

Leur métaphysique, un galimatias inintelligible.

Leur théologie naturelle ou révélée, leur morale, leur jurisprudence, leur politique, un fatras d'idées bonnes et mauvaises;

En un mot, que cette philosophie a été une des plus grandes plaies de l'esprit humain.

Qui croiroit qu'aujourd'hui même on n'en est pas encore bien guéri? Qu'est-ce que la théologie, qu'on dicte sur les bancs? Qu'est-ce que la philosophie, qu'on apprend dans les colléges?

La morale, cette partie à laquelle tous les philosophes anciens se sont principalement adonnés, y est absolument oubliée. Demandez à un jeune homme qui a fait son cours : qu'est-ce que la matière subtile ? il vous répondra; mais ne lui demandez pas : qu'est-ce que la vertu; il n'en sait rien.

## SCHOOUBIAK.

C'est le nom d'une secte qui s'est élevée parmi les musulmans : ceux qui la professent, disent qu'il ne faut faire aucune acception des orthodoxes aux hétérodoxes; qu'il faut en user également bien avec tous; et qu'il n'appartient qu'à Dieu de scruter les reins et les esprits. Ainsi l'on voit que, si la folie est de tout pays, la raison est aussi de tout pays. Voilà des hommes, autant et plus entêtés de leur religion qu'aucun peuple de la terre, prêchant la tolérance à leurs semblables. On les accuse, comme de raison, d'incrédulité, d'indifférence et d'athéisme; ils sont obligés de se cacher de leur doctrine; on les persécute, et cela parce que, les prêtres étant les mêmes par-tout, il faut que la tolérance soit détestée par-tout,

## SCYTHES, THRACES et GETES.

### (PHILOSOPHIE DES)

On appeloit autre-fois du nom général de *Scythie* toutes les contrées septentrionales. Lorsqu'on eut distingué le pays des Celtes de celui des *Scythes*, on ne comprit plus, sous la dénomination de Scythie, que les régions hyperboréennes situées aux extrémités de l'Europe. (*Voy. à l'article* CELTES, ce qui concerne la philosophie de ces peuples). Il ne faut entendre ce que nous allons dire ici sur le même sujet, que des habitans les plus voisins du pôle, que nous avons connus anciennement dans l'Asie et l'Europe.

On a dit d'eux qu'ils ne connoissoient pas de crime plus grand que le vol; qu'ils vivoient sous des tentes; que, laissant paître au hasard leurs troupeaux, la seule richesse qu'ils eussent, ils n'étoient sûrs de rien, s'il étoit permis de voler; qu'ils ne faisoient nul cas de l'or ni de l'argent; qu'ils vivoient de miel et de lait; qu'ils ignoroient l'usage de la laine et des vêtemens; qu'ils se couvroient de la peau des animaux dans les grands froids; qu'ils étoient innocens et justes; et que, réduits aux seuls besoins de la nature, ils ne désiroient rien au-delà.

Nous nous occuperons donc moins, dans cet

endroit, de l'histoire de la philosophie, que de l'éloge de la nature humaine, lorsqu'elle est abandonnée à elle-même, sans loi, sans prêtres et sans roi.

Les *Scythes* grossiers ont joui d'un bonheur que les peuples de la Grèce n'ont point connu.

Quoi donc! l'ignorance des vices seroit-elle préférable à la connoissance de la vertu; et les hommes deviennent-ils méchans et malheureux, à-mesure que leur esprit se perfectionne, et que les simulacres de la divinité se dégrossissent parmi eux ? Il y avoit sans-doute des ames bien perfides et bien noires autour du Jupiter de Phidias; mais la pierre brute et informe du Scythe fut quelquefois arrosée du sang humain. Cependant, à parler vrai, j'aime mieux un crime atroce et momentané, qu'une corruption policée et permanente; un violent accès de fièvre, que des taches de gangrène.

Les *Scythes* ont eu quelqu'idée de Dieu. Ils ont admis une autre vie; ils en concluoient qu'il valoit mieux mourir que de vivre: cette opinion ajoutoit à leur courage naturel. Ils se réjouissoient à la vue d'un tombeau.

Le nom d'*Abaris*, scythe hyperboréen, prêtre d'Apollon, et fils de Seute, fut célèbre dans la Grèce. Qui est-ce qui n'a pas entendu parler de la flèche merveilleuse, à l'aide de laquelle il traversoit sans peine les contrées les plus éloignées;

de ses vertus contre la peste ; du voyage d'Abaris en Grèce et en Italie; de son entretien avec Pythagore ; du don qu'il lui fit de sa flèche ; des conseils qu'il reçut du philosophe en échange? Pythagore reçoit le présent d'Abaris avec dédain, et lui montre sa cuisse d'or. Il apprend au barbare la physique et la théologie; il lui persuade de substituer à ses exstispices, la divination par les nombres. On les transporte tous les deux à la cour de Phalaris ; ils y disputent ; et il se trouve presque de nos jours de graves personnages, qui, partant de ces fables comme de faits historiques bien constatés, cherchent à fixer l'époque de la fameuse peste de la Grèce, le règne de Phalaris, et l'olympiade de Pythagore.

S'il y eut jamais un véritable Abaris ; si cet homme n'est pas un de ces imposteurs qui couroient alors les contrées, et qui en imposoient aux peuples grossiers, il vécut dans la troisième olympiade.

Au reste, dans les temps postérieurs, lorsque la religion chrétienne s'établit ; et que toutes les sectes des philosophes s'élevèrent contre elle, on ne manqua pas de réveiller, d'orner tous ces prétendus miracles, et de les opposer à ceux de J. C. *Voyez dans* Origène, *contra Celsum,* avec quel succès.

Anacharsis est mieux connu. Il étoit *scythe*, fils de Caduste et d'une Grecque, frère du roi des Perses, et de cette tribu de la nation qu'on appeloit *Nomade*, de leur vie errante et vagabonde ; il préféra l'étude de la philosophie à l'empire. Il vint à Athènes, la première année de la 47.e olympiade ; il y trouva Toxaris, un de ses compatriotes, qui le présenta à Solon qui gouvernoit alors, et qui eut occasion de s'appercevoir qu'un *scythe* ne manquoit ni de lumières, ni de sagesse. Solon se plut à instruire Anacharsis, à l'introduire dans les plus grandes maisons d'Athènes ; et il réussit à lui procurer de l'estime et de la considération, au point qu'il fut le seul barbare à qui les Athéniens accordèrent le droit de bourgeoisie. De son côté, Anacharsis reconnut ces services par l'attachement le plus vrai, et par l'imitation rigoureuse des vertus de son bienfaiteur ; ce fut un homme ferme et sententieux. Les Grecs en ont raconté bien des fables. Anacharsis ne se fixa point dans Athènes ; il voyagea ; il étudia les mœurs des peuples, et prit le chemin de son pays par Cizique, où il promit des sacrifices à la mère des dieux, dont on célébroit la fête dans cette ville, si elle lui accordoit un heureux retour. Arrivé en Scythie, il satisfit à son vœu ; mais ses compatriotes, qui abhorroient les mœurs étrangères, en furent indignés ; et Saulnis, son frère, le perça d'une flèche. Il disoit en mourant : « La sagesse, qui a fait ma sécurité » dans la Grèce, a fait ma perte dans la Scythie ».

Parmi les sciences auxquelles il s'étoit appliqué, il n'avoit pas négligé la médecine. Ce ne fut point, à proprement parler, un philosophe systématique, mais un homme de bien. Comme il étoit destiné par sa naissance aux premiers postes, il avoit tourné, par ses réflexions, particulièrement vers la politique et la religion. Il écrivit en vers, car c'étoit l'usage de son temps, des loix, de la sobriété et de la guerre. On lui fait honneur de quelques inventions mécaniques. Les épîtres qu'on lui attribue, sentent l'école des sophistes.

La réputation des Grecs avoit attiré Toxaris dans Athènes. Il quitta ses parens, sa femme et ses enfans, pour venir considérer de près des hommes dont il avoit entendu tant de merveilles. Il s'attacha à Solon, qui ne lui refusa point ses conseils. Ce législateur trouva même dans cet homme tant de doctrine et de candeur, qu'il ne put lui refuser une amitié forte et tendre. Toxaris ne retourna point en Scythie; il eut en Grèce la réputation de grand médecin. Dans le temps de la peste, il apparut en songe à une femme, à qui il révéla que le fléau cesseroit, si on répandoit du vin dans les carrefours; on sacrifioit tous les ans, en mémoire de cet événement, un cheval blanc sur son tombeau, où quelques malades de la fièvre obtinrent leur guérison.

Mais personne n'eut autant de célébrité et d'autorité chez le *Scythes*, que le Gète Zamolxis.

Il fut le fondateur de la philosophie parmi eux. Il y accrédita la transmigration des ames, système qu'il avoit appris de Pythagore; ou Pythagore de lui; il s'en servit pour accroître leur valeur, par le sentiment de l'immortalité. Les Thraces et tous les barbares l'inspiroient à leurs enfans dès la première jeunesse. Les Gètes, à qui il avoit donné des loix, le placèrent au rang des dieux. On lui institua des sacrifices biens étranges. A certains jours solemnels, on prenoit des hommes, on les précipitoit; et d'autres les recevoient en tombant sur la pointe de leurs javelots : voilà ce qu'ils appeloient *envoyer à Zalmoxis*.

Il suit, de ce que nous savons d'Anacharsis, de Toxaris et de Zamolxis, que ces hommes furent moins des philosophes que des législateurs.

Il ne faut pas porter le même jugement de Dicéneus; celui-ci joignit à l'art de gouverner, la connoissance de l'astronomie, de la morale, et de la physique. Il fut contemporain du roi Bérebeste, qui vivoit en-même-temps que Sylla et Jules-César.

Les *Scythes*, les *Gètes* et les *Thraces* furent instruits autant que peuvent l'être des peuples qui vivent toujours en armes.

# SOCRATIQUE, (PHILOSOPHIE)

ou

## HISTOIRE DE LA PHILOSOPHIE DE SOCRATE.

Le système du monde et les phénomènes de la nature avoient été, jusqu'à Socrate, l'objet de la méditation des philosophes. Ils avoient négligé l'étude de la morale. Ils croyoient que les principes nous en étoient intimement connus; et qu'il étoit inutile d'entretenir de la distinction du bien et du mal celui dont la conscience étoit muette.

Toute leur sagesse se réduisoit à quelques sentences que l'expérience journalière leur avoit dictées, et qu'ils débitoient dans l'occasion. Le seul Archélaüs avoit entamé, dans son école, la question des mœurs; mais sa méthode étoit sans solidité, et ses leçons furent sans succès. Socrate, son disciple, né avec une grande ame, un grand jugement, un esprit porté aux choses importantes, et d'une unité générale et première, vit qu'il falloit travailler par rendre les hommes bons avant que de commencer à les rendre savans; que tandis qu'on avoit les yeux attachés aux astres, on ignoroit ce qui se passoit à ses pieds; qu'à force d'habiter le ciel, on étoit devenu étranger dans sa propre maison; que l'entendement se perfectionnoit peut-être, mais qu'on abandonnoit à elle-même la volonté ; que le temps se perdoit en occupations frivoles ; que l'homme vieillissoit, sans s'être interrogé sur le vrai bonheur de la vie ; et il ramena sur la terre la philosophie égarée dans les régions du soleil. Il parla de l'ame, des passions, des vices, des vertus, de la beauté et de la laideur morales ; de la société, et des autres objets qui ont une liaison immédiate avec nos actions et notre félicité. Il montra une extrême liberté dans sa façon de penser. Il n'y eut aucune sorte d'intérêt ou de terreur, qui retînt la vérité dans sa bouche. Il n'écouta que l'expérience, la réflexion et la loi de l'honnête ; et il mérita, parmi ceux qui l'avoient précédé, le titre de *philosophe par excellence*, titre que ceux qui lui succédèrent ne lui ravirent point. Il tira nos ancêtres de l'ombre et de la poussière ; et il en fit des citoyens, des hommes d'état. Ce projet ne pouvoit s'exécuter sans péril, parmi des brigands intéressés à perpétuer le vice, l'ignorance et les préjugés. *Socrate* le savoit ; mais qui est-ce qui étoit capable d'intimider celui qui avoit placé ses espérances au-delà de ce monde, et pour qui la vie n'étoit qu'un lien incommode, qui le retenoit dans une prison, loin de sa véritable patrie ?

Xénophon et Platon, ses disciples, ses amis, les témoins et les imitateurs de sa vertu, ont écrit son histoire ; Xénophon, avec cette simplicité et cette candeur qui lui étoient propres; Platon, avec plus de faste et un attachement moins scrupuleux à la vérité. Un jour, que Socrate entendoit réciter un des dialogues de celui-ci ; c'étoit, je crois, celui qu'il a intitulé *le Lysis :* ô dieux, s'écria l'homme de bien, les beaux mensonges que le jeune homme a dit de moi !

Aristoxène, Démétrius de Phalère, Panetius, Callisthène, et d'autres, s'étoient aussi occupés des actions, des discours, des mœurs, du caractère et de la vie de ce philosophe ; mais leurs ouvrages ne nous sont pas parvenus.

L'athénien Socrate naquit dans le village d'Alopé, dans la soixante et dix - septième olympiade, la quatrième année, et le sixième de thargélion, jour qui fut dans la suite marqué plus d'une fois par d'heureux événemens, mais qu'aucun ne rendit plus mémorable que sa naissance. Sophronisque son père étoit statuaire, et Phinarete sa mère étoit sage - femme. Sophronisque, qui s'apperçut bientôt que les dieux ne lui avoient pas donné un enfant ordinaire, alla les consulter sur son éducation. L'oracle lui répondit : laisse-le faire ; et sacrifie à Jupiter et aux Muses. Le bon homme oublia le conseil de l'oracle, et mit le ciseau à la main de son fils. Socrate, après la mort de son père, fut obligé de renoncer à son goût, et d'exercer, par indigence, une profession à laquelle il ne se sentoit point appelé; mais entraîné à la méditation, le ciseau lui tomboit souvent des mains; et il passoit les journées, appuyé sur le marbre.

Criton, homme opulent et philosophe, touché de ses talens, de sa candeur et de sa misère, le prit en amitié, lui fournit les choses nécessaires à la vie, lui donna des maîtres, et lui confia l'éducation de ses enfans.

Socrate entendit Anaxagoras, étudia sous Archelaüs, qui le chérit; apprit la musique, de Damon; se forma à l'art oratoire, auprès du sophiste Prodicus; à la poësie, sur les conseils d'Evenus; à la géométrie, avec Théodore; et se perfectionna, par le commerce de Diotime et d'Aspasie, deux femmes dont le mérite s'est fait distinguer chez la nation du monde ancien la plus polie, dans son siècle le plus célèbre et le plus éclairé, et au milieu des hommes du premier génie. Il ne voyagea point.

Il ne crut point que sa profession de philosophe le dispensât des devoirs périlleux du citoyen. Il quitta ses amis, sa solitude, ses livres pour prendre les armes; et il servit pendant trois ans dans la guerre cruelle d'Athènes et de Lacédémone; il assista au siége de Potidée, à côte d'Alcibiade, où personne, au jugement de celui-ci, ne se montra ni plus patient dans la fatigue, la soif et la faim, ni plus serein. Il marchoit les pieds nus sur la glace; il se précipita au milieu des ennemis, et couvrit la retraite d'Alcibiade qui avoit été blessé, et qui seroit mort dans la mêlée. Il ne se contenta pas de sauver la vie à son ami ; après l'action, il lui fit adjuger le prix de la bravoure, qui lui avoit été décerné. Il lui arriva plusieurs fois, dans cette campagne, de passer deux jours entiers immobile à son poste, et absorbé dans la méditation. Les Athéniens furent malheureux au siège de Délium : Xénophon, renversé de son cheval, y auroit perdu la vie, si Socrate, qui combattoit à pied, ne l'eût pris sur ses épaules, et ne l'eût porté hors de l'atteinte de l'ennemi. Il marcha sous ce fardeau, non comme un homme qui fuit, mais comme un homme qui compte ses pas, et qui mesure le terrain. Il avoit le visage tourné à l'ennemi ; et on lui remarquoit tant d'intrépidité, qu'on n'osa ni l'attaquer, ni le suivre. Averti par son démon, ou le pressentiment secret de sa prudence, il délivra, dans un autre instant, Alcibiade et Lachés, d'un danger dont les suites devinrent funestes à plusieurs. Il ne se comporta pas avec moins de valeur au siège d'Amphipolis. [ *Voyez*, sur la conduite de Socrate au siége de Potidée, le discours d'Alcibiade dans le banquet de Platon, où ce jeune débauché fait un grand éloge du courage et de la continence de Socrate. ]

La corruption avoit gagné toutes les parties de l'administration publique ; les Athéniens gémissoient sous la tyrannie ; Socrate ne voyoit, à entrer dans la magistrature, que des périls à courir, sans aucun bien à faire ; mais il fallut sacrifier sa répugnance au vœu de sa tribu, et paroître au sénat. Il étoit alors d'un âge assez avancé ; il porta, dans ce nouvel état, sa justice et sa fermeté accoutumées : les tyrans ne lui en imposèrent point ; il ne cessa de leur reprocher leurs vexations et leurs crimes ; il brava leur puissance : falloit-il souscrire au jugement de quelque innocent qu'ils avoient condamné ; il disoit : *je ne sais pas écrire.*

Il ne fut pas moins admirable dans sa vie privée ; jamais homme ne fut né plus sobre ni plus chaste : ni les chaleurs de l'été, ni les froids rigoureux de l'hiver, ne suspendirent ses exercices. Il n'agissoit point sans avoir invoqué le ciel. Il ne nuisit pas même à ses ennemis. On le trouva toujours prêt à servir. Il ne s'en tenoit pas au bien ; il se proposoit le mieux en tout. Personne n'eut le jugement des circonstances et des choses plus sûr et plus sain. Il n'y avoit rien dans sa conduite dont il ne se plût, et ne se complût à rendre raison. Il avoit l'œil ouvert sur ses amis ; il les reprenoit, parce qu'ils lui étoient chers ; il les encourageoit à la vertu par son exemple, par ses discours ; et il fut, pendant toute sa vie, le modèle d'un homme très-accompli et très-heureux. Si l'emploi de ses momens nous étoit plus connu, peut-être nous démontreroit-il mieux qu'aucun raisonnement, que pour notre bonheur dans ce monde, nous n'avons rien de mieux à faire que de pratiquer la vertu ; thèse importante qui comprend toute la morale, et qui n'a point encore été prouvée.

Pour réparer les ravages que la peste avoit faits, les Athéniens permirent aux citoyens de prendre deux femmes ; il en joignit une seconde, par commisération pour sa misère, à celle qu'il s'étoit auparavant choisie par inclination. L'une étoit fille d'Aristide, et s'appeloit Mirtus ; et l'autre étoit née d'un citoyen obscur, et s'appeloit Xantippe. Les humeurs capricieuses de celle-ci donnèrent un long exercice à la philosophie de son époux. Quand je la pris, disoit Socrate à Antisthène, je connus qu'il n'y auroit personne avec qui je ne pusse vivre, si je pouvois la supporter ; je voulois avoir dans ma maison quelqu'un qui me rappelât sans cesse l'indulgence que je devois à tous les hommes, et que j'en attends pour moi. Et à Lamprocle son fils : Vous vous plaignez de votre mère ! et elle vous a conçu, porté dans son sein, alaité, soigné, nourri, instruit, élevé ! A combien de périls ne l'avez-vous pas exposée ? Combien de chagrins, de soucis, de soins, de travail, de peines ne lui avez-vous pas coûtés ?... Il est vrai ; elle a fait et souffert, et plus peut-être encore que vous ne dites ; mais elle est si dure, si féroce.... Lequel des deux, mon fils, vous paroît le plus difficile à supporter, ou de la férocité d'une bête, ou de la férocité d'une mère ?... Celle d'une mère.... D'une mère ! la vôtre vous a-t-elle frappé, mordu, déchiré ? en avez-vous rien éprouvé de ce que les bêtes féroces font assez communément aux hommes ?... Non ; mais elle tient des propos qu'on ne digéreroit de personne, y allât-il de la vie.... J'en conviens ; mais êtes-vous en reste avec elle ? et y a-t-il quelqu'un au monde qui vous eût pardonné les mauvais discours que vous avez tenus, les actions mauvaises, ridicules ou folles que vous avez commises, et tout ce qu'il a fallu qu'elle endurât de vous la nuit, le jour, à chaque instant, depuis que vous êtes né, jusqu'à l'âge que vous avez ? Qui est-ce qui vous eût soigné dans vos infirmités, comme elle ? Qui est-ce qui eût tremblé pour vos jours, comme elle ? Il arrive à votre mère de parler mal ; mais elle ne met elle-même aucune valeur à ce qu'elle dit : dans sa colère même vous avez son cœur ; elle vous souhaite le bien. Mon fils, l'injustice est de votre côté. Croyez-vous qu'elle ne fût pas désolée du moindre accident qui vous arriveroit ?... Je le crois.... Qu'elle ne se réduisît pas à la misère, pour vous en tirer?... Je le crois.... Qu'elle ne s'arrachât pas le pain de la bouche, pour vous le donner ?... Je le crois.... Qu'elle ne sacrifiât pas sa vie pour la vôtre ?... Je le crois.... Que c'est pour vous, et non pour elle, qu'elle s'adresse sans cesse aux dieux ?... Que c'est pour moi... Et vous la trouvez dure, féroce ! et vous vous en plaignez ! Ah ! mon fils, ce n'est pas votre mère qui est mauvaise, c'est vous ! je vous le répète, l'injustice est de votre côté.... Quel homme ! quel citoyen ! quel magistrat ! quel époux ! quel père ! Moins Xantippe méritoit cet apologue, plus il faut admirer Socrate. Ah ! Socrate, je te ressemble peu ; mais du-moins tu me fais pleurer d'admiration et de joie !

Socrate ne se croyoit point sur la terre pour lui seul et pour les siens ; il vouloit être utile à tous, s'il le pouvoit, mais sur-tout aux jeunes gens, en qui il espéroit trouver moins d'obstacles au bien. Il leur ôtoit leurs préjugés. Il leur faisoit aimer la vérité. Il leur inspiroit le goût de la vertu. Il fréquentoit les lieux de leurs amusemens. Il alloit les chercher. On le voyoit sans cesse au milieu d'eux, dans les rues, dans les places publiques, dans les jardins, aux gymnases, à la promenade. Il parloit devant tout le monde ; s'approchoit et l'écoutoit qui vouloit. Il faisoit un usage étonnant de l'ironie et de l'induction ; de l'ironie, qui dévoiloit sans efforts le ridicule des opinions ; de l'induction, qui, de questions éloignées en questions éloignées, conduisoit imperceptiblement à l'aveu de la chose même qu'on nioit. Ajoutez à cela le charme d'une élocution pure, simple, fa=

cile, enjouée; la finesse des idées, les graces, la légèreté et la délicatesse particulière à sa nation, une modestie surprenante, l'attention scrupuleuse à ne point offenser, à ne point avilir, à ne point humilier, à ne point contrister. On se faisoit honneur, à tout moment, de son esprit. « J'imite ma
» mère, disoit-il; elle n'étoit pas féconde; mais
» elle avoit l'art de soulager les femmes fécondes,
» et d'amener à la lumière le fruit qu'elles ren-
» fermoient dans leur sein ».

Les sophistes n'eurent point un fléau plus redoutable. Ses jeunes auditeurs se firent insensiblement à sa méthode; et bientôt ils exercèrent le talent de l'ironie et de l'induction, d'une manière très-incommode pour les faux orateurs, les mauvais poëtes, les prétendus philosophes, les grands injustes et orgueilleux. Il n'y eut aucune sorte de folie épargnée, ni celle des prêtres, ni celle des artistes, ni celle des magistrats. La chaleur d'une jeunesse enthousiaste et folâtre suscita des haines de tous côtés à celui qui l'instruisoit. Ces haines s'accrurent et se multiplièrent. Socrate les méprisa; peu inquiet d'être haï, joué, calomnié; pourvû qu'il fût innocent. Cependant, il en devint la victime. Sa philosophie n'étoit pas une affaire d'ostentation et de parade, mais de courage et de pratique. Apollon disoit de lui : « Sophocle
» est sage; Euripide est plus sage que Sophocle;

» mais Socrate est le plus sage de tous les hom-
» mes ». Les sophistes se vautoient de savoir tout;
Socrate, de ne savoir qu'une chose; c'est qu'il ne
savoit rien. Il se ménageoit ainsi l'avantage de les
interroger, de les embarrasser et de les confondre,
de la manière la plus sûre et la plus honteuse pour
eux. D'ailleurs, cet homme, d'une prudence et
d'une expérience consommée, qui avoit tant écouté, tant lu, tant médité, s'étoit aisément apperçu
que la vérité est comme un fil, qui part d'une extrémité des ténèbres, et se perd de l'autre dans
les ténèbres; et que, dans toute question, la lumière s'accroît par dégrés, jusqu'à un certain terme
placé sur la longueur du fil délié, au-delà duquel
elle s'affoiblit peu-à-peu, et s'éteint. Le philosophe
est celui qui sait s'arrêter juste; le sophiste imprudent marche toujours, et s'égare lui-même et les
autres; toute sa dialectique se résout en incertitudes. C'est une leçon que Socrate donnoit sans
cesse aux sophistes de son temps, dont ils ne pro-
fitèrent point. Ils s'éloignoient de lui, mécontens
sans savoir pourquoi. Ils n'avoient qu'à revenir sur
la question qu'ils avoient agitée avec lui; et ils se
seroient apperçus qu'ils s'étoient laissé entraîner
au-delà du point indivisible et lumineux, terme
de notre foible raison.

On l'accusa d'impiété; et il faut avouer que sa
religion n'étoit pas celle de son pays. Il méprisa
les dieux et les superstitions de la Grèce. Il eut en

pitié leurs mystères. On prétend même qu'il conçut l'unité de Dieu au sens des chrétiens; et cette opinion, qu'il révéla à ses disciples, et dont ses ennemis lui firent un crime, fut un des motifs de sa condamnation.

Après avoir placé son bonheur présent et à venir dans la pratique de la vertu, et la pratique de la vertu dans l'observation des loix naturelles et politiques, rien ne fut capable de l'en écarter. Les événemens les plus fâcheux, loin d'étonner son courage, n'altérèrent pas même sa sérénité. Il arracha au supplice les dix juges que les tyrans avoient condamnés. Il ne voulut point se sauver de la prison. Il apprit, en souriant, l'arrêt de sa mort. Sa vie est pleine de ces traits.

Il méprisa les injures; le mépris et le pardon de l'injure, qui sont les vertus du chrétien, sont la vengeance du philosophe. Il garda la tempérance la plus rigoureuse; rapportant l'usage des choses que la nature nous a destinées, à la conservation et non à la volupté, il disoit que moins l'homme a de besoins, plus sa condition est voisine de celle des dieux; il étoit pauvre; et jamais sa femme ne put le déterminer à recevoir les présens d'Alcibiade et des hommes puissans dont il étoit honoré. Il regardoit la justice comme la première des vertus; et ce principe est très-fécond. Sa bienfaisance étoit sans exception. Il détestoit la flatterie. Il aimoit la beauté dans les hommes et dans les femmes ; mais il n'en fut point l'esclave : c'étoit un goût innocent et honnête, qu'Aristophane même, ce vil instrument de ses ennemis, n'osa pas lui reprocher. Que penserons-nous de la facilité et de la complaisance avec lesquelles quelques hommes, parmi les anciens et parmi les modernes, ont reçu et répété contre la pureté de ses mœurs, une calomnie que nous rougirions de nommer ? c'est qu'eux-mêmes étoient envieux ou corrompus. Serons-nous étonnés qu'il y ait eu de ces ames infernales ? Peut-être, si nous ignorions ce qu'un intérêt violent et secret inspire. *Voyez* ce que nous dirons de son démon, à l'article THÉOSOPHES.

Socrate ne tint point école, et n'écrivit point. Nous ne savons de sa doctrine que ce que ses disciples nous en ont transmis. C'est dans ces sources que nous avons puisé.

*Sentimens de* Socrate *sur la divinité.*

Il disoit : Si Dieu a dérobé sa nature à notre entendement, il a manifesté son existence, sa sagesse, sa puissance et sa bonté dans ses ouvrages.

Il est l'auteur du monde ; et le monde est la complexion de tout ce qu'il y a de bon et de beau.

Si nous sentions toute l'harmonie qui règne dans l'univers, nous ne pourrions jamais regarder le hasard comme la cause de tant d'effets enchaînés par-tout, selon les loix de la sagesse la plus surprenante, et pour la plus grande utilité possible. Si une intelligence suprême n'a pas concouru à la disposition, à la propagation et à la conservation des êtres, et n'y veille pas sans cesse, comment arrive-t-il qu'aucun désordre ne s'introduit dans une machine aussi composée, aussi vaste? ( *Voyez l'article* Ordre de l'Univers. )

Dieu préside à tout : il voit tout en un instant : notre pensée, qui s'élance d'un vol instantané de la terre aux cieux ; notre œil, qui n'a qu'à s'ouvrir pour appercevoir les corps placés à la plus grande distance, ne sont que de foibles images de la célérité de son entendement.

D'un seul acte, il est présent à tout.

Les loix ne sont point des hommes, mais de Dieu. c'est lui proprement qui en condamne les infracteurs, par la voix des juges qui ne sont que ses organes.

*Sentimens de* Socrate *sur les esprits.*

Ce philosophe remplissoit l'intervalle de l'homme à Dieu, d'intelligences moyennes, qu'il regardoit comme les génies tutélaires des nations : il permettoit qu'on les honorât ; il les regardoit comme les auteurs de la divination.

*Sentimens de* Socrate *sur l'ame.*

Il la croyoit préexistante au corps, et douée de la connoissance des idées éternelles. Cette connoissance qui s'assoupissoit en elle par son union avec le corps, se réveilloit avec le temps et l'usage de la raison et des sens. Apprendre, c'étoit se ressouvenir ; mourir, c'étoit retourner à son premier état, de félicité pour les bons, de châtiment pour les méchans.

*Principes de la philosophie morale de* Socrate.

Il disoit : Il n'y a qu'un bien, c'est la science ; qu'un mal, c'est l'ignorance.

Les richesses et l'orgueil de la naissance sont les sources principales des maux.

La sagesse est la santé de l'ame.

Celui qui connoît le bien, et qui fait le mal, est un insensé.

Rien n'est plus utile et plus doux, que la pratique de la vertu.

L'homme sage ne croira pas savoir ce qu'il ignore.

La justice et le bonheur sont une même chose.

Celui qui distingua le premier l'utile du juste, fut un homme détestable.

La sagesse est la beauté de l'ame ; le vice en est la laideur.

La beauté du corps annonce la beauté de l'ame.

Il en est d'une belle vie, comme d'un beau tableau; il faut que toutes les parties en soient belles.

La vie heureuse et tranquille est pour celui qui peut s'examiner sans honte; rien ne le trouble, parce qu'il ne se reproche aucun crime.

Que l'homme s'étudie lui-même, et qu'il se connoisse.

Celui qui se connoît échappera à bien des maux, qui attendent celui qui s'ignore; il concevra d'abord qu'il ne sait rien, et il cherchera à s'instruire.

Avoir bien commencé, ce n'est pas n'avoir rien fait; mais c'est avoir fait peu de chose.

Il n'y a qu'une sagesse; la sagesse est une.

La meilleure manière d'honorer les dieux, c'est de faire ce qu'ils ordonnent.

Il faut demander aux dieux, en général, ce qui nous est bon; spécifier quelque chose dans sa prière, c'est prétendre à une connoissance qui leur est réservée.

Il faut adorer les dieux de son pays, et régler son offrande sur ses facultés: les dieux regardent plus à la pureté de nos cœurs, qu'à la richesse de nos sacrifices.

Les loix sont du ciel; ce qui est selon la loi, est juste sur la terre et légitimé dans le ciel.

Ce qui prouve l'origine céleste des loix, telles que d'adorer les dieux, d'honorer ses parens, d'aimer son bienfaiteur, c'est que le châtiment est nécessairement attaché à leur infraction; cette liaison nécessaire de la loi avec la peine de l'infraction, ne peut être de l'homme.

Il faut avoir, pour un père trop sévère, la même obéissance qu'on a pour une loi trop dure.

L'atrocité de l'ingratitude est proportionnée à l'importance d'un bienfait; nous devons à nos parens le plus important des biens.

L'enfant ingrat n'obtiendra ni la faveur du ciel, ni l'estime des hommes; quel retour attendrai-je, moi étranger, de celui qui manque aux personnes à qui il doit le plus ?

Celui qui vend aux autres sa sagesse pour de l'argent, se prostitue comme celui qui vend sa beauté.

Les richesses sont entre les mains de l'homme, sans la raison, comme sous lui un cheval fougueux, sans frein.

Les richesses de l'avare ressemblent à la lumière du soleil, qui ne récrée personne après son coucher.

J'appelle avare celui qui amasse des richesses par des moyens vils, et qui ne veut point d'indigens pour amis.

La richesse du prodigue ne sert qu'aux adulateurs et aux prostituées,

Il n'y a point de fonds qui rende autant qu'un ami sincère et vertueux.

Il n'y a point d'amitié vraie entre un méchant et un méchant, ni entre un méchant et un bon.

On obtiendra l'amitié d'un homme, en cultivant en soi les qualités qu'il estime en lui.

Il n'y a point de vertu qui ne puisse se perfectionner et s'accroître par la réflexion et l'habitude.

Ce n'est ni la richesse, ni la naissance, ni les dignités, ni les titres, qui font la bonté de l'homme; elle est dans ses mains.

L'incendie s'accroît par le vent; et l'amour, par le commerce.

L'arrogance consiste à tout dire, et à ne vouloir rien entendre.

Il faut se familiariser avec la peine, afin de la recevoir quand elle viendra, comme si on l'avoit attendue.

Il ne faut point redouter la mort; c'est un assoupissement ou un voyage.

S'il ne reste rien de nous après la mort, c'est plutôt encore un avantage qu'un inconvénient.

Il vaut mieux mourir honorablement, que vivre déshonoré.

Il faut se soustraire à l'incontinence par la fuite.

Plus on est sobre, plus on approche de la condition des dieux, qui n'ont besoin de rien.

Il ne faut pas négliger la santé du corps; celle de l'ame en dépend trop.

La tranquillité est le plus grand des biens.

Rien de trop : c'est l'éloge d'un jeune homme.

Les hommes vivent pour manger; les bons mangent pour vivre.

Être sage dans la haute prospérité, c'est savoir marcher sur la glace.

Le moyen le plus sûr d'être considéré, c'est de ne pas affecter de se montrer aussi bon que l'on est.

Si vous êtes un homme de bien, on aura autant de confiance en votre parole, qu'au serment.

Tournez le dos au calomniateur et au médisant; c'est quelque perversité qui le fait agir ou parler.

*Principes de* Socrate *sur la prudence domestique.*

Il disoit : Celui qui saura gouverner sa maison, tirera partie de tout, même de ses ennemis.

Méfiez-vous de l'indolence, de la paresse, de la négligence; évitez le luxe; regardez l'agriculture comme la ressource la plus importante.

Il est des occupations sordides, auxquelles il faut se refuser; elles avilissent l'ame.

Il ne faut pas laisser ignorer à sa femme ce qu'il lui importe de savoir pour votre bonheur et pour le sien.

Tout doit être commun entre les époux.

L'homme veillera aux choses du dehors; la femme, à celles du dedans.

Ce n'est pas sans raison, que la nature a attaché plus fortement les mères aux enfans, que les pères.

*Principes de la prudence politique de* Socrate.

Les vrais souverains, ce ne sont point ceux qui ont le sceptre en main, soit qu'ils le tiennent ou de la naissance, ou du hasard, ou de la violence, ou du consentement des peuples; mais ceux qui savent commander.

Le monarque est celui qui commande à ceux qui se sont soumis librement à son obéissance; le tyran, celui qui contraint d'obeir; l'un fait exécuter la loi; l'autre, sa volonté.

Le bon citoyen contribuera, autant qu'il est en lui, à rendre la république florissante pendant la paix, et victorieuse pendant la guerre; il invitera le peuple à la concorde, s'il se soulève; député chez un ennemi, il tentera toutes les voies honnêtes de la conciliation.

La loi n'a point été faite pour les bons. La ville la mieux gardée, est celle qui renferme le plus d'honnêtes gens; la mieux policée, celle où les magistrats agissent de concert; celle qu'il faut préférer à toutes, où la vertu a des récompenses assurées.

Habitez celle où vous n'obéirez qu'aux loix.

Ce seroit ici le lieu de parler des accusations qu'on intenta contre lui, de son apologie, et de sa mort; mais ces choses sont écrites en tant d'endroits! Qui est-ce qui ignore qu'il fut martyr de l'unité de Dieu?

Après la mort de Socrate, ses disciples se jetèrent sur sa robe, et la déchirèrent. Je veux dire qu'ils se livrèrent à différentes parties de la philosophie, et qu'ils fondèrent une multitude de sectes diverses, opposées les unes aux autres, qu'il faut regarder comme autant de familles divisées, quoiqu'elles avouassent toutes la même souche.

Les uns s'étoient approchés de Socrate, pour se disposer, par la connoissance de la vérité, l'étude des mœurs, l'amour de la vertu, à remplir dignement les premiers emplois de la république, auxquels ils étoient destinés : tel fut Xénophon.

D'autres, parmi lesquels on peut nommer Criton, lui avoient confié l'éducation de leurs enfans.

Il y en eut qui ne vinrent l'entendre que dans le dessein de se rendre meilleurs : c'est ce qui arriva à Diodore, à Euthydème, à Euthère, à Aristarque.

Critias et Alcibiade lui furent attachés d'amitié. Il enseigna l'art oratoire à Lysias ; il forma les poëtes Evenus et Euripide. On croit même qu'il concourut avec ce dernier dans la composition des tragédies qui portent son nom.

Son disciple Aristippe fonda la secte cyrénaïque; Anthistène, la cynique. (*Voyez* ces articles.)

Xénophon, Eschine, Criton, Simon et Cébès,

se contentèrent de l'honneur de l'avoir eu pour maître.

Xénophon naquit dans la quatre-vingt-deuxième olympiade. Socrate l'ayant rencontré dans une rue, comme il passoit, mit son bâton à travers, l'arrêta, et lui demanda où se vendoient les choses nécessaires à la vie. La beauté de Xénophon l'avoit frappé. Ce jeune homme fit à sa question une réponse sérieuse, selon son caractère. Socrate l'interrogeant une seconde fois, lui demanda s'il ne sauroit point où les hommes apprenoient à devenir bons. Xénophon déclarant son embarras par son silence et son maintien, Socrate lui dit, suivez-moi, et vous le saurez. Ce fut ainsi que Xénophon devint son disciple. Ce n'est pas ici le lieu d'écrire l'histoire de Xénophon. Nous avons de lui la cyropédie, une apologie de Socrate, quatre livres des dits et des faits mémorables de ce philosophe, un banquet, un livre de l'économie, un dialogue sur la tyrannie, l'éloge d'Agésilas, et la comparaison des républiques d'Athènes et de Lacédémone, ouvrages écrits avec une grande douceur de style, de la vérité, de la gravité et de la simplicité.

La manière, dont Eschine s'offrit à Socrate, est d'une naïveté charmante. Il étoit pauvre. Je n'ai rien, dit-il au philosophe dont il venoit prendre les leçons, qui soit digne de vous être offert; et c'est là ce qui me fait sentir ma pauvreté. Je n'ai que moi; voyez si vous me voulez. Quels que soient les présens que les autres vous aient faits, ils ont retenu par-devers eux plus qu'ils ne vous ont donné ; quant au mien, vous ne l'aurez pas plus-tôt accepté, qu'il ne me restera plus rien. = Vous m'offrez beaucoup, lui répondit Socrate, à-moins que vous ne vous estimiez peu. Mais venez ; je vous accepte. Je tâcherai que vous vous estimiez davantage, et de vous rendre à vous-même meilleur que je ne vous aurai reçu. Socrate n'eut point d'auditeur plus assidu, ni de disciple plus zélé. Son sort le conduisit à la cour de Denis le tyran, qui en fit d'abord peu de cas. Son indigence fut une tache, qui le suivit par-tout. Il écrivit quelques dialogues à la manière de Socrate. Cet ouvrage arrêta les yeux sur lui. Platon et Aristippe rougirent du mépris qu'ils avoient affecté pour cet homme. Ils le recommandèrent à Denis, qui le traita mieux. Il revint dans Athènes, où il trouva deux écoles florissantes établies. Platon enseignoit dans l'une ; Aristippe, dans l'autre. Il n'osa pas se montrer publiquement au milieu de ces deux philosophes. Il s'en tint à donner des leçons particulières. Lorsqu'il se fut assuré du pain, par cette ressource, il se livra au barreau, où il eut du succès. Ménedème lui reprochoit de s'être approprié des dialogues que Socrate avoit écrits, et que Xantippe lui avoit confiés. Ce reproche fait beaucoup d'honneur à Eschine. Il avoit bien singulièrement saisi le caractère de son maître, puisque Ménedème et Aristippe s'y trompoient. On remarque, en effet, dans les dialogues qui nous restent d'Eschine, la simplicité, l'expression, les maximes, les comparaisons, et toute la morale de Socrate.

Nous n'ajouterons rien à ce que nous avons dit de Criton, si-non qu'il ne quitta point Socrate pendant le temps de sa prison ; qu'il veilla à ce que les choses nécessaires ne lui manquassent pas ; que Socrate, offensé de l'abus qu'on faisoit de la facilité de son caractère pour le tourmenter, lui conseilla de chercher quelque homme turbulent, méchant, violent, qui fît tête à ses ennemis ; et que ce conseil lui réussit.

Simon étoit un corroyeur, dont Socrate fréquentoit quelquefois la maison. Là, comme par-tout ailleurs, il parloit des vices, des vertus, du bon, du beau, du décent, de l'honnête ; et le corroyeur l'écoutoit ; et le soir, lorsqu'il avoit quitté son ouvrage, il jetoit sur le papier les principales choses qu'il avoit entendues. Périclès fit cas de cet homme ; chercha à se l'attacher par les promesses les plus flatteuses ; mais Simon lui répondit qu'il ne vendoit pas sa liberté.

Cébès écrivit trois dialogues, dont il ne nous reste que le dernier, connu sous le nom du *tableau*. C'est un petit roman sur les goûts, les penchans, les préjugés, les mœurs des hommes, composé d'après une peinture qu'on voyoit dans le temple de Saturne. On y suppose les principes suivans :

Les ames ont préexisté aux corps. Un sort heureux ou malheureux les attend.

Elles ont un démon qui les inspire, dont la voix se fait entendre à elles, et qui les avertit de ce qu'elles ont à faire et à éviter.

Elles apportent avec elles un penchant inné à l'imposture, à l'erreur, à l'ignorance et au vice.

Ce penchant n'a pas la même force en toutes.

Il promet à tous les hommes le bonheur; mais il les trompe et les perd. Il y a une condition vraie et une condition fausse.

La poésie, l'art oratoire, la musique, la dialectique, l'arithmétique, la géométrie, et l'astrologie, sont de l'érudition fausse.

La connoissance des devoirs et la pratique des vertus, sont la seule érudition vraie.

C'est par l'érudition vraie, que nous échappons dans ce monde à la peine, et que nous préparons notre félicité dans l'autre vie.

Cette félicité n'arrivera qu'à ceux qui auront expié leurs fautes.

C'est de ce séjour de délices, qu'ils contempleront la folie et la misère des hommes. Mais ce spectacle ne troublera point leur jouissance: ils ne pourront plus souffrir.

Les méchans, au sortir de cette vie, trouveront le désespoir. Ils en seront saisis; et ils erreront, jouets continuels des passions auxquelles ils se seront livrés.

Ce n'est point la richesse, mais l'érudition vraie qui rend l'homme heureux.

Il ne faut ni se fier à la fortune, ni trop estimer ses présens.

Celui qui croit savoir ce qu'il ignore, est dans une erreur qui l'empêche de s'instruire.

On met encore du nombre des disciples de Socrate, Timon le misanthrope. Cet homme crut qu'il fuyoit la société de ses semblables, parce qu'ils étoient méchans ; il se trompoit ; c'est que lui-même n'étoit pas bon. Je n'en veux pas d'autre preuve que la joie cruelle que lui causèrent les applaudissemens que les Athéniens prodiguoient à Alcibiade ; et la raison qu'il en donna, le pressentiment du mal que ce jeune homme leur feroit un jour. Je ne hais pas les hommes, disoit-il, mais les bêtes féroces qui portent ce nom. Et qu'étois-tu, toi-même, entre ces bêtes féroces, sinon la plus intraitable de toutes ? Quel jugement porter de celui qui se sauve d'une ville, où Socrate vivoit, et où il y avoit une foule de gens de bien, si-non qu'il étoit plus frappé de la laideur du vice, que touché des charmes de la vertu ? Ce caractère est mauvais. Quel spectacle plus grand et plus doux, que celui d'un homme juste, grand, vertueux, au-dessus de toutes les terreurs et de toutes les séductions ! Les dieux s'inclinent du haut de leur demeure bienheureuse, pour le voir marcher sur la terre ; et le triste et mélancolique Timon détourne ses regards farouches, lui tourne le dos, et va, le cœur rempli d'orgueil, d'envie et de fiel, s'enfoncer dans une forêt.

## SPINOSISTES.

C'est ainsi qu'on appelle les sectateurs de la philosophie de Spinosa. (*Voy.* Spinosisme.) Il ne faut pas confondre les *spinosistes* anciens avec les *spinosistes* modernes. Le principe général de ceux-ci, c'est que la matière est sensible; ce qu'ils démontrent par le développement de l'œuf, corps inerte, qui, par le seul instrument de la chaleur graduée, passe à l'état d'être sentant et vivant; et par l'accroissement de tout animal, qui, dans son principe, n'est qu'un point, et qui, par l'assimilation nutritive des plantes, en un mot, de toutes les substances qui servent à sa nutrition, devient un grand corps sentant et vivant dans un grand espace. De-là, ils concluent qu'il n'y a que de la matière, et qu'elle suffit pour tout expliquer. Du reste, ils suivent l'ancien spinosisme dans toutes ses conséquences. (*Voyez* l'article Freret (philosophie de), Encyclop. méthod. Dict. de la Philos. anc. et mod. tom. II).

## STOÏCISME, ou SECTE STOÏCIENNE, ou ZÉNONISME.

Le stoïcisme sortit de l'école cynique : Zénon, qui avoit étudié la morale sous Cratès, en fut le fondateur. Aussi, disoit-on que, d'un *stoïcien* à un cynique, il n'y avoit que l'habit de différence. Cependant Zénon rendit sa philosophie plus étendue et plus intéressante que celle de Diogène; il ne s'en tint pas à traiter des devoirs de la vie; il composa un système de philosophie universelle, d'après les maîtres qu'il avoit entendus; et il donna aux exercices de l'école une face nouvelle.

Zénon naquit à Cittium, ville maritime de l'île de Chypre; Cittium avoit été bâtie par une colonie phénicienne, ce qui lui attira quelquefois le reproche qu'il n'étoit qu'un étranger ignoble. Mnésius, son père, faisoit le commerce : l'éducation de son fils n'en fut pas négligée : les affaires du bon homme l'appeloient souvent à Athènes ; et il n'en revenoit point sans rapporter au jeune Zénon *quelques livres de Socrate.* A l'âge de trente à trente-deux ans, il vint lui-même dans la ville fameuse pour y vendre de la pourpre, et pour entendre les hommes dont il avoit lu les ouvrages. Tout en débarquant, il demanda où ils demeuroient; on lui montra Cratès, qui passoit, et on lui conseilla de le suivre. Zénon suivit Cratès, et devint son disciple. Il ne pouvoit assez admirer l'élévation que son maître montroit dans sa conduite et dans ses discours ; mais il ne se faisoit point au mépris de la décence, qu'on affectoit dans son école : il se livra tout entier à la méditation ; et bientôt il parut de lui un ouvrage intitulé *de la république*, qu'il avoit écrit, disoit-on assez plaisamment, sous la queue du chien. Les cyniques ne s'occupoient que de la morale ; ils ne faisoient aucun cas des autres sciences. Zénon ne les approuvoit pas en ce point : entraîné par le désir d'étendre ses connoissances, il quitta Cratès, qui ne digéra pas sans peine cette désertion. Il fréquenta les autres écoles : il écouta Stilpon pendant dix ans ; il cultiva Zénocrate ; il vit Diodore Cronus : il interrogea Polémon : enrichi des dépouilles de ces hommes, il ouvrit boutique ; il s'établit sous le portique : cet endroit étoit particulièrement décoré des tableaux de Polygnote et des plus grands maîtres : on l'appeloit le *Stoa*, d'où la secte de Zénon prit le nom de *stoïcienne* : il ne manqua pas d'auditeurs : sa morale étoit sévère ; mais il savoit tempérer, par le charme de l'éloquence, l'austérité de ses leçons ; ce fut ainsi qu'il arrêta une jeunesse libertine que ses préceptes nus et secs auroient effarouchée : on l'admira, on s'attacha à lui : on le chérit : sa réputation s'étendit ; et il obtint la bienveillance même des rois. Antigonus Gonatas de Macédoine, qui n'avoit pas dédaigné de le visiter sous le portique, l'appela dans ses états : Zénon n'y alla point, mais lui envoya Persée, son disciple ; il n'obtint pas seulement des Athéniens le nom de grand philosophe, mais encore celui d'excellent citoyen : ils déposèrent chez lui les clefs des châteaux de leur ville, et l'honorèrent de son vivant d'une statue d'airain. Il étoit d'une foible santé, mais il étoit sobre : il vivoit communément de pain, d'eau, de figues et de miel: sa physionomie étoit dure, mais son accueil prévenant : il avoit conservé l'ironie de Diogène, mais tempérée. Sa vie fut un peu troublée par l'envie : elle souleva contre lui Arcésilaüs et Carnéade, fondateurs de l'académie moyenne et nouvelle : Epicure même n'en fut pas tout-à-fait exempt ; il souffrit avec quelque peine qu'on donnât particulièrement aux *stoïciens* le nom de *sages*. Cet homme, qui avoit reçu dans ses jardins les graces et la volupté, dont le principe favori étoit de tromper, par les plaisirs, les peines de la vie, et qui s'étoit fait une manière de philosopher douce et molle, traitoit le *stoïcisme* d'hypocrisie. Zénon, de son côté, ne ménagea pas la doctrine de son adversaire, et le peignit comme un précepteur de corruption ; s'il est vrai que Zénon prétendit qu'il étoit aussi honnête, *naturam matris fricare, quàm dolentem aliam corporis partem fricando juvare ;* et que, dans un besoin pressant, un jeune garçon étoit aussi commode qu'une jeune fille, Epicure avoit beau jeu pour lui répondre. Mais il n'est pas à croire qu'un philosophe, dont la continence avoit passé en proverbe, enseignât des sentimens aussi monstrueux. Il est plus vraisemblable que la haine tiroit des conséquences odieuses d'un principe reçu dans l'école de Zénon, et très-vrai, c'est qu'il n'y a rien de honteux dans les choses naturelles. Le livre de la république ne fut pas le seul qu'il publia ; il écrivit un commentaire sur Hésiode, où il renversa toutes les notions reçues de théologie ; et où Jupiter, Junon, Vesta et le reste des dieux étoient réduits à des mots vides de sens. Zénon jouit d'une longue vie ; âgé de quatre-vingt-dix-huit ans, il n'avoit plus qu'un moment à attendre pour mourir naturellement ; il n'en eut pas la patience ; s'étant laissé tomber au sortir du portique, il crut que la nature l'appeloit : me voilà, lui dit-il, en touchant la terre du doigt qu'il s'étoit cassé dans sa chûte, je suis prêt ; et de retour dans sa maison, il se laissa mourir de faim. Antigone le regretta ; et les Athéniens lui élevèrent un tombeau dans la Céramique.

Sa doctrine étoit un choix de ce qu'il a puisé dans les écoles des académiciens, des érétriaques ou éristiques, et des cyniques. Fondateur de secte, il falloit ou inventer des choses, ou déguiser les anciennes sous de nouveaux noms; le plus facile étoit le premier. Zénon disoit de la dialectique de Diodore, que cet homme avoit imaginé des balances très-justes, mais qu'il ne pesoit jamais que de la paille. Les *stoïciens* disoient qu'il falloit s'opposer à la nature; les cyniques, qu'il falloit se mettre au-dessus, et vivre selon la vertu, et non selon la loi; mais il est inutile de s'étendre ici davantage sur le parallèle du *stoïcisme*, avec les systêmes qui l'ont précédé; il résultera de l'extrait des principes de cette philosophie; et nous ne tarderons pas à les exposer.

On reproche aux *stoïciens* le sophisme. Est-ce pour cela, leur dit Sénèque, que nous nous sommes coupé la barbe? On leur reproche d'avoir porté dans la société les ronces de l'école; on prétend qu'ils ont méconnu les forces de la nature; que leur morale est impraticable; et qu'ils ont inspiré l'enthousiasme au-lieu de la sagesse. Cela se peut: mais aussi, quel enthousiasme, que celui qui nous immole à la vertu, et qui peut contenir notre ame dans une assiette, si tranquille et si ferme, que les douleurs les plus aiguës ne nous arracheront pas un soupir, une larme! Que la nature entière conspire contre un *stoïcien*, que lui fera-t-elle? qu'est-ce qui abattra, qu'est-ce qui corrompra celui pour qui le bien est tout, et la vie n'est rien? Les philosophes ordinaires sont de chair comme les autres hommes; le *stoïcien* est un homme de fer; on peut le briser, mais non le faire craindre. Que pourront les tyrans sur celui sur qui Jupiter ne peut rien ? il n'y a que la raison qui le commande: l'expérience, la réflexion, l'étude, suffisent pour former un sage : un *stoïcien* est un ouvrage singulier de la nature; il y a donc eu peu de vrais *stoïciens* ; et il n'y a donc eu dans aucune école autant d'hypocrites que dans celle-ci; le *stoïcisme* est une affaire de tempérament ; et Zénon imagina, comme ont fait la plupart des législateurs, pour tous les hommes, une règle qui ne convenoit guère qu'à lui; elle est trop forte pour les foibles : la morale chrétienne est un *zénonisme* mitigé, et conséquemment d'un usage plus général: cependant le nombre de ceux qui s'y conforment, à la rigueur, n'est pas grand.

*Principes généraux de la* philosophie stoïcienne.

La sagesse est la science des choses humaines et des choses divines ; et la philosophie, ou l'étude de la sagesse, est la pratique de l'art qui nous y conduit.

Cet art est un ; c'est l'art par excellence; celui d'être vertueux.

Il y a trois sortes de vertus; la naturelle, la morale et la discursive : leurs objets sont le monde, la vie de l'homme, et la raison.

Il y a aussi trois sortes de philosophies ; la naturelle, la morale et la rationelle, où l'on observe la nature, où l'on s'occupe des mœurs, où l'on perfectionne son entendement. Ces exercices influent nécessairement les uns sur les autres.

*Logique des* stoïciens.

La logique a deux branches ; la rhétorique et la dialectique.

La rhétorique est l'art de bien dire les choses, qui demandent un discours orné et étendu.

La dialectique est l'art de discuter les choses, où la brièveté des demandes et des réponses suffit.

Zénon comparoit la dialectique et l'art oratoire, à la main ouverte et au poing fermé.

La rhétorique est, ou délibérative, ou judiciaire, ou démonstrative : ses parties sont l'invention, l'élocution, la disposition et la prononciation : celles du discours, l'exorde, la narration, la réfutation et l'épilogue.

Les académiciens récens excluoient la rhétorique de la philosophie.

La dialectique est l'art de s'en tenir à la perfection des choses connues, de manière à n'en pouvoir être écarté : ses qualités sont la circonspection et la fermeté.

Son objet s'étend aux choses et aux mots qui les désignent : elle traite des conceptions et des sensations; les conceptions et les sensations sont la base de l'expression.

Les sens ont un bien commun; c'est l'imagination.

L'ame consent aux choses conçues, d'après le témoignage des sens : ce que l'on conçoit, se conçoit par soi-même : la compréhension suit l'approbation de la chose conçue; et la science, l'imperturbabilité de l'approbation.

La qualité, par laquelle nous discernons les choses les unes des autres, s'appelle *jugement*.

Il y a deux manières de discerner le bon et le mauvais, le vrai et le faux.

Nous jugeons que la chose est ou n'est pas, par sensation, par expérience ou par raisonnement.

La logique suppose l'homme qui juge, et une règle de jugement.

Cette règle suppose ou la sensation, ou l'imagination.

L'imagination est la faculté de se rappeler les images des choses qui sont.

La sensation naît de l'action des objets extérieurs; et elle suppose une communication de l'ame aux organes.

Ce qu'on a vu, ce qu'on a conçu, reste dans l'ame, comme l'impression dans la vue, avec ses couleurs, ses figures, ses éminences, et ses creux.

La compréhension formée d'après le rapport des

sens, est vraie et fidelle : la nature n'a point donné d'autre fondement à la science : il n'y a point de clarté, d'évidence plus grande.

Toute appréhension vient originairement des sens; il n'y a rien dans l'entendement, qui n'ait été auparavant dans la sensation.

Entre les choses comprises, il y en a de plus ou de moins sensibles; les incorporelles sont les moins sensibles.

Il y en a de rationelles et d'irrationelles, de naturelles et d'artificielles, telles que les mots.

De probables, et d'improbables; de vraies, et de fausses; de compréhensibles, et d'incompréhensibles : il faut, pour les premières, qu'elles naissent d'une chose qui soit, qu'elles y soient conformes, et qu'elles n'impliquent aucune contradiction.

Il faut distinguer l'imagination, du fantôme; et le fantôme, du fantastique, qui n'a point de modèle dans la nature.

Le vrai est ce qui est, et ce qui ne peut venir d'ailleurs que d'où il est venu.

La compréhension, ou la connoissance ferme, ou la science, c'est la même chose.

Ce que l'esprit comprend, il le comprend, ou par assimilation, ou par comparaison, ou par analogie.

L'homme reçoit la sensation, et il juge; l'homme sage réfléchit avant que de juger.

Il n'y a point de notions innées; l'homme vient

au monde comme une table rase, sur laquelle les objets de la nature se gravent avec le temps.

Il y a des notions naturelles qui se forment en nous sans art : il y en a qui s'acquièrent par industrie et par étude ; je laisse aux premières le nom de *notions* ; j'appelle celles-ci *anticipations*.

Le senti est dans l'animal ; il devient le conçu dans l'homme.

Les notions communes le sont à tous ; il est impossible qu'une notion soit opposée à une notion.

Il y a la science, et l'opinion, et l'ignorance ; si l'on n'a pas éprouvé la sensation, on est ignorant ; s'il reste de l'incertitude après cette épreuve, on est incertain ; si l'on est imperturbable, on sait.

Il y a trois choses liées ; le mot, la chose, l'image de la chose.

La définition est un discours qui, analysé, devient la réponse exacte à la question. Qu'est-ce que la chose ? elle ne doit rien renfermer qui ne lui convienne ; elle doit indiquer le caractère propre qui la distingue.

Il y a deux sortes de définition ; les unes, des choses qui sont ; les autres, des choses que nous concevons.

Il y a des définitions partielles ; il y en a de totales.

La distribution d'un genre dans ses espèces les plus prochaines s'appelle *division*.

Un genre s'étend à plusieurs espèces ; un genre

suprême n'en a point au-dessus de lui : une espèce infime n'en a point au-dessous d'elle.

La connoissance complète se forme de la chose et du mot.

Il y a quatre genres ; la substance, la qualité, l'absolu, le rapport.

Les énonciations, qui comprennent sous un point commun des choses diverses, s'appellent *catégories*; il y a des catégories dans l'entendement, ainsi que dans l'expression.

L'énonciation est ou parfaite, ou imparfaite et défectueuse ; parfaite, si elle comprend tout ce qui est de la chose.

Une énonciation est ou affirmative, ou négative ; ou vraie, ou fausse.

Une énonciation affirmative ou négative parfaite, est un axiome.

Il y a quatre catégories ; la directe, l'oblique, la neutre, et l'active ou passive.

Un axiome est ou simple ou composé ; simple, si la proposition qui l'énonce est simple ; composé, si la proposition qui l'énonce est composée.

Il y a des axiomes probables ; il y en a de rationels ; il y en a de paradoxals.

Le lemme, le prolemme et l'épiphore, sont les trois parties de l'argument.

L'argument est concluant ou non, syllogistique ou non.

Les syllogismes sont ou liés, ou conjoints, ou disjoints.

Il y a des modes, selon lesquels les syllogismes concluans sont disposés.

Ces modes sont simples, ou composé.

Les argumens syllogistiques qui ne concluent pas, ont aussi leurs modes. Dans ces argumens, la conclusion ne suit pas du lien des prémisses.

Il y a des sophismes de différens genres, tels, par exemple, que le sorite, le menteur, l'inexplicable, le paresseux, le dominant, le voilé, l'électre, le cornu, le crocodile, le réciproque, le déficient, le moissonneur, le chauve, l'occulte, etc.

Il y a deux méthodes, la vulgaire et la philosophique.

On voit, en effet, que toute cette logique n'a rien de bien merveilleux. Nous l'avons dépouillée des termes barbares, dont Zénon l'avoit revêtue. Nous aurions laissé à Zénon les mots, que les choses n'en auroient pas été plus nouvelles.

### *Physiologie des* Stoïciens.

Le chaos étoit avant tout. Le chaos est un état confus et ténébreux des choses; c'est sous cet état que se présenta d'abord la matière, qui étoit la somme de toutes les choses revêtues de leurs qualités, le réservoir des germes et des causes, l'essence, la nature, s'il est permis de s'exprimer ainsi, grosse de son principe.

Ce que nous appelons *le monde* et *la nature*, c'est ce chaos débrouillé, et les choses ténébreuses et confuses prenant l'ordre, et formant l'aspect que nous leur voyons.

Le monde ou la nature, est ce tout dont les êtres sont les parties. Ce tout est un ; les êtres sont ses membres ou parties.

Il faut y distinguer des principes différens des élémens.

De ces principes, l'un est efficient, l'autre est passif. L'efficient est la raison des choses qui est dans la matière, ou Dieu. Le passif est la matière même.

Ils sont, l'un et l'autre, d'une nature corporelle. Tout ce qui agit ou souffre, est corporel. Tout ce qui est, est donc corps.

La cause efficiente ou Dieu, est un air très-pur et très-limpide ; un feu artificiel, placé à la circonférence des cieux la plus éloignée, séjour de tout ce qui est divin.

Le principe passif, ou la matière, est la nature considérée sans qualité, sans mérite, chose prête à tout, n'étant rien, et cessant d'être ce qu'elle devient, se reposant, si rien ne la meut.

Le principe actif est opposé au principe passif. Ce feu artificiel est propre à former de la matière, avec une adresse suprême, et selon les raisons qu'il a en lui-même, les semences des choses. Voilà sa fécondité : sa subtilité permet qu'on l'appelle *incorporel, immatériel*.

Quoiqu'il soit corps, en conséquence de son opposition avec la matière, on peut dire qu'il est esprit.

Il est la cause rationelle, incorruptible, sempiternelle, première, originelle, d'où chaque substance a les qualités qui lui sont propres.

Cette cause est bonne. Elle est parfaite. Il n'y a point de qualités louables, qu'elle n'ait.

Elle est prévoyante ; elle régit le tout et ses parties ; elle fait que le tout persévère dans sa nature.

On lui donne différens noms. C'est le monde, dont elle est en effet la portion principale, le destin, la nature, Jupiter, Dieu.

Elle n'est point hors du monde ; elle y est comprise avec la matière ; elle constitue tout ce qui est, ce que nous voyons, et ce que nous ne voyons pas ; elle habite dans la matière et dans tous les êtres ; elle la pénètre et l'agite, selon que l'exige la raison universelle des choses ; c'est l'ame du monde.

Puisqu'elle pénètre toutes les portions de la matière, elle y est intimement présente ; elle connoît tout, elle opère tout.

C'est en agitant la matière et en lui imprimant les qualités qui étoient en elle, qu'elle a formé le monde. C'est l'origine des choses. Les choses sont d'elle. C'est par sa présence à chacun, qu'elle les conserve ; c'est en ce sens que nous disons qu'elle est Dieu, et que Dieu est le père des choses, leur ordinateur, et leur conservateur.

Dieu n'a point produit le monde par une détermination libre de sa volonté; il en étoit une partie; il y étoit compris. Mais il a rompu l'écorce de la matière qui l'enveloppoit; il s'est agité, et il a opéré par une force intrinsèque, selon que la nécessité de sa nature et de la matière le permettoit.

Il y a donc dans l'univers une loi immuable et éternelle, un ordre combiné de causes et d'effets, enchaînes d'un lien si nécessaire, que tout ce qui a été, est et sera, n'a pu être autrement; et c'est là le destin.

Tout est soumis au destin; et il n'y a rien dans l'univers qui n'en subisse la loi, sans en excepter Dieu, puisque Dieu suit cet ordre inexplicable et sacrée des choses, cette chaîne qui lie nécessairement.

Dieu, ou la grande cause rationelle, n'a pourtant rien qui la contraigne : car, hors d'elle et du tout, il n'y a que le vide infini; c'est la nature seule qui la nécessite; elle agit conformément à cette nature, et tout suit conformément à son action; il ne faut point avoir d'autre idée de la liberté de Dieu, ni de celle de l'homme; Dieu n'en est ni moins libre, ni moins puissant; il est lui-même ce qui le nécessite.

Ce sont les parties ou les écoulemens de cet esprit universel du monde, distribués par-tout, et animant tout ce qu'il y a d'animé dans la nature, qui donnent naissance aux démons dont tout est rempli.

Chaque homme a son génie et sa Junon qui dirige ses actions, qui inspire ses discours, et qui mérite le plus grand respect ; chaque particule du monde a son démon qui lui est présent et l'assiste ; c'est là ce qu'on a désigné sous les noms de Jupiter, de Junon, de Vulcain, de Cérès. Ce ne sont que certaines portions de l'ame universelle, résidentes dans l'air, dans l'eau, dans la terre, dans le feu, etc.

Puisque les dieux ne sont que des écoulemens de l'ame universelle, distribués à chaque particule de la nature, il s'ensuit que, dans la déflagration générale qui finira le monde, les dieux retourneront à un Jupiter confus, à leurs anciens élémens.

Quoique Dieu soit présent à tout, agite tout, veille à tout, il en est l'ame, et dirige les choses selon la condition de chacune, et la nature qui lui est propre ; quoiqu'il soit bon, et qu'il veuille le bien, il ne peut faire que tout ce qui est bien arrive, ni que tout ce qui arrive soit bien ; ce n'est pas l'art qui se repose, mais c'est la matière qui est indocile à l'art. Dieu ne peut être que ce qu'il est, et il ne peut changer la matière.

Quoiqu'il y ait un lien principal et universel des choses qui les enchaîne, nos ames ne sont cependant sujettes au destin, qu'autant et que selon qu'il convient à leur nature; toute force extérieure a beau conspirer contre elles, si leur bonté est originelle et première, elle persévérera : s'il en est autrement; si elles sont nées ignorantes, grossières, féroces; s'il ne survient rien qui les améliore, les instruise et les fortifie; par cette seule condition, sans aucune influence du destin, d'un mouvement volontaire et propre elles se porteront au vice et à l'erreur.

Il n'est pas difficile de conclure de ces principes, que les *stoïciens* étoient matérialistes, fatalistes, et, à proprement parler, athées. (*Voyez l'article* FATALISME *et* FATALITÉ DES STOÏCIENS.)

Nous venons d'exposer leur doctrine sur le principe efficient; voici maintenant ce qu'ils pensoient de la cause passive.

La matière première ou la nature est la première des choses, l'essence et la base de leurs qualités.

La matière générale et première est éternelle; tout ce qu'il en a été est; elle n'augmente ni ne diminue; tout est elle; on l'appelle *essence*, considérée dans l'universalité des êtres; *matière*, considérée dans chacun.

La matière, dans chaque être, est susceptible d'accroissement et de diminution; elle n'y reste pas la même; elle se mêle, elle se sépare; ses parties s'échappent dans la séparation, s'unissent dans le mélange : après la déflagration générale, la matière se retrouvera une, et la même dans Jupiter.

Elle n'est pas stable, elle varie sans cesse; tout est emporté comme un torrent; tout passe, rien de ce que nous voyons ne reste le même ; mais rien ne change l'essence de la matière; il n'en périt rien, ni de ce qui s'évanouit à nos yeux ; tout retourne à la source première des choses, pour en émaner derechef ; les choses cessent, mais ne s'anéantissent pas.

La matière n'est pas infinie; le monde a ses limites.

Il n'y a rien à quoi elle ne puisse être réduite, rien qu'elle ne puisse souffrir, qui n'en puisse être fait ; ce qui seroit impossible, si elle étoit immuable ; elle est divisible à l'infini ; or, ce qui est divisible ne peut-être infini; elle est contenue.

C'est par la matière, par les choses qui sont de la matière, et par la raison générale qui est présente à tout, qui en est le germe, qui le pénètre, que le monde est, que l'univers est, que Dieu est : on entend quelquefois le ciel par ce mot, *Dieu*.

Le monde existe séparé du vide qui l'environne, comme un œuf; la terre est au centre; il y a cette différence entre le monde et l'univers, que l'univers est infini ; il comprend les choses qui sont, et le vide qui les comprend ; le monde est fini ; le monde est compris dans le vide qui n'entre pas dans l'acception de ce mot.

Au commencement, il n'y avoit que Dieu et la matière; Dieu, essence des choses, nature ignée, être prolifique, dont une portion combinée avec la matière a produit l'air, puis l'eau; il est au monde, comme le germe à la plante; il a déposé le germe du monde dans l'eau, pour en faciliter le développement; une partie de lui-même a condensé la terre, une autre s'est exhalée; de-là, le feu.

Le monde est un grand animal, qui a sens, esprit, et raison; il y a, ainsi que dans l'homme, corps et ame dans ce grand animal; l'ame y est présente à toutes les parties du corps.

Il y a dans le monde, outre de la matière nue de toute qualité, quatre élémens; le feu, l'air, l'eau et la terre. Le feu est chaud; l'air, froid; la terre, sèche; et l'eau, moite. Le feu tend en haut; c'est son séjour; cet élément, ou sa portion connue sous le nom d'æther, a été le rudiment des astres et de leurs sphères. L'air est au-dessous du feu. L'eau coule sous l'air et sur la terre. La terre est la base du tout, elle est au centre.

Entre les élémens, deux sont légers, le feu et l'air; deux pesans, l'eau et la terre; ils tendent au centre qui n'est ni pesant, ni léger.

Il y a une conversion réciproque des élémens entre eux; tout ce qui cesse de l'un, passe dans un autre; l'air dégénère en feu; le feu, en air; l'air, en eau; l'eau, en air; la terre, en eau; l'eau, en terre; mais aucun élément n'est sans aucun des autres : tous sont en chacun.

Le feu est le premier des élémens; il a son séjour vers le ciel; et le ciel est, comme nous l'avons dit, la limite dernière du monde, où ce qui est divin a sa place.

Il y a deux feux; l'artificiel, qui sert à nos usages; le naturel, qui sert aux opérations de la nature; il augmente et conserve les choses, les plantes, les animaux; c'est la chaleur universelle, sans laquelle tout périt.

Ce feu très-haut, répandu en tout, enveloppe dernière du monde, est l'æther; c'est aussi le Dieu tout-puissant.

Le soleil est un feu très-pur; il est plus grand que la terre; c'est un orbe rond comme le monde; c'est un feu, car il en a tous les effets; il est plus grand que la terre, puisqu'il l'éclaire et le ciel en même-temps.

Le soleil est donc, à juste titre, le premier des dieux.

C'est une portion très-pure de l'æther, de Dieu ou du feu, qui a constitué les astres; ils sont ardens; ils sont brillans; ils sont animés; ils sentent; ils conçoivent; ils ne sont composés que de feu; ils n'ont rien d'étranger au feu; mais il n'y a point de feu qui n'ait besoin d'aliment; ce sont les vapeurs des eaux, de la mer, et de la terre, qui nourrissent le feu des astres.

Puisque les astres sont des portions du feu naturel et divin ; qu'ils sentent et qu'ils conçoivent ; pourquoi n'annonceroient-ils pas l'avenir ? Ce ne sont pas des êtres, où l'on puisse lire les choses particulières et individuelles ; mais bien la suite générale des destinées ; elle y est écrite en caractères très-évidens.

On appelle du nom d'*astres* le soleil et la lune ; il y a cette différence entre un astre et une étoile, que l'étoile est un astre, mais que l'astre n'est pas une étoile.

Voici l'ordre des astres errans, Saturne, Jupiter, Mars, Mercure, Vénus, le Soleil, la Lune : la principale, entre les cinq premiers, c'est Vénus, l'astre le plus voisin du soleil.

La lune occupe le lieu le plus bas de l'œther : c'est un astre intelligent, sage, d'une nature ignée, mais non sans quelque mélange de terrestre.

La sphère de l'air est et commence au-dessous de la lune : elle est moyenne entre le ciel et les eaux ; sa figure est ronde ; c'est Junon.

La région de l'air se divise en haute, moyenne et basse ; la région haute est très-sèche et très-chaude ; la proximité des feux célestes la rend très-rare et très-tenue ; la région basse, voisine de la terre, est dense et ténébreuse ; c'est le réceptacle des exhalaisons ; la région moyenne, plus tempérée que celle qui la domine et que celle qu'elle presse, est sèche à sa partie supérieure, humide à sa partie inférieure.

Le vent est un courant d'air.

La pluie, un changement de nue en eau; ce changement a lieu toutes les fois que la chaleur ne peut diviser les vapeurs que le soleil a élevées de la terre et des mers.

La terre, la portion du monde la plus dense, sert de base au tout, comme les os dans les animaux : elle est couverte d'eaux qui se tiennent de niveau à sa surface ; elle est au centre ; elle est nue, ronde, finie, ainsi que l'exige la nature de tout centre ; l'eau a la même figure qu'elle, parce que son centre est le même que celui de la terre.

La mer parcourt l'intérieur de la terre, par des routes secrètes ; elle sort de ses bassins, elle disparoît, elle se condense, elle se filtre, elle se purifie, elle perd son amertume, et offre, après avoir fait beaucoup de chemin, une eau pure aux animaux et aux hommes.

La terre est immobile.

Il n'y a qu'un seul monde.

Il est éternel ; c'est Dieu et la nature ; ce tout n'a point commencé, et ne finira point ; son aspect passera.

Comme l'année a un hiver et un été, le monde aura une inondation et une déflagration ; l'inondation couvrira toute la surface de la terre, et tout périra.

Après cette première révolution par l'eau, le monde sera embrasé par le feu répandu dans toutes ses parties; il consumera l'humidité, et s'assimilera les êtres; ils prendront peu-à-peu sa nature; alors tout se résoudra en Jupiter, et le premier chaos renaîtra.

Ce chaos se débrouillera comme le premier; l'univers se reformera comme il est; et l'espèce humaine sera reproduite.

Le temps a la dernière place entre les êtres.

*Anthropologie des* stoïciens.

L'homme est une image du monde: le monde est en lui; il a une ame et un corps comme le grand tout.

Les principes de l'espèce humaine étoient dans l'univers naissant; les premiers hommes sont nés par l'entremise du feu divin, ou par la providence de Dieu.

Dans l'acte de la génération, le germe de l'homme s'unit à la portion humide de l'ame.

La liqueur spermatique ne produit que le corps; elle contient en petit tous les corps humains qui se succéderont.

L'ame ne se forme point dans la matrice, elle vient du dehors; elle s'unit au corps avant qu'il ait vie.

Si vous remontez à la première origine de l'ame, vous la ferez descendre du feu primitif dont elle est une étincelle : elle n'a rien de pesant ni de terrestre ; elle est de la même nature que la substance qui forme les astres, et qui les fait briller.

L'ame de l'homme est une particule de Dieu, une petite portion de l'ame universelle qui en a été, pour ainsi dire, détachée : car l'ame du monde est la source féconde de toutes les ames.

Il est difficile d'expliquer sa nature ; elle est ignée, ardente, intelligente et raisonnable.

Il y a des ames mortelles, et il y en a d'immortelles.

Après la déflagration générale, et le renouvellement des choses, les ames retourneront dans les corps qu'elles ont animés avant cet événement.

L'ame est un corps ; car elle est, et elle agit ; mais ce corps est d'une ténuité et d'une subtilité extrêmes.

On y distingue huit facultés ; les cinq sens, la faculté d'engendrer, celle de parler, et une partie principale.

Après la mort, elle remonte aux cieux ; elle habite les astres ; elle converse avec les dieux ; elle contemple ; et cet état durera jusqu'à ce que, le monde consumé, elle et tous les dieux se confondent, et ne forment plus qu'un seul être, Jupiter.

L'ame du sage, après la dissolution du corps,

s'occupe du cours du soleil, de la lune et des autres astres, et vérifie les connoissances qu'elle a acquises sur la terre.

*Principes de la philosophie morale des stoïciens.*

Dans la vie, c'est sur-tout la fin qu'il faut regarder; la fin est l'être par qui tout se fait, pour qui tout est, à qui tout se rapporte.

La fin peut se considérer sous trois aspects, l'objet, les moyens, et le terme.

La fin de l'homme doit être de conformer sa conduite aux loix de la nature.

La nature n'est autre chose que la raison universelle qui ordonne tout; conformer sa conduite à celle de la nature, c'est se voir comme une partie du grand tout, et conspirer à son harmonie.

Dieu est la portion principale de la nature; l'ame de l'homme est une particule de Dieu; la loi de la nature ou de Dieu, c'est la règle générale par qui tout est co-ordonné, mu et vivifié; vivre conformément à la nature, imiter la divinité, suivre l'ordre général, c'est la même chose sous des expressions différentes.

La nature est tout ce qu'il y a de bon et de beau.

La vertu a ces deux qualités, comme la nature.

Le bonheur en est une suite.

Bien vivre, aimer le beau, pratiquer le bien et être heureux, c'est une même chose.

La vertu a son germe dans l'ame humaine; c'est une conséquence de son origine; particule émanée de la divinité, elle tend d'elle-même à l'imitation du principe de son émanation : ce principe la meut, la pousse et l'inspire.

Cette particule, détachée de la grande ame, et spécifiée par son union à tel ou tel corps, est le démon de cet homme; ce démon le porte au beau, au bon et à la félicité.

La souveraine félicité consiste à l'écouter : alors on choisit ce qui convient à la nature générale ou à Dieu; et l'on rejette ce qui contredit son harmonie et sa loi.

Chaque homme ayant son démon, il porte en lui le principe de son bonheur. Dieu lui est présent. C'est un pontife sacré qui préside à son autel.

Dieu lui est présent; c'est Dieu même attaché à un corps de figure humaine.

La nature du bonheur de l'homme est la même que la nature du bonheur de Dieu. C'est la vertu.

La vertu est le grand instrument de la félicité.

Le bonheur souverain n'est pas dans les choses du corps, mais dans celles de l'ame.

Il n'y a de bien que ce qui est honnête. L'honnête n'est relatif qu'à l'ame. Rien de ce qui est hors de l'homme ne peut donc ajouter solidement à son bonheur.

Le corps, les jouissances, la gloire, les dignités, sont des choses hors de nous et de notre puissance; elles ne peuvent donc que nuire à notre bonheur, si nous nous y attachons.

Le dernier dégré de la sagesse consiste à bien distinguer le bon du mauvais.

Entre les choses, il y en a qui sont bonnes, il y en a qui sont mauvaises, et d'autres qu'on peut regarder comme indifférentes.

Une chose est bonne relativement à la nature d'un être; une créature raisonnable ne peut être heureuse que par les objets analogues à la raison.

Ce qui est utile et honnête est bon. La bonté ne se conçoit point séparée de l'utilité et de l'honnêteté.

L'utile consiste à se conformer à la fin du tout dont on est partie; à suivre la loi du principe qui commande.

La vertu est le vrai bien, la chose vraiment utile. C'est là que la nature parfaite nous invite.

Ce n'est point par des comparaisons de la vertu avec d'autres objets, par des discours, par des jugemens, que nous découvrons que la vertu est le bien. Nous le sentons. C'est un effet énergique de sa propre nature qui se développe en nous, malgré nous.

La sérénité, le plaisir et la joie, sont les accessoires du bien.

Tout ce qui est opposé au bien, est mal. Le mal est un écart de la raison générale du tout.

Les accessoires du mal sont les chagrins, la douleur, le trouble.

La vertu et ses accessoires constituent la félicité.

Il y a des biens présens, il y en a de futurs ; des biens constans, des biens intermittens ; de durables, et de passagers ; des biens d'objets, de moyens, de fin, d'utilité ; d'intérieurs, d'extérieurs ; d'absolus, de relatifs, etc.

Le beau, c'est la perfection du bien.

Tous les biens sont égaux. Il faux les désirer tous. Il n'en faut négliger aucun.

Il y a entre le bien ou l'honnête, entre le mal ou le honteux, des choses intermédiaires qui ne peuvent ni contribuer au bonheur, ni y nuire. On peut, ou les négliger, ou les rechercher sans conséquence.

Le sage est sévère ; il fuit les distractions ; il a l'esprit fin ; il ne souffre pas ; c'est un homme-dieu ; c'est le seul vrai pontife ; il est prophète ; il n'opine point ; c'est le cynique par excellence ; il est libre ; il est roi ; il peut gouverner un peuple ; il n'erre pas ; il est innocent ; il n'a pitié de rien ; il n'est pas indulgent ; il n'est point fait pour habiter un désert, c'est un véritable ami ; il fait bien tout ce qu'il fait ; il n'est point ennemi de la volupté ; la vie lui est indifférente ; il est grand en tout ; c'est un économe intelligent ; il a la noblesse réelle ; personne n'entend mieux la médecine ; on ne le trompe jamais ; c'est lui qui sait jouir de sa femme, de ses enfans, de la vie ; il ne calomnie pas ; on ne sauroit l'exiler, etc.

Les *stoïciens*, à ces caractères, en ajoutoient une infinité d'autres qui sembloient en être les contradictoires. Après les avoir regardés comme les meilleurs des hommes, on les eût pris pour les plus méchans. C'étoit une suite de leur apathie, de leur imitation stricte de la divinité, et des acceptions particulières des mots qu'ils employoient. La définition du *stoicien* étoit toute semblable à celle que Vanini donnoit de Dieu. *Voyez* l'art. VANINI.

L'ame, semblable à un globe parfaitement rond, est uniforme ; elle n'est capable ni de compression, ni d'expansion.

Elle est libre ; elle sait ce qu'elle veut ; elle a sa propre énergie. Rien d'extérieur ne la touche, ni ne peut la contraindre.

Si on la considère relativement au tout, elle est sujette au destin ; elle ne peut agir autrement qu'elle agit ; elle suit le lien universel et sacré qui unit l'univers et ses parties.

Dieu est soumis au destin ; pourquoi l'ame humaine, qui n'en est qu'une particule, en seroit-elle affranchie ?

Aussi-tôt que l'image du bien l'a frappée, elle le désire.

Le principe qui se développe le premier dans un être animé, est celui de sa propre conservation.

S'il atteint ce qui est conforme à la nature, son bonheur commence.

Les désirs suivent la connoissance ou l'opinion des choses.

C'est de la connoissance de l'ordre universel, que dépend celle du vrai bien.

Si l'on présente à l'homme un bien convenable à sa nature, et qu'il s'y porte avec modération, il est sage, et non passionné ; s'il en jouit paisiblement, il est serein et content ; s'il ne craint point de le perdre, il est tranquille, etc.

S'il se trompe sur la nature de l'objet ; s'il le poursuit avec trop d'ardeur ; s'il en craint la privation ; s'il en jouit avec transport ; s'il se trompe sur sa valeur ; s'il en est séduit ; s'il s'y attache ; s'il aime la vie, il est pervers.

Les désirs fondés sur l'opinion, sont des sources de trouble. L'intempérance est une des sources les plus fécondes du trouble.

Le vice s'introduit par l'ignorance des choses qui font la vertu.

Il y a des vertus de théorie. Il y en a de pratique. Il y en a de premières ; il y en a de secondaires.

La prudence, qui nous instruit de nos devoirs ; la tempérance, qui règle nos appétits ; le courage, qui nous apprend à supporter ; la justice, qui nous apprend à distribuer, sont des vertus du premier ordre.

Il y a entre les vertus un lien qui les enchaîne ; celui à qui il en manque une, n'en a point. Celui qui en possède bien une, les a toutes.

La vertu ne se montre pas seulement dans les discours ; mais on la voit aussi dans les actions.

Le milieu, entre le vice et la vertu, n'est rien.

On forme un homme à la vertu. Il y a des méchans qu'on peut rendre bons.

On est vertueux pour la vertu même. Elle n'est fondée ni dans la crainte, ni dans l'espérance.

Les actions sont, ou des devoirs, ou de la générosité, ou des procédés indifférens.

La raison ne commande ni ne défend les procédés indifférens ; la nature ou la loi prise les devoirs. La générosité immole l'intérêt personnel.

Il y a des devoirs relatifs à soi-même ; de relatifs au prochain ; et de relatifs à Dieu.

Il importe de rendre à Dieu un culte raisonnable.

Celui-là a une juste opinion des dieux, qui croit leur existence, leur bonté, leur providence.

Il faut les adorer avant tout, y penser, les invoquer, les reconnoître, s'y soumettre, leur abandonner sa vie, les louer même dans le malheur, etc.

L'apathie est le but de tout ce que l'homme se doit à lui-même. Celui qui y est arrivé, est sage.

Le sage saura quand il lui convient de mourir; il lui sera indifférent de recevoir la mort, ou de se la donner. Il n'attendra point à l'extrémité, pour user de ce remède. Il lui suffira de croire que le sort a changé.

Il cherchera l'obscurité.

Le soir, il se rappellera sa journée. Il examinera ses actions. Il reviendra sur ses discours. Il s'avouera ses fautes. Il se proposera de faire mieux.

Son étude particulière sera celle de lui-même.

Il méprisera la vie et ses amusemens; il ne redoutera ni la douleur, ni la misère, ni la mort.

Il aimera ses semblables. Il aimera même ses ennemis.

Il ne fera injure à personne. Il étendra sa bienveillance sur tous.

Il vivra dans le monde, comme s'il n'y avoit rien de propre.

Le témoignage de sa conscience sera le premier qu'il cherchera.

Toutes les fautes lui seront égales.

Soumis à tout événement, il regardera la commisération et la plupart des vertus de cet ordre, comme une sorte d'opposition à la volonté de Dieu.

Il jugera de même du repentir.

Il n'aura point ces vues de petite bienfaisance, étroite, qui distingue un homme d'un autre. Il imitera la nature. Tous les hommes seront égaux à ses yeux.

S'il tend la main à celui qui fait naufrage ; s'il console celui qui pleure ; s'il reçoit celui qui manque d'asyle ; s'il donne la vie à celui qui périt ; s'il présente du pain à celui qui a faim, il ne sera point ému. Il gardera sa sérénité. Il ne permettra point au spectacle de la misère, d'altérer sa tranquillité. Il reconnoîtra en tout la volonté de Dieu et le malheur des autres ; et dans son impuissance à les secourir, il sera content de tout, parce qu'il saura que rien ne peut être mal.

*Des disciples et des successeurs de Zénon.*

Zénon eut pour disciples Philonide, Calippe, Posidonius, Zenode, Scion et Cléanthe.

Persée, Ariston, Hérille, Denys, Spherus et Athénodore se sont fait un nom dans sa secte.

Nous allons parcourir rapidement ce qu'il peut y avoir de remarquable dans leurs vies et dans leurs opinions.

Persée étoit fils de Démétrius de Cettium. Il fut, disent les uns, l'ami de Zénon ; d'autres, un de ces esclaves, qu'Antigone envoya dans son école pour en copier les leçons. Il vivoit aux environs de la cent trentième olympiade. Il étoit avancé en âge, lorsqu'il alla à la cour d'Antigone Gonatas. Son crédit auprès de ce prince fut tel, que la garde de l'Acro-Corinthe lui fut confiée. On sait que la sûreté de Corinthe et de tout le Péloponèse dépendoit de cette citadelle. Le philosophe répondoit mal à l'axiome stoïque, qui disoit qu'il n'y avoit que le sage qui sache commander. Aratus, de Sycione, se présenta subitement devant l'Acro-Corinthe, et le surprit. Il empêcha Antigone de tenir à Menedème, d'Erétrie, la parole qu'il lui avoit donnée, de remettre les Erétriens en république : il regardoit les dieux comme les premiers inventeurs des choses utiles chez les peuples qui leur avoient élevé des autels. Il eut pour disciple Hermagoras d'Amphipolis.

Ariston, de Chio, étoit fils de Miltiade. Il étoit éloquent, et il n'en plaisoit pas davantage à Zénon, qui affectoit un discours bref. Ariston, qui aimoit le plaisir, étoit d'ailleurs peu fait pour cette école sévère. Il profita d'une maladie de son maître pour le quitter. Il suivit Polémon, auquel il ne demeura pas long-temps attaché. Il eut l'ambition d'être chef de secte, et il s'établit dans le Cynosarge, où il assembla quelques auditeurs, qu'on appela

pela de son uom *les aristoniens :* mais bientôt son école fut méprisée et déserte. Ariston attaqua avec chaleur Arcésilaus et sa manière de philosopher académique et sceptique. Il innova plusieurs choses dans le *stoïcisme :* il prétendoit que l'étude de la nature étoit au-dessus de l'esprit humain ; que la logique ne signifioit rien ; et que la morale étoit la seule science qui nous importât ; qu'il n'y avoit pas autant de vertus différentes qu'on en comptoit communément, mais qu'il ne falloit pas, comme Zénon, les réduire à une seule ; qu'il y avoit entre elles un lien commun ; que les dieux étoient sans intelligence et sans vie ; et qu'il étoit impossible d'en déterminer la forme. Il mourut d'un coup de soleil qu'il reçut sur sa tête, qui étoit chauve. Il eut pour disciple Eratostène de Cyrène. Celui-ci fut grammairien, poëte et philosophe. Il se distingua aussi parmi les mathématiciens. La variété de ses connoissances lui a mérité le nom de *Philologue,* qu'il porta le premier ; et les Ptolémée, Philopator et Epiphane, lui confièrent le soin de la bibliothèque d'Alexandrie.

Persée ne fut pas le seul qui abandonna la secte de Zénon. On fait le même reproche à Denys d'Héraclée On dit de celui-ci, qu'il regarda la volupté comme la fin des actions humaines, et qu'il passa dans l'école cyrénaïque épicurienne.

Herelle de Carthage n'eut pas une jeunesse

fort innocente. Lorsqu'il se présenta pour disciple à Zénon, celui-ci exigea pour preuve de son changement de mœurs, qu'il se coupât les cheveux qu'il avoit fort beaux. Herelle se rasa la tête, et fut reçu dans l'école stoïque. Il regarda la science et la vertu comme les véritables fins de l'homme; ajoutant qu'elles dépendoient quelquefois des circonstances; et que semblables à l'airain dont on fondoit la statue d'Alexandre ou de Socrate, il en falloit changer selon les occasions; qu'elles n'étoient pas les mêmes pour tous les hommes; que le sage avoit les sciences qui n'étoient pas celles du fou, etc.

Sphærus le borysténite, le second disciple de Zénon, enseigna la philosophie à Lacédémone; et forma Cléomène. Il passa de Sparte à Alexandrie: il modifia le principe des *stoïciens*, que le sage n'opinoit jamais. Il disoit à Ptolémée qu'il n'étoit roi que parce qu'il en avoit les qualités, sans lesquelles il cesseroit de l'être. Il écrivit plusieurs traités que nous n'avons pas.

Cléanthès, né à Asse en Lycie, succéda à Zénon sous le Stoa. Il avoit été d'abord athlète. Son extrême pauvreté lui fit apparemment goûter une philosophie qui prêchoit le mépris des richesses. Il s'attacha d'abord à Cratès, qu'il quitta pour Zénon. Le jour, il étudioit; la nuit, il se louoit pour tirer de l'eau dans les jardins. Les aréopagites, touchés de sa vertu, lui décernèrent dix

mines sur le trésor public. Zénon n'étoit pas d'avis
qu'il les acceptât. Un jour, qu'il conduisoit des
jeunes gens au spectacle, le vent lui enleva son
manteau, et le laissa tout nu. La fortune et la
nature l'avoient traité presqu'avec la même ingratitude. Il avoit l'esprit lent : on l'appeloit *l'âne
de Zénon;* et il disoit qu'on avoit raison, car
il portoit seul toute la charge de ce philosophe.
Antigone l'enrichit ; mais ce fut sans conséquence
pour sa vertu. Cléanthès persista dans la pratique
austère du *stoïcisme*. La secte ne perdit rien sous
lui de son éclat ; le portique fut plus fréquenté
que jamais ; il prêchoit d'exemple la continence,
la sobriété, la patience et le mépris des injures :
il estimoit les anciens philosophes, de ce qu'ils
avoient négligé les mots, pour s'attacher aux choses ; et c'étoit la raison qu'il donnoit de ce que
beaucoup moindres en nombre que de son temps,
il y avoit cependant parmi eux beaucoup plus
d'hommes sages. Il mourut âgé de 80 ans : il fut
attaqué d'un ulcère à la bouche, pour lequel
les médecins lui ordonnèrent l'abstinence des
alimens : il passa deux jours sans manger ; ce
régime lui réussit ; mais on ne put le déterminer
à reprendre les alimens. Il étoit, disoit-il, trop
près du terme, pour revenir sur ses pas. On lui
éleva, tard à-la-vérité, une très-belle statue.

Mais personne ne s'est fait plus de réputation
parmi les *stoïciens,* que Chrysippe de Tarse. Il

écouta Zénon et Cléanthès ; il abandonna leur doctrine en plusieurs points. C'étoit un homme d'un esprit prompt et subtil. On le loue d'avoir pu composer jusqu'à cinq cents vers en un jour: mais parmi ces vers, y en avoit-il beaucoup qu'on pût louer ? L'estime qu'il faisoit de lui-même n'étoit pas médiocre. Interrogé par quelqu'un qui avoit un enfant, sur l'homme à qui il en falloit confier l'instruction : à moi, lui répondit-il ; car si je connoissois un précepteur qui valût mieux, je le prendrois pour moi. Il avoit de la hauteur dans le caractère : il méprisa les honneurs. Il ne dédia point aux rois ses ouvrages, comme c'étoit la coutume de son temps. Son esprit ardent et porté à la contradiction lui fit des ennemis. Il éleva Carnéade, qui ne profita que trop bien de l'art malheureux de jeter des doutes. Chrysippe en devint lui-même la victime. Il parla librement des dieux : il expliquoit la fable des amours de Jupiter et de Junon, d'une manière aussi peu décente que religieuse. S'il est vrai qu'il approuvât l'inceste, et qu'il conseillât d'user de la chair humaine en alimens ; sa morale ne fut pas sans tache. Il laissa un nombre prodigieux d'ouvrages. Il mourut âgé de 83 ans : on lui éleva une statue dans le Céramique.

Zénon de Tarse, à qui Chrysippe transmit le portique, fit beaucoup de disciples et peu d'ouvrages.

Diogène, le babylonien, eut pour maîtres Chrysippe et Zénon. Il accompagna Critolaüs et Carnéade à Rome. Un jour qu'il parloit de la colère, un jeune étourdi lui cracha au visage; la tranquillité de ce philosophe ne démentit pas son discours. Il mourut âgé de 98 ans.

Antipater, de Tarse, avoit été disciple de Diogène; et il lui succéda. Ce fut un des antagonistes les plus redoutables de Carnéade.

Panetius, de Rhodes, laissa les armes auxquelles il étoit appelé par sa naissance, pour suivre son goût, et se livrer à la philosophie. Il fut estimé de Cicéron, qui l'introduisit dans la familiarité de Scipion et de Lælius. Panetius fut plus attaché à la pratique du *stoïcisme* qu'à ses dogmes. Il estimoit les philosophes qui avoient précédé, mais sur-tout Platon, qu'il appeloit *l'Homère des philosophes*. Il vécut long-temps à Rome; mais il mourut à Athènes. Il eut pour disciples des hommes du premier mérite, Mnésarque, Posidonius, Lælius, Scipion, Fannius, Hécaton, Appollonius, Polybe. Il rejetoit la divination de Zénon : il écrivit des offices; il s'occupa de l'histoire des sectes. Il ne nous reste aucun de ses ouvrages.

Posidonius, d'Apamée, exerça à Rhodes les fonctions de magistrat et de philosophe; et au sortir de l'école, il s'asseyoit sur le tribunal des loix, sans qu'on l'y trouvât déplacé. Pompée le visita. Posidonius étoit alors tourmenté de la goutte.

La douleur ne l'empêcha pas d'entretenir le général romain. Il traita en sa présence la question du bon et de l'honnête. Il écrivit différens ouvrages. On lui attribue l'invention d'une sphère artificielle, qui imitoit les mouvemens du système planétaire : il mourut fort âgé. Cicéron en parle comme d'un homme qu'il avoit entendu.

Jason, neveu de Posidonius, professa le *stoïcisme* à Rhodes, après la mort de son oncle.

Des femmes eurent aussi le courage d'embrasser le *stoïcisme*, et de se distinguer dans cette école par la pratique de ses vertus austères.

La secte *stoïcienne* fut le dernier rameau de la secte de Socrate.

*Voyez à l'article de la* PHILOSOPHIE DES ROMAINS, l'histoire des progrès de la secte stoïque dans cette ville, sous la république et sous les empereurs.

*Des restaurateurs de la* philosophie stoïcienne *parmi les modernes.*

Les principaux d'entre eux ont été Juste-Lipse, Scioppius, Heinsius et Gataker.

Juste-Lipse naquit dans le courant de 1547. Il fit ses premières études à Bruxelles, d'où il alla perdre deux ans ailleurs. Il étudia la scholastique chez les Jésuites : le goût de l'éloquence et des questions grammaticales l'entraîna d'abord ; mais Tacite et Sénèque ne tardèrent pas à le détacher de Donat et de Cicéron. Il fut tenté de se faire Jésuite ; mais ses parens, qui n'approuvoient pas ce dessein, l'envoyèrent à Louvain, où sa vocation se perdit. Là, il se livra tout entier à la littérature ancienne, et à la jurisprudence. Il se lia, sous Corneille Valère, leur maître commun, à Delrio, Giselin, Lernuet, Shoot et d'autres qui se sont illustrés par leurs connoissances. Il écrivit de bonne heure. Il n'avoit que 19 ans lorsqu'il publia ses livres *de variis lectionibus :* il les dédia au cardinal Perrenot de Granvelle, qui l'aima et le protégea. A Rome, il se plongea dans l'étude des antiquités : il y connut Manuce, Mercurialis et Muret.

De retour de l'Italie en Flandres, il s'abandonna au plaisir ; et il ne parut pas se ressouvenir beaucoup de son Épictète : mais cet écart de jeunesse, bien pardonnable à un homme qui étoit si jeune sans père, sans mère, sans parens, sans tuteur, ne dura pas. Il revint à l'étude et à la vertu. Il voyagea en France et en Allemagne, en Saxe, en Bohême, satisfaisant par-tout sa passion pour les sciences et pour les savans. Il s'arrêta quelque temps en Allemagne, où le mauvais état de sa fortune, qui avoit disparu au milieu des ravages de la guerre allumée dans son pays, le détermina à abjurer le catholicisme, pour en obtenir une chaire de professeur chez les luthériens. Au fond, indifférent en fait de religion, il n'étoit ni catholique, ni luthérien. Il se maria à Cologne. Il s'éloigna de cette ville, pour aller chercher un asyle, où il pût vivre dans le repos et la solitude ; mais il fut obligé de préférer la sécurité à ces avantages, et de se réfugier à Louvain, où il prit le bonnet de docteur en droit. Cet état lui promettoit de l'aisance ; mais la guerre sembloit le suivre par-tout : elle le contraignit d'aller ailleurs enseigner, parmi les protestans, la jurisprudence et la politique. Ce fut là qu'il prétendit qu'il ne falloit dans un état qu'une religion, et qu'il falloit pendre, brûler, massacrer ceux qui refusoient de se conformer au culte public : quelle morale à débiter parmi des hommes qui venoient d'exposer leurs femmes, leurs enfans, leurs pays, leurs fortunes, leur vie, pour s'assurer la liberté de la conscience, et dont la terre fumoit encore du sang que l'intolérance espagnole avoit répandu ! On écrivit avec chaleur contre Juste-Lipse. Il devint odieux : il médita de se retirer de la Hollande. Sa femme superstitieuse le pressoit de changer de religion : les Jésuites l'investissoient ; il auguroit mal du succès de la guerre des Provinces-Unies. Il simula une maladie : il alla à Spa ; il passa quelques années à Liége, et de-là il vint à Cologne, où il rentra dans le sein du catholicisme. Cette inconstance ne nuisit pas autant à sa considération qu'à sa tranquillité. Les Jésuites, amis aussi chauds qu'ennemis dangereux, le préconisèrent. Il fut appelé par des villes, par des provinces, par des souverains. L'ambition n'étoit certainement pas son défaut : il se refusa aux propositions les plus avantageuses et les plus honorables. Il mourut à Louvain en 1606, âgé de 58 ans. Il avoit beaucoup souffert et beaucoup travaillé : son érudition étoit profonde ; il n'étoit presqu'aucune science dans laquelle il ne fût versé ; il avoit des lettres, de la critique et de la philosophie. Les langues anciennes et modernes lui étoient familières. Il avoit étudié la jurisprudence et les antiquités. Il étoit grand moraliste ; il s'étoit fait un style particulier, sentencieux, bref, concis et serré. Il avoit reçu de la nature de la vivacité, de la chaleur, de la sagacité, de la justesse même, de l'imagination, de l'opiniâtreté et de la mémoire. Il avoit embrassé le *stoïcisme*, il détestoit la philosophie des écoles. Il ne dépendit pas de lui qu'elle ne s'améliorât. Il écrivit de la politique et de la morale ; et quoiqu'il ait laissé un assez grand nombre d'ouvrages ; qu'ils aient presque tous été composés dans les embarras d'une vie tumultueuse ; il n'y en a pas un qu'on ne lise sans quelque fruit : sa physiologie *stoïcienne*, son traité de la constance, ses politiques, ses notes sur Tacite et Sénèque, ne sont pas les moins estimés ; il eut des mœurs, de la douceur, de l'humanité, assez peu de religion. Il y a dans sa vie plus d'imprudence que de méchanceté : ses apostasies continuelles sont les suites naturelles de ses principes.

Gaspard Scioppius, dont on a dit tant de bien et tant de mal, marcha sur les pas de Juste-Lipse. Il publia des élémens de la philosophie *stoïcienne ;* ce n'est guère qu'un abrégé de ce qu'on savoit avant lui.

Daniel Heinsius a fait le contraire de Scioppius : il a délayé dans une oraison *de philosophiâ stoicâ*, ce que le fougueux Scioppius avoit resserré.

Gataker s'est montré fort supérieur à l'un et à l'autre, dans son commentaire sur l'ouvrage de l'empereur Antonin. On y retrouve par-tout un homme profond dans la connoissance des orateurs, des poëtes, et des philosophes anciens : mais il a ses préjugés. Il voit souvent Jésus-Christ, saint Paul, les évangélistes, les pères sous le portique ; et il ne tient pas à lui qu'on ne les prenne pour des disciples de Zénon. Dacier n'étoit pas éloigné des idées de Gataker.

## SYNCRÉTISTES, HÉNOTIQUES, ou CONCILIATEURS.

Ceux-ci connurent bien les défauts de la philosophie sectaire ; ils virent toutes les écoles soulevées les unes contre les autres ; ils s'établirent entre elles en qualité de pacificateurs ; et, empruntant de tous les systèmes les principes qui leur convenoient, les adoptant sans examen, et compilant ensemble les propositions les plus opposées, ils appelèrent cela *former un corps de doctrine*, où l'on n'appercevoit qu'une chose; c'est que, dans le dessein de rapprocher des opinions contradictoires, ils les avoient défigurées et obscurcies ; et qu'au-lieu d'établir la paix entre les philosophes, il n'y en avoit aucun, qui pût s'accommoder de leur tempérament, et qui ne dût s'élever contre eux.

Il ne faut pas confondre les *syncrétistes* avec les éclectiques : ceux-ci, sans s'attacher à personne, ramenant les opinions à la discussion la plus rigoureuse, ne recevoient d'un système que les propositions qui leur sembloient réductibles à des notions évidentes par elles-mêmes. Les *syncrétistes*, au contraire, ne discutoient rien en soi-même ; ils ne cherchoient point à découvrir si une assertion étoit vraie ou fausse : mais ils s'occupoient seulement des moyens de concilier des assertions diverses, sans aucun égard, ou à leur fausseté, ou à leur vérité.

Ce n'étoit pas qu'ils ne crussent qu'il convenoit de tolérer tous les systèmes, parce qu'il n'y en avoit aucun qui n'offrît quelque vérité; que cette exclusion qui nous fait rejeter une idée, parce qu'elle est de telle ou telle école, et non parce qu'elle est contraire à la nature ou à l'expérience, marquoit de la prévention, de la servitude, de la petitesse d'esprit, et qu'elle étoit indigne d'un philosophe; qu'il est si facile de se tromper, qu'on ne peut être trop réservé dans ses jugemens; que les philosophes, qui se disputent avec le plus d'acharnement, seroient souvent d'accord s'ils se donnoient le temps de s'entendre; qu'il ne s'agit le plus ordinairement que d'expliquer les mots pour faire sortir, ou la diversité, ou l'identité de deux propositions; qu'il est ridicule d'imaginer qu'on a toute la sagesse de son côté; qu'il faut aimer, plaindre et servir ceux mêmes qui sont dans l'erreur; et qu'il étoit honteux que la différence des sentimens fût aussi souvent une source de haine.

Ce n'étoit pas non plus qu'ils s'en tinssent à comparer les systêmes; et à montrer ce qu'ils avoient de commun ou de particulier, sans rien prononcer sur le fond.

Le *syncrétiste* étoit entre les philosophes, ce que seroit entre des hommes qui disputent un arbitre captieux qui les tromperoit, et qui établiroit entre eux une fausse paix.

Le *syncrétisme* paroîtra si bizarre sous ce coup-d'œil, qu'on n'imaginera pas comment il a pu naître, à-moins qu'on ne remonte à l'origine de quelque secte particulière, qui, ayant intérêt à attirer dans son sein des hommes divisés par une infinité d'opinions contradictoires; et à établir entre eux la concorde, lorsqu'ils y avoient été reçus, se trouvoit contrainte, tantôt à plier ses dogmes aux leurs; tantôt à pallier l'opposition qu'il y avoit entre leurs opinions et les siennes, ou entre leurs propres opinions.

Que fait alors le prétendu pacificateur ? Il change l'acception des termes; il écarte adroitement une idée, il en substitue une autre à sa place; il fait à celui-ci une question vague, à celui-là une question plus vague encore; il empêche qu'on n'approfondisse; il demande à l'un : Croyez-vous cela ? à l'autre : N'est-ce pas là votre avis ? il dit à un troisième : Ce sentiment que vous soutenez n'a rien de contraire à celui que je vous propose. Il arrange sa formule d'une manière que son dogme y soit à-peu-près; et que tous ceux à qui il la propose à souscrire, y voient le leur : on souscrit; on prend un nom commun, et l'on s'en retourne content.

Que fait encore le pacificateur ? Il conçoit bien que, si ces gens viennent une fois à s'expliquer, ils ne tarderont pas à réclamer contre un consentement qu'on leur a surpris. Pour prévenir cet inconvénient, il faut imposer silence; mais il est impossible qu'on soit long-temps obéi. La circonstance la plus favorable pour le *syncrétiste*, c'est que le parti qu'il a formé soit menacé, le danger réunira contre un ennemi commun; chacun emploiera contre lui les armes qui lui sont propres; les contradictions commenceront à se développer : mais on ne les appercevra point, ou on les négligera : on sera tout à l'intérêt général. Mais le danger passé et l'ennemi commun terrassé, qu'arrivera-t-il ? C'est qu'on s'interrogera : on examinera les opinions qu'on a avancées dans la grande querelle : on reconnoîtra que, compris tous sous une dénomination commune, on n'en étoit pas moins divisé de sentimens : chacun prétendra que le sien est le seul qui soit conforme à la formule souscrite : on écrira les uns contre les autres ; on s'injuriera, on se haïra, on s'anathématisera réciproquement, on se persécutera ; et le pacificateur ne verra de ressource, au milieu de ces troubles, qu'à éloigner de lui une partie de ceux qu'il avoit enrôlés, afin de se conserver le reste.

Mais à qui donnera-t-il la préférence ? il a ses propres sentimens, qui, pour l'ordinaire, sont très-absurdes. Mais rien ne quadre mieux à une absurdité qu'une absurdité : ainsi on peut, avant sa décision, prononcer que ceux qui soutiennent des opinions à-peu-près sensées, seront séparés de sa communion. Son systême en sera plus ridicule ; mais il en sera plus un : ce sera une déraison bien continue et bien enchaînée.

Il y a eu des *syncrétistes* en tout temps, et chez tous les peuples. Il y en a eu de toutes sortes.

Les uns se sont proposé d'allier les opinions des philosophes avec les vérités révélées, et de rapprocher certaines sectes du christianisme. D'autres ont tenté de réconcilier Hippocrate et Galien avec Paracelse et ses disciples en chimie. D'un côté, ils ont proposé un traité de paix aux stoïciens, aux épicuriens et aux aristotéliciens. D'un autre côté, ils ont tout mis en œuvre, pour concilier Platon avec Aristote, Aristote avec Descartes : nous allons voir avec quel succès.

Il faut mettre au nombre des *syncrétistes* tous ces philosophes, qui ont essayé de rapporter leurs systèmes cosmologiques à la physiologie de Moyse : ceux qui ont cherché dans l'écriture des autorités, sur lesquelles ils pussent appuyer leurs opinions, et que nous appelons *théosophes*. ( *Voyez* cet article ).

Un des *syncrétistes* les plus singuliers, fut Guillaume Postel. Il publia un ouvrage intitulé *Panthéonosie*, ou *concordance* de toutes les opinions qui se sont élevées parmi les infidèles, les juifs, les hérétiques et les catholiques, et parmi les différens membres de chaque église particulière, sur la vérité ou la vraisemblance éternelle. C'est un tissu de paradoxes, où le christianisme et la philosophie sont mis alternativement à la torture. L'ame du Christ est la première créature ; c'est l'ame du monde. Il y a deux principes indépendans, l'un bon, l'autre mauvais. Ils constituent ensuite Dieu. *Voyez* la suite des folies de Postel, dans son ouvrage.

En voici un autre, qui fait biaiser la morale du paganisme et celle des chrétiens, dans un ouvrage intitulé : *Osculum sive consensus ethnicæ et christianæ philosophiæ, Chaldæorum, Ægyptiorum, Persarum, Arabum, Græcorum*, etc... C'est Mutius-Pansa.

Augustanus Steuchus Eugubinus s'est montré plus savant et non moins fou dans son traité *de perenni philosophiâ*. Il corrompt le dogme chrétien ; il altère les sentimens des anciens ; et, fermant les yeux sur l'esprit général des opinions, il est perpétuellement occupé à remarquer les petites conformités qu'elles peuvent avoir.

L'ouvrage, que Pierre-Daniel Huet a donné sous le titre de *quæstiones alnetanæ de concordiâ rationis et fidei*, mérite à-peu-près les mêmes reproches.

Le *Systema philosophiæ gentilis*, de Tobie Pfannerus, est un fatras de bonnes et de mauvaises choses, où l'auteur, perpétuellement trompé par la ressemblance des expressions, en conclut celle des sentimens.

Quels efforts n'a pas faits Juste-Lipse, pour illustrer le stoïcisme, en le confondant avec la doctrine chrétienne ?

Cette fantaisie a été aussi celle de Thomas Gataker : André Dacier n'en a pas été exempt.

Il ne faut pas donner le nom de *syncrétisme* à Gassendi. Il a démontré, à-la-vérité, que la doctrine d'Epicure étoit beaucoup plus saine et plus féconde en vérités qu'on ne l'imaginoit communément; mais il n'a pas balancé de dire, comme les chrétiens, et avec aussi peu de fondement, qu'elle renversoit toute morale.

Bessarion, Pic, Ficin n'ont pas montré la même impartialité ni le même jugement dans leur attchement à la doctrine de Platon.

Les sectateurs d'Aristote n'ont pas été moins outrés : que n'ont-ils pas vu dans cet auteur !

Et les disciples de Descartes croient-ils que leur maître eût approuvé qu'on employât des textes de l'écriture pour défendre ses opinions ? Qu'auroit-il dit à Amerpoel, s'il eût vu son ouvrage intitulé : *De Cartesio moysante, sive de evidente et facili conciliatione philosophiæ Cartesii, cum historiá creationis primo capite genezeos per* Mosem *traditá.*

Paracelse avoit soulevé contre lui toute la médecine, en opposant la pharmacie chymique à la pharmacie galénique. Sennert essaya le premier, avec quelque succès, de pacifier les esprits. Méchlin, George Martin et d'autres, se déclarèrent ensuite avec plus de hardiesse en faveur des préparations chymiques. De jour en jour, elle prévalut dans la pratique de la médecine. Cependant on ne peut pas dire qu'aujourd'hui même cette sorte de *syncrétisme* soit éteinte ; il y a encore des médecins et des chirurgiens qui brouillent ces deux pharmacies ; et je ne crois pas que ce soit sans un grand inconvénient pour la vie des hommes.

Jean-Baptiste Du-Hamel travailla beaucoup à montrer l'accord de la philosophie ancienne et moderne. Cet homme étoit instruit ; il avoit reçu de la nature un jugement sain. Il naquit à Caen en 1624 ; il y étudia la philosophie et les humanités. Il vint à Paris, où il se livra à la théologie, à la physique et aux mathématiques. Il vécut pendant quelque temps d'une vie assez diverse. Il voyagea en Angleterre et en Allemagne ; et ce ne fut qu'en 1660 qu'il publia son astronomie physique, ouvrage qui fut suivi de son traité des affections des corps, de celui de l'ame humaine, de sa philosophie ancienne et moderne à l'usage des écoles, de son histoire de l'académie des sciences, de sa concordance de la philosophie ancienne et moderne. Dans ce dernier ouvrage, il parcourt tous les systêmes des philosophes anciens ; il montre la diversité et la conformité de leurs opinions ; il les concilie quand il peut ; il les approuve ou les réfute : il conclut qu'ils ont vu, mais qu'ils n'ont pas tout vu. Il s'attache d'abord à la philosophie de Platon, après avoir, avec ce philosophe, élevé l'esprit à la connoissance de la cause éternelle et première des choses : il parle, d'après Aristote, des principes des corps : il examine ensuite le systême d'Epicure : il expose la doctrine de Descartes, et finit par deux livres qui contiennent les élémens de la chymie, avec quelques expériences relatives à cet art.

On ne peut nier que cet auteur n'ait bien mérité de la philosophie ; mais ses ouvrages sont tachés de quelques traces de *syncrétisme.* Il avoit trop à cœur la réconciliation des anciens et des modernes, pour qu'il pût exposer la doctrine des premiers avec toute l'exactitude qu'on desireroit. Du-Hamel mourut fort âgé, il avoit quatre-vingt-deux ans; on le perdit donc en 1706.

Mais il n'y a point eu de *syncrétisme* plus ancien et plus général que le platonico-péripatético-stoïcien : Ammonius, Porphire, Thémistius, Julien, Proclus, Marin, Origène, Synésius, Philoponus, Psellus, Boethius, Bessarion, Franc, Pic, Gaza, Patricius, Schalichius, et une infinité de bons esprits en ont été infectés ; en Grèce, en Italie, en France, en Angleterre, en Allemagne, depuis les temps les plus reculés jusqu'aux nôtres ; les uns donnant la palme à Platon ; les autres l'arrachant à Platon, pour en couronner Aristote ou Zénon ; quelques-uns, plus équitables, la partageant à-peu-près également entre eux.

Ce *syncrétisme* divisoit les esprits, et exposoit la philosophie au mépris des gens du monde ; lorsqu'il sortit de l'école de Ramus et de Mélanchton, une espèce de secte, qu'on pouvoit appeler les *philosophes mixtes* : de ce nombre furent Paulus Fricus, André Libavius ; Heizo-

Bucherus, Conrad Dutericus, Alstedius et d'autres, entre lesquels il ne faut pas oublier Keckermann.

Mais personne ne tenta la réconciliation d'Aristote avec les philosophes modernes, avec plus de chaleur et de talens, que Jean-Christophe Sturmius. Il fut d'abord *syncrétiste ;* mais cette manière de philosopher ne tarda pas à lui déplaire ; il devint éclectique ; il eut une dispute importante avec Henri Molus, Léibnitz et Schelhammer sur le principe qui agit dans la nature. Morus y répandoit un esprit immatériel, mais brute ; Léibnitz une force active, propre à chaque molécule, dans laquelle elle s'exerçoit, ou tendoit à s'exercer selon des loix mécaniques ; Schel-hammer, le principe d'Aristote.

Léibnitz commença, et finit comme Sturmius ; je veux dire, qu'il passa du *syncrétisme* à l'éclectisme. *Voyez* cet article, et l'*article* Léibnitzianisme.

Il paroît, par ce que nous avons dit de cette secte, qu'elle a peu fait pour le progrès de la philosophie ; qu'on lui doit peu de vérités ; et qu'il ne s'en est fallu de rien qu'elle ne nous ait engagés dans des disputes sans fin.

Il s'agit bien de concilier un philosophe avec un autre philosophe : et qu'est-ce que cela nous importe ? Ce qu'il faut savoir, c'est qui est-ce qui a tort ou raison ?

P. *

Il s'agit bien de savoir si un système de philosophie s'accorde avec l'écriture ou non : et qu'est-ce que cela nous importe ? Ce qu'il faut savoir, c'est s'il est conforme à l'expérience, ou non. L'écriture n'est qu'un mauvais roman.

Quelle est l'autorité que le philosophe doit avoir pour soi ? celle de la nature, de la raison, de l'observation et de l'expérience.

Il ne doit le sacrifice de ses lumières à personne, pas même à Dieu, puisque Dieu même, selon les chrétiens, nous conduit, par l'intelligence des choses qui nous sont connues, à la croyance de celles que nous ne concevons pas.

Tandis que tant d'esprits s'occupoient à concilier Platon avec Aristote, Aristote avec Zénon, les uns et les autres avec Jésus-Christ ou avec Moïse ; le temps se passoit, et la vérité s'arrêtoit.

Depuis que l'éclectisme a prévalu, que sont devenus tous les ouvrages des *syncrétistes*? ils sont oubliés.

## THÉOLOGIE EMBLÉMATIQUE.

Les furies sont filles de l'Achéron et de la Nuit ; elles sont trois sœurs : Tisiphone, Mégère et Alecto ; le nom de cette dernière répond à celui de *l'envie*. Quelle origine et quelle peinture de *l'envie* ! Il me semble que, pour les peuples et pour les enfans, qu'il faut prendre par l'imagination, cela est plus frappant, que de se borner à représenter cette passion comme un grand mal. Dire que l'envie est un mal, c'est presque ne faire entendre autre chose, si-non que l'envieux ressemble à un autre homme. Mais quel est l'envieux qui n'ait horreur de lui-même, quand il entendra dire que l'Envie est une des trois furies, et qu'elle est fille de l'Enfer et de la Nuit ? Cette partie *emblématique* de la *théologie* du paganisme n'étoit pas toujours sans quelque avantage ; elle étoit toute de l'invention des poëtes. Et quoi de plus capable de rendre aux autres hommes la vertu aimable et le vice odieux, que les peintures charmantes ou terribles de ces imaginations fortes ?

## THÉOSOPHES. ( LES )

Voici peut-être l'espèce de philosophie la plus singulière. Ceux qui l'ont professée, regardoient en pitié la raison humaine ; ils n'avoient nulle confiance dans sa lueur ténébreuse et trompeuse ; ils se prétendirent éclairés par un principe intérieur, surnaturel et divin qui brilloit en eux, et s'y éteignoit par intervalles ; qui les élevoit aux connoissances les plus sublimes lorsqu'il agissoit, ou qui les laissoit tomber dans l'état d'imbécillité naturelle lorsqu'il cessoit d'agir ; qui s'emparoît violemment de leur imagination, qui les agitoit, qu'ils ne maîtrisoient pas, mais dont ils étoient maîtrisés; et qui les conduisoit aux découvertes les plus importantes et les plus cachées sur Dieu et sur la nature ; c'est ce qu'ils ont appelé la *théosophie*.

Les *théosophes* ont passé pour des fous auprès de ces hommes tranquilles et froids, dont l'ame pesante ou rassise n'est susceptible ni d'émotion, ni d'enthousiasme, ni de ces transports dans lesquels l'homme ne voit point, ne sent point, ne juge point, ne parle point, comme dans son état habituel. Ils ont dit de Socrate et de son démon, que si le sage de la Grèce y croyoit, c'étoit un insensé ; et que s'il n'y croyoit pas, c'étoit un fripon.

Me sera-t-il permis de dire un mot en faveur du démon de Socrate et de celui des *théosophes?* Nous avons tous des pressentimens, et ces pressentimens sont d'autant plus justes et plus prompts, que nous avons plus de pénétration et d'expérience. Ce sont des jugemens subits, auxquels nous sommes entraînés par certaines circonstances très-déliées. Il n'y a aucun fait, qui ne soit précédé et qui ne soit accompagné de quelques phénomènes. Quelque fugitifs, momentanés et subtils que soient ces phénomènes, les hommes doués d'une grande sensibilité, que tout frappe, à qui rien n'échappe, en sont affectés; mais souvent dans un moment où ils n'y attachent aucune importance. Ils reçoivent une foule de ces impressions. La mémoire du phénomène passe, mais celle de l'impression se réveillera dans l'occasion ; alors ils prononcent que tel événement aura lieu ; il leur semble que c'est une voix secrète qui parle au fond de leur cœur, et qui les avertit. Ils se croient inspirés, et ils le sont en effet, non par quelque puissance surnaturelle et divine, mais par une prudence particulière et extraordinaire. Car, qu'est-ce que la prudence, si-non une supposition, dans laquelle nous sommes portés à regarder les circonstances diverses où nous nous trouvons, comme les causes possibles d'effets à craindre ou à espérer dans l'avenir ? Or, il arrive que cette supposition est quelquefois fondée sur une infinité de choses légères que nous avons vues, apperçues, senties, dont nous ne pouvons plus nous rendre compte, ni à nous-mêmes, ni aux autres ; mais qui n'en ont pas une liaison moins nécessaire ni moins forte avec l'objet de notre crainte et de notre espérance. C'est une multitude d'atômes imperceptibles chacun, mais qui, réunis, forment un poids considérable qui nous incline, sans presque savoir pourquoi. Dieu voit l'ordre de l'univers entier dans la plus petite molécule de la matière. La prudence de certains hommes privilégiés tient un peu de cet attribut de la divinité. Ils rapprochent les analogies les plus éloignées ; ils voient des liaisons presque nécessaires, où les autres sont loin d'avoir des conjectures. Les passions ont chacune leur physionomie particulière ; les traits s'altèrent sur le visage, à mesure qu'elles se succèdent dans l'ame. Le même homme présente donc à l'observateur attentif un grand nombre de masques divers. Ces masques des passions ont des traits caractéristiques et communs dans tous les hommes. Ce sont les mêmes viscères intérieurs, qui se meuvent dans la joie, dans l'indignation, dans la colère, dans la frayeur, dans le moment de la dissimulation, du mensonge, du ressentiment. Ce sont les mêmes muscles, qui se détendent ou se resserrent à l'extérieur, les mêmes parties qui se contractent ou qui s'affaissent. Si la passion étoit permanente, elle nous feroit une physionomie permanente, et fixeroit son masque sur notre visage. Qu'est-ce donc qu'un physionomiste ? C'est un homme, qui connoît les masques des passions ; qui en a des représentations très-présentes ; qui croit qu'un homme porte, malgré qu'il en ait, le masque de sa passion dominante ; et qui juge des caractères des hommes d'après les masques habituels qu'il leur voit. Cet art est une branche de la sorte de divination dont il s'agit ici. ( *Voyez* l'article Pressentiment. )

Si les passions ont leurs physionomies particulières, elles ont aussi leurs gestes, leur ton, leur expression. Pourquoi n'ai-je point été surpris qu'un homme, que j'avois regardé pendant de longues années comme un homme de bien, ait eu tout-à-coup la conduite d'un coquin ! C'est qu'au moment où j'apprends son action, je me rappelle une foule de petites choses qui me l'avoient annoncé d'avance, et que j'avois négligées. *Diderot veut parler ici de J. J. Rousseau.*

Les *théosophes* ont tous été chymistes ; ils s'appeloient les *philosophes par le feu.* Or, il n'y a aucune science, qui offre à l'esprit plus de conjectures, qui le remplisse d'analogies plus subtiles, que la chymie. Il vient un moment où toutes ces analogies se présentent en foule à l'imagination du chymiste ; elles l'entraînent ; il tente en conséquence une expérience qui lui réussit ; et il attribue à un commerce intime de son ame avec quelque intelligence supérieure, ce qui n'est que l'effet subit d'un long exercice de son art. Socrate avoit son démon ; Paracelse avoit le sien ; et ce n'étoient l'un et l'autre ni deux fous, ni deux fripons ; mais deux hommes d'une pénétration surprenante, sujets à des illuminations brusques et rapides, dont ils ne cherchoient point à se rendre raison.

Nous ne prétendons point étendre cette analogie à ceux qui ont rempli l'intervalle de la terre aux cieux de natures moyennes entre l'homme et Dieu, qui leur obéissoient ; et qui ont accrédité sur la terre toutes les rêveries de la magie, de l'astrologie et de la cabale. Nous abandonnerons ces *théosophes* à toutes les épithètes qu'on voudra leur donner.

La secte des *théosophes* a été très-nombreuse. Nous ne parlerons que de ceux qui s'y sont fait un nom, tels que Paracelse, Valentin, Fludd, Boëhmius, les Van-Helmont, et Poiret.

Philippe Auréolus Théophraste Paracelse Bombast de Hoheinheim, naquit en Suisse en 1493. Il n'y a sorte de calomnies que ses ennemis n'aient hasardées contre lui. Ils ont dit qu'un soldat lui avoit coupé les testicules, dans la Carinthie, où il étoit occupé à conduire un troupeau d'oies. Ce qu'il y a de certain, c'est que les premières années de sa vie furent dissolues, et qu'il n'eut jamais de goût pour les femmes. Il garda le célibat. Son père prit sur lui-même le soin de son éducation. Il lui montra les humanités, et l'instruisit des principes de la médecine; mais cet enfant, doué d'un génie surprenant, et dévoré du désir de connoître, ne demeura pas long-temps sous l'aîle paternelle. Il entreprit, dans l'âge le plus tendre, les voyages les plus longs et les plus pénibles, ne méprisant ni aucun homme, ni aucune connoissance, conférant indistinctement avec tous ceux dont il espéroit tirer quelque lumière. Il souffrit beaucoup; il fut exposé à toutes les misères de la nature humaine: ce qui ne l'empêcha point de suivre l'impulsion de son enthousiasme, et de parcourir presque toutes les contrées de l'Europe, de l'Asie et de l'Afrique. L'enthousiasme est le germe de toutes les grandes choses, bonnes ou mauvaises. Qui est-ce qui pratiquera la vertu au milieu des traverses qui l'attendent, sans enthousiasme ? Qui est-ce qui se consacrera aux travaux continuels de l'étude, sans enthousiasme ? Qui est-ce qui sacrifiera son repos, sa santé, son bonheur, sa vie, aux progrès des sciences et des arts, et à la recherche de la vérité, sans enthousiasme ? Qui est-ce qui se ruinera ; qui est-ce qui mourra pour son ami, pour ses enfans, pour son pays, sans enthousiasme ? Paracelse descendoit à 20 ans dans les mines de l'Allemagne ; il s'avançoit dans la Russie ; il étoit sur les frontières de la Tartarie. Apprenoit-il qu'un homme possédoit quelque secret ; de quelqu'état qu'il fût, en quelque coin de la terre qu'il fût rélégué, il le visitoit. Il s'occupoit particulièrement à recueillir les ouvrages des chymistes ; il alloit au fond des monastères les arracher aux vers, aux rats et à la poussière ; il feuilletoit jour et nuit Raimond Lulle et Arnauld de Villeneuve ; il conféroit sans dédain avec les charlatans, les vieilles, les bergers, les paysans, les mineurs, les ouvriers ; il vécut familièrement avec des personnes du rang le plus distingué, des prêtres, des abbés, des évêques. Il disoit avoir plus appris de ceux que le monde appelle des *ignorans*, que toute l'école galénique ne savoit ; il faisoit peu de cas des auteurs anciens ; il en abandonna la lecture de bonne heure ; il pensoit qu'il y avoit plus de temps à perdre avec eux, que de vraies connoissances à recueillir. Il affectoit sur-tout le plus grand mépris pour les médecins qui l'avoient précédé. Les médecins de son temps ne le lui pardonnèrent pas. Il brûla publiquement à Bâle les ouvrages d'Avicenne : mon maître, disoit-il, je n'en reconnois point d'autres que la nature et moi. Il substitua les préparations chymiques à la pharmacie galénique. Ses succès, dans les cas les plus désespérés, lui firent une réputation incroyable. Jean Frobenius qui s'est immortalisé, si-non par l'invention, du-moins par la perfection de l'art typographique, étoit tourmenté de la goutte au pied droit; les remèdes qu'on lui ordonnoit, ne faisoient qu'irriter son mal ; on étoit sur-le-point de lui couper le pied ; Paracelse le vit, le guérit. Si l'on en croit Van-helmont, la lèpre, l'asthme, la gangrène, la paralysie, l'épilepsie, la pierre, l'hydropisie, la goutte, le cancer, et toutes ces maladies qui sont le désespoir de nos médecins, ne lui résistoient pas. Les habitans de Bâle l'appelèrent à eux, et le nommèrent à une chaire de physique. Il fit ses leçons en langue vulgaire; et il eut même l'auditoire le plus nombreux. Il ne savoit point de grec ; la langue latine lui étoit très-peu familière ; d'ailleurs, il avoit un si grand nombre d'idées qui lui étoient propres, et qui n'avoient point de nom dans aucun idiome, soit ancien, soit moderne, qu'il eût été obligé de s'en faire un particulier. Il s'appliqua beaucoup plus à l'étude de la matière médicale, à la pratique de la chymie, à la connoissance et à la cure des maladies, qu'à la théorie et à l'érudition de l'art. Cependant il ne négligea pas entièrement ces dernières parties. Il fit un usage surprenant du laudanum, qu'on appeloit dans son école *le remède par excellence*. Il parle souvent, dans ses ouvrages, de l'azoth, qu'il définit *lignum et linea vitæ*. On prétend que cet azoth est le remède universel, la pierre philosophale. Il auroit pu jouir, à Bâle, de la considération des hommes et du repos, les deux plus grands biens de la vie ; mais il connoissoit l'ignorance et les autres vices de ses collègues, et il s'en expliquoit sans ménagement. Ses cures les ulcéroient ; ses découvertes les humilioient ; son désintéressement leur reprochoit sans cesse leur avarice ; ils ne purent supporter un homme d'un mérite si affligeant ; ils cherchèrent l'occasion de le mortifier. L'imprudent et vain Paracelse la leur offrit : il entreprit la guérison d'un chanoine de Bâle, il en vint à bout ; les magistrats réglèrent son honoraire à un prix dont la modicité choqua Paracelse ; il s'en plaignit avec amertume ; il se compromit par l'indiscrétion de la plainte, et il fut obligé de sortir de Bâle et de se réfugier en Alsace, où il trouva des hommes qui surent honorer et récompenser ses talens. Oporinus, son disciple, et le conducteur de son laboratoire, préparoit les médicamens ;

Paracelse les administroit ; mais cet homme avoit pris du goût pour la vie errante et vagabonde. Il quitta l'Alsace, il revint en Suisse ; il disparut pendant onze ans. Il disoit qu'il ne convenoit point à un homme né pour soulager le genre humain, de se fixer à un point de la terre; ni à celui qui savoit lire dans le livre de la nature, d'en avoir toujours le même feuillet ouvert sous les yeux. Il parcourut l'Autriche, la Suisse, la Bavière, guérissant les corps, et infectant les ames d'un système particulier de théologie qu'il s'étoit fait. Il mourut à Saltzbourg en 1541.

Ce fut un homme d'un mérite éclatant et d'une vanité prodigieuse; il souffroit avec impatience qu'on le comparât à Luther, et qu'on le mît au nombre des disciples de cet hérésiarque. Qu'il fasse son affaire, disoit-il, et qu'il me laisse faire la mienne; si je me mêlois de réforme, je m'en tirerois mieux que lui; on ne nous associe, que pour nous perdre. On lui attribue la connoissance de transmuer les métaux; il est le fondateur de la pharmacie chymique; il exerça la médecine avec le plus grand succès; il a bien mérité du genre humain, par les préparations dont il a enrichi l'art de guérir les maladies. Ses ennemis l'accusèrent de plagiat; il les défia de montrer, dans quelqu'auteur que ce fût, le moindre vestige de la plus petite de ses découvertes; et ils restèrent muets : on lui reprocha la barbarie de ses termes, et son obscu-

-rité; et ce fut avec raison. Ce ne fut pas non plus un homme pieux : l'habitude de fréquenter le bas peuple le rendit crapuleux ; les chagrins, la débauche et les veilles, lui dérangèrent la tête; il passa pour sorcier; ce qui signifie aujourd'hui que ses contemporains étoient des imbécilles. Il se brouilla avec les théologiens; le moyen de penser d'après soi, et de ne se pas brouiller avec eux ? Il a beaucoup écrit; la plupart de ceux qui le jugent, soit en bien, soit en mal, n'ont pas lu une ligne de ses ouvrages : il a laissé un grand nombre de disciples mal instruits, téméraires; ils ont nui à la réputation de leur maître, par la mal-adresse qu'ils ont montrée dans l'application de ses remèdes.

Il eut pour disciple, pour secrétaire, et pour ami, Oporinus. Adam de Bodestan professa le premier publiquement sa doctrine. Jacques Gohori la fit connoître à Paris. Gerard Dornée expliqua sa méthode et ses procédés chymiques. Michel Toxite s'appliqua à définir ses mots obscurs. Oswald Crollius réduisit le paracelsisme en système. Henri Khunrath, et Joseph-François Burrhus laissèrent là ce qu'il y avoit de vrai et d'important, pour se précipiter dans le *théosophisme*.

Voici les principaux axiomes de la doctrine de Paracelse, autant qu'il est possible de les recueillir d'après un auteur aussi obscur et aussi décousu.

La vraie philosophie et la médecine ne s'apprennent ni des anciens, ni par la créature ; elles viennent de Dieu ; il est le seul auteur des arcanes ; c'est lui qui a signé chaque être de ses propriétés.

La médecine naît par la lumière de la nature et de la grace, de l'homme interne et invisible, de l'ange qui est en nous, par la lumière de la nature qui fait à son égard la fonction de maître qui l'instruit; c'est l'exercice qui le perfectionne et le confirme; il a été produit par l'institution de Dieu et de la nature.

Ce ne sont pas les songes vains des hommes qui servent de base à cette philosophie et médecine; mais la nature que Dieu a imprimée de son doigt aux corps sublunaires, mais sur-tout aux métaux : leur origine remonte donc à Dieu.

Cette médecine, cette momie naturelle, ce pepin de nature, est renfermé dans le soufre, trésor de la nature entière : il a pour base le baume des végétaux, auquel il faut rapporter le principe de toutes les actions qui s'opèrent dans la nature, et par la vertu duquel seul toutes les maladies peuvent être guéries.

Le rapport ou la convenance de l'homme, ou du petit monde au grand, est le fondement de cette science.

Pour découvrir cette médecine, il faut être astronome et philosophe ; l'une nous instruit des forces et des propriétés de la terre et de l'eau;

l'autre, des forces et des propriétés du firmament et de l'air.

C'est la philosophie et l'astronomie qui font le philosophe interne et parfait, non-seulement dans le macrocosme, mais aussi dans le microcosme.

Le macrocosme est comme le père ; et le microcosme, ou l'homme, est comme l'enfant ; il faut disposer convenablement l'un et l'autre.

Le monde intérieur est comme un miroir, où le petit monde, où l'homme s'apperçoit ; ce n'est pas par la forme extérieure, ou la substance corporelle qu'ils conviennent, mais par les vertus et les forces : ils sont un et même quant à l'essence et à la forme interne ; ils ne diffèrent que par la forme extérieure.

Qu'est-ce que la lumière de la nature, si-non une certaine analogie divine de ce monde visible avec le corps microcosmique ?

Le monde intérieur est la figure de l'homme ; l'homme est le monde occulte ; car les choses qui sont visibles dans le monde, sont invisibles dans l'homme ; et lorsque ces invisibles dans l'homme se rendent visibles, les maladies naissent.

La matière de l'homme étant un extrait des quatre élémens, il faut qu'il ait en lui de la sympathie avec tous les élémens et leurs fruits ; il ne pourroit subsister ni vivre sans eux.

Pour éviter le vide, Dieu a créé dans les quatre

élémens des êtres vivans, mais inanimés, ou sans ame intellectuelle : comme il y a quatre élémens, il y a quatre sortes d'habitans élémentaires; ils diffèrent de l'homme, qui a été créé à l'image de Dieu, en entendement, en sagesse, en exercices, en opérations et en demeures.

Les eaux ont leurs nymphes, leurs ondains, leurs mélozénis, et leurs monstres, ou bâtards, les sirènes qui habitent le même élément.

Les terres ont leurs gnomes, leurs lémures, leurs sylphes, leurs montains, leurs zonnets, dont les monstres sont les pigmées.

L'air a ses spectres, ses sylvains, ses satyres, dont les monstres sont les géans.

Le feu, ou le firmament a ses vulcanales, ses pennates, ses salamandres, ses supérieurs, dont les monstres sont ses zundels.

Le cœur macrocosmique est igné, aérien, aqueux et terreux.

L'harmonie céleste est comme la maîtresse et directrice de l'inférieure; chacune a son ciel, son soleil, sa lune, ses planètes et ses étoiles; les choses supérieures sont de l'astrologie : les inférieures, de la chymiologie.

La providence et la bonté du créateur ont fait que les astres invisibles des autres élémens eussent leurs représentations en espèces visibles dans l'élément suprême, et que les loix des mouvemens et les productions des temps y fussent expliquées.

Il y a deux cieux ; le ciel externe, ou l'aggrégat de tous les corps dans le firmament ; l'interne, ou l'astre invisible, le corps insensible de chaque astre ; celui-ci est l'esprit du monde ou de la nature ; c'est hylecs ; il est diffus dans tous les astres, ou plutôt il les constitue.

Tout émane du dedans, et naît des invisibles et occultes ; ainsi les substances corporelles visibles viennent des incorporelles, des spirituelles des astres, et sont les corps des astres ; leur séjour est dans les astres ; les nues sont dans les astres.

Il suit que tout ce qui vit, tout ce qui croît, tout ce qui est dans la nature, est signé, possède un esprit sidéré, que j'appelle le ciel, l'astre, l'ouvrier caché, qui donne à ce qui est sa figure et sa couleur, et qui a présidé à sa formation : c'est là le germe et la vertu.

Il ne faut pas entendre ce qui précède du corps visible ou invisible des astres dans le firmament, mais de l'astre propre de chaque chose ; c'est celui-ci, et non l'autre qui influe sur elle.

Les astres intérieurs n'inclinent, ni ne nécessitent l'homme ; c'est l'homme plutôt qui incline les astres, et les attaque par la magie de son imagination.

Le cours de chaque ciel est libre ; l'un ne gouverne point l'autre.

Cependant les fruits des astres, ou semences

célestes, aériennes, aqueuses, terrestres, conspirent et forment une république qui est une; elles sont citoyennes d'une même province; elles se secourent et se favorisent mutuellement; c'est l'anneau de Platon, la chaîne d'Homère, ou la suite des choses soumises à la divine providence; la sympathie universelle; l'échelle générale.

Il y a trois principes des choses; ils sont dans tout composé; la liqueur ou le mercure, le soufre ou l'huile, et le sel.

La trinité sainte a parlé; son verbe un et triple *que cela soit fait*, a été proféré, et tout a été cra un et triple; témoin l'analyse spagirique.

Dieu a dit *que cela soit*, et la matière première a été; eu égard à ses trois principes, elle fut triple; ces trois espèces qu'elle contenoit, se séparèrent ensuite; et il y eut quatre espèces de corps ou élémens.

Les vrais élémens spirituels sont les conservateurs, les nourriciers, les lieux, les matrices, les mines et les réservoirs de toutes matières; ils sont l'essence, l'existence, la vie et l'action des êtres, quels qu'ils soient.

Ils sont partagés en deux sphères; l'une, supérieure, c'est le feu, ou le firmament, et l'air, qu'on peut comparer au blanc ou à la coque de l'œuf; l'autre, inférieure, c'est l'eau et la terre, qu'on peut comparer au jaune.

Le créateur, par la vertu du verbe, et développant la multitude qui étoit dans l'unité ; et cet esprit, qui étoit porté sur les eaux, combinant les principes des corps, ou les revêtant de l'habit sous lequel ils devoient paroître sur la scène du monde, et leur assignant leurs lieux, donnèrent à ces quatre natures incorporelles, inertes, vides et vaines, la lumière et les raisons séminales des choses qui les ont remplies par la bénédiction divine, et qui ne s'y éteindront jamais.

Les semences des choses, les astres qui les lient, sont cachés dans les élémens des choses, comme dans un abîme inépuisable, où dès le commencement de la matière, les visibles se font par les invisibles, les extrêmes se touchent et se joignent, tout s'engendre dans des périodes de temps marqués ; les élémens conspirent au bien général ; c'est ainsi que la sympathie universelle subsiste ; les élémens président au monde ; ils suffisent à son éternité.

Les germes, ou principes des choses, ont reçu du verbe la vertu de génération et de multiplication.

On ne peut séparer les semences ou germes, des élémens ; ni les principes du corps, des loix de nature.

Les productions et les semences les plus petites, suivent l'harmonie universelle, et montrent, en abrégé, l'analogie générale des élémens et des principes.

Les élémens sont en tout ; ils sont combinés ; et la combinaison s'en conserve par le moyen du baume et de la teinture radicale.

Toutes les créatures sont formées des élémens : on rapporte à l'air, la production des animaux ; à la terre, celle des végétaux ; à l'eau, celle des minéraux : le feu donne la vie à tout ce qui est.

Le corps des élémens est une chose morte et ténébreuse ; l'esprit est la vie ; il est distribué en astres qui ont leurs productions, et qui donnent leurs fruits ; de même que l'ame sépare d'elle le corps, et y habite ; les élémens spirituels, dans la formation générale, ont séparé d'eux les corps visibles et y habitent.

Du corps igné, se sont séparés les astres visibles ; du corps aqueux, les métaux ; du corps salin, les minéraux ; du corps terreux, les végétaux.

Il y a deux terres ; la terre extérieure visible, qui est le corps de l'élément, le soufre, le mercure du sel ; la terre interne et invisible, qui est l'élément, la vie, l'esprit, où sont les astres de la terre, qui produisent, par le moyen du corps terreux, tout ce qui croît : la terre a donc en elle les germes et la raison séminale de tout.

Il en faut dire autant des autres élémens ; ils sont ou corps et composés de ces trois principes : ou ils sont élémens, et un esprit, et contiennent les astres, d'où naissent, comme d'une mer ou d'un abîme, les fruits des élémens.

Notre feu n'est point un élément ; il consume tout ; tout meurt par lui : mais le feu, premier et quatrième élément, qui contient tout, comme la coque enveloppe l'œuf, c'est le ciel.

Un élément n'est ni ne peut être séparé de tout autre : il y a en tout combinaison d'élémens.

Les astres des élémens sont les germes : il y a quatre élémens ; il y a deux choses toujours unies, le corps et l'astre, ou le visible et l'invisible ; le corps naît et s'accroît de l'astral ; le visible, de l'invisible : il reste en lui ; et c'est ainsi que se propagent et se multiplient les puissances ou vertus invisibles, les semences, les astres : elles se distribuent sous une infinité de formes diverses ; elles se montrent en une infinité d'êtres, par le moyen du corps visible.

Lorsqu'une semence, un germe, ou un astre meurt ou se corrompt dans sa matrice, aussi-tôt il passe dans un nouveau corps, et se multiplie : car toute corruption est cause d'une génération.

Voilà la raison pour laquelle les chymistes ont recours à la putréfaction ; c'est ainsi qu'ils obtiennent la régénération, dans laquelle les trois élémens se manifestent avec toutes leurs propriétés secrètes.

Les trois élémens premiers sont unis dans tout corps ; c'est cette union qui constitue le corps sain : la santé est la température de l'union ; où

elle n'est pas, ou s'altère, la maladie s'introduit;
et avec elle, le principe radical de la mort.

Les maladies sont, ou élémentaires, ou astrales et firmamentales; celles-ci naissent du firmament ou ciel de l'homme; celles-là, de son germe ou de ses astres.

L'homme, eu égard à son corps, a un double magnétisme; une portion tire à soi les astres, et s'en nourrit; de-là, la sagesse, les sens, les pensées; une partie tire à soi les élémens, et s'en répare; de-là, la chair et le sang.

Le firmament est cette lumière de nature qui influe naturellement sur l'homme.

Les astres ou les élémens qui sont esprits, n'ont point de qualité; mais ils produisent tout ce qui a qualité.

Les maladies ne se guérissent point par les contraires: il ne s'agit pas de chasser de l'homme les élémens. Il faut posséder des arcanes: il faut avoir en sa disposition les astres; il faut avoir appris, par la chymie, à les réduire de la matière dernière à la matière première.

Les astres n'ont ni froid ni chaud actuel.

L'esprit de Dieu habite au milieu de nos cœurs.

Nulle connoissance ne restera perpétuellement dans l'ame, que celle qui a été infuse au-dedans, et qui réside dans le sein de l'entendement. Cette connoissance essentielle n'est ni du sang ni de la chair, ni de la lecture ni de la raison ; c'est une passion ; c'est un acte divin, une impression de l'être infini sur l'être fini.

L'homme a possédé tous les avantages naturels et surnaturels ; mais ce caractère divin s'est obscurci par le péché. Purgez-vous du péché ; et vous le recouvrerez en même proportion que vous vous purifierez.

La notion de toutes choses nous est congénère ; tout est dans l'intime de l'esprit : il faut dégager l'esprit des enveloppes du péché, et ses notions s'éclairciront.

L'esprit est revêtu de toute science ; mais il est accablé sous le corps auquel il s'unit ; mais il recouvre sa lumière par les efforts qu'il fait contre ce poids.

Connoissons bien notre nature et notre esprit ; et ouvrons l'entrée à Dieu qui frappe à la porte de notre cœur.

De la connoissance de soi, naît la connoissance de Dieu.

Il n'y aura que celui que Dieu instruira lui-même, qui puisse s'élever à la vraie connoissance de l'univers. La philosophie des anciens est fausse ; tout ce qu'ils ont écrit de Dieu est vain.

Les saintes écritures sont la base de toute vraie philosophie ; elle part de Dieu, et y retourne.

La renaissance de l'homme est nécessaire à la

perfection des arts : or, il n'y a que le chrétien qui soit vraiment régénéré.

Celui qui se connoît, connoît implicitement tous les anges qui sont à côté de Dieu, et le monde qui est au-dessous, et toutes les créatures qui le composent.

L'homme est la copule du monde. Il a été formé du limon de la terre, ou de l'essence très-subtile de la machine universelle, extraite et concentrée sous forme corporelle par le grand spagiriste.

L'homme, par son corps, représente le macrocosme sensible et temporel : par son ame, le grand archetype. Lorsqu'il eut en lui les propriétés des animaux, des végétaux et des minéraux ; le souffle de Dieu y sur-ajouta l'ame.

Dieu est le centre et la circonférence, ou l'unité de tout ce qu'il a produit : tout émane de Dieu; il comprend, il pénètre tout. L'homme, à l'imitation de Dieu, est le centre et la circonférence, ou l'unité des créatures : tout est relatif à lui, et verse sur lui ses propriétés.

L'homme contient toutes les créatures ; et il reporte avec lui à la source éternelle tout ce qui en est primitivement émané.

Il y a dans l'homme deux esprits ; l'un du firmament et sidéré ; l'autre qui est le souffle du tout-puissant ou l'ame.

L'homme est un composé du corps mortel, de l'esprit sidéré et de l'âme immortelle. L'ame est l'image de Dieu, et son domicile est dans l'homme.

L'homme a deux pères ; l'un éternel, l'autre mortel : l'esprit de Dieu, et l'univers.

Il n'y a point de membre dans l'homme qui ne corresponde à un élément, une planète, une intelligence, une mesure, une raison dans l'archetype.

L'homme tient des élémens le corps visible, enveloppe et séjour de l'ame ; du ciel ou du firmament, le corps invisible, véhicule de l'âme, son lien avec le corps visible.

L'ame passe par le moyen du corps invisible, en conséquence de l'ordre de Dieu, à l'aide des intelligences, au centre du cœur, d'où elle se répand dans toutes les autres parties du corps.

Ce corps éthéré et subtil, participe de la nature du ciel ; il imite dans son cours celui du firmament ; il en attire à lui les influences. Ainsi les cieux versent sur l'homme leurs propriétés, le pénètrent, et lui communiquent la faculté de connoître tout.

Il y a trinité et unité dans l'homme, ainsi que dans Dieu ; l'homme est un en personne ; il est triple en essence : il y a le souffle de Dieu ou l'âme, l'esprit sidéré et le corps.

Il y a aussi trois cieux dans l'homme ; il cor-

Q *

respond à trois mondes, ou plutôt, il est le modèle le plus parfait du grand œuvre, ou de la complexion générale des choses.

Citoyen de trois mondes, il communique avec l'archetype, avec les anges, avec les élémens.

Il communique avec Dieu par le souffle qu'il en a reçu. Ce souffle y a laissé le germe de son origine; aussi n'y a-t-il rien en l'homme qui n'ait un caractère divin.

Il communique avec les anges par le corps invisible; c'est le lien de son commerce possible entre eux et lui.

Il communique avec l'univers par son corps visible. Il a les images des élémens; les élémens ne changent point. La conformité des images que l'homme en a, est inaltérable : c'est ainsi que la notion qu'il a des végétaux et des minéraux est fixe.

Le corps sidéré est le génie de l'homme, son lare domestique, son bon démon, son adech interne, son évestre, l'origine du pressentiment, la source de la prophétie.

En tout, l'astre, le corps invisible ou l'esprit, quoique privé de raison, agit en imaginant et en informant : c'est la même chose dans l'homme.

L'imagination est corporelle; cependant, exaltée, échauffée par la foi, elle est la base de la magie. Elle peut, sans nuire à l'esprit astral, engendrer, produire des corp visibles; et présente ou absente, exécuter des choses au-dessus de l'intelligence humaine. Voilà l'origine de la magie naturelle, qui veut être aidée par l'art ; elle peut faire invisiblement tout ce que la nature fait visiblement.

L'homme est la quintessence du macrocosme ; il peut donc imiter le ciel ; il peut même le dominer et le conduire. Tout est soumis au mouvement, à l'énergie, au désir de son ame. C'est la force de l'archetype qui réside en nous, qui nous élève à lui, et qui nous assujettit la créature et la chaîne des choses célestes.

La foi naturelle infuse nous assimile aux esprits ; c'est le principe des opérations magiques, de l'énergie de l'imagination et de toutes ses merveilles.

L'imagination n'a de l'efficacité que par l'effet de sa force attractive sur la chose conçue. Il faut que cette force soit d'abord en exercice ; il faut qu'elle se féconde par la production d'un spectre imité de la chose. Ce spectre se réalise ensuite ; c'est là ce qu'on appelle l'*art cabalistique*.

L'imagination peut produire, par l'art cabalistique, tout ce que nous voyons dans le monde.

Les trois moyens principaux de l'art cabalistique, sont la prière qui unit l'esprit créé à l'esprit incréé, la foi naturelle, et l'exaltation de l'imagination.

Les hommes à imagination triste et pusillanime,

sont tentés et conduits par l'esprit immonde.

L'ame, purifiée par la prière, tombe sur les corps comme la foudre : elle chasse les ténèbres qui les enveloppe, et les pénètre intimement.

La médecine réelle et spécifique des maladies matérielles consiste dans une vertu secrète que le verbe a imprimée à chaque chose en la créant. Elle n'est ni des astres, ni du concours des atomes, ni de la forme des corps, ni de leur mixtion.

Il faut distribuer toute la nature inférieure en trois classes principales, les végétaux, les animaux et les minéraux.

Chacun de ces règnes fournit une multitude inépuisable de ressources à la médecine.

On découvre dans ces axiomes le premier germe de la théorie chymique; la distinction des élemens; la formation des mixtes; la difficulté de leur décomposition; l'origine des qualités physiques; leurs affinités; la nature des élemens qui ne sont rien en unité, tout ce qu'il plaît à la combinaison en masse, et plusieurs autres vérités dont les successeurs de Paracelse ont tiré bon parti. Mais cet homme étoit dominé par son imagination : il est perpétuellement enveloppé de comparaisons, de symboles, de métaphores, d'allégories; créateur de la science, et plein d'idées nouvelles pour lesquelles il manquoit de mots, il en invente qu'il ne définit point. Entraîné par le succès de ses premières découvertes, il n'est rien qu'il ne se promette de son travail. Il se livre aux accessoires d'une comparaison, comme à des vérités démontrées. A force de multiplier les similitudes, il n'y a sortes d'extravagances qu'il ne débite. Il en vient à prendre les spectres de l'imagination pour des productions réelles. Il est fou; et il prescrit sérieusement la manière de le devenir ; et il appelle cela, *s'unir à Dieu, aux anges, et imiter la nature.*

Gilles Gushmann et Jules Sperber enchérirent sur Paracelse. *Voyez* l'ouvrage que le premier a publié sous le titre de : « Revelatio divinæ ma-
» jestatis, quâ explicatur quo pacto in principio
» omnibus sese Deus creaturis suis, et verbo et
» facto manifestaverit, et quâ ratione opera sua
» omnia, eorumque virtutem, attributa, et ope-
» rationes scripto brevi eleganter comprehenderit,
» atque primo homini ad suam imaginem ab ipso
» condito tradiderit » ; et l'écrit du second qui a paru sous celui de : *Isagoge in veram triunius Dei et naturæ cognitionem.* C'est un système de platonico-pythagorico-péripatético-paracelsico-christianisme.

Valentin Weigel, qui parut dans le quinzième siècle, laissa des ouvrages de *théosophie*, qui firent grand bruit dans le seizième et dix-septième. Il prétendoit que les connoissances ne naissoient point dans l'homme, du dehors : que l'homme en apportoit en naissant les germes innés : que le corps étoit d'eau et de terre ; l'ame, d'air et de feu ; et l'esprit, d'une substance astrale. Il soumettoit sa destinée aux influences des cieux : il disoit que par la lumière de la révélation, deux contradictions se pouvoient combiner. Léibnitz, qui lui accordoit du génie, lui reproche un peu de spinosisme. ( *Voyez* cet article. )

Robert fut dans le dix-septième siècle, ce que Paracelse avoit été au seizième. Jamais on n'extravagua avec tant de talent, de génie, de profondeur, de connoissances. Celui-ci donna dans la magie, la cabale, l'astrologie : ses ouvrages sont un chaos de physique, de chymie, de mécanique, de médecine, de latin, de grec et d'érudition ; mais si bien brouillé, que le lecteur le plus opiniâtre s'y perd.

Boehmius fut successivement pâtre, cordonnier et *théosophe* : voici les principes qu'il s'étoit faits ; il disoit :

Dieu est l'essence des essences : tout émane de lui : avant la création du monde, son essence étoit la seule chose qui fût ; il en a tout fait : on ne conçoit dans l'esprit d'autres facultés que celles de s'élever, de couler, de s'insinuer, de pénétrer, de se mouvoir et de s'engendrer. Il y a trois formes de génération, l'amer, l'acerbe et le chaud : la colère et l'amour ont un même principe, Dieu n'est ni amer, ni acerbe, ni chaud : ni eau, ni air, ni terre ; toutes choses sont de ces principes ; et ces principes sont de lui : il n'est ni la mort, ni l'enfer ; ils ne sont point en lui ; ils sont de lui. Les choses sont produites par le soufre, le mercure et le sel ; on y distingue l'esprit, la vie et l'action ; le sel est l'ame ; le soufre, la matière première.

Le reste des idées de cet auteur sont de la même force ; et nous en ferons grace au lecteur : c'est bien ici le lieu de dire, qu'il n'est point de fou qui ne trouve un plus fou qui l'admire. Boehmius eut des sectateurs, parmi lesquels on nomme Quirinus Kulmann, Jean Podage et Jacques Zimmermann.

Ils prétendoient tous que Dieu n'étoit autre chose que le monde développé : ils considéroient Dieu sous deux formes, et en deux périodes de temps ; avant la création et après la création : avant la création, tout étoit en Dieu ; après la création, il étoit en tout : c'étoit un écrit roulé ou déplié ; ces idées singulières n'étoient pas nouvelles.

Jean-Baptiste Van-Helmont naquit à Bruxelles, en 1474 ; il étudia les lettres, les mathématiques, l'astronomie : son goût, après s'être porté légèrement sur la plupart des sciences et des arts, se fixa à la médecine et à la chymie : il avoit reçu de la nature de la pénétration ; personne ne connut mieux le prix du temps ; il ne perdit pas un moment ; il passa dans son laboratoire tous les instans qu'il ne donna pas à la pratique de la médecine ; il fit des progrès surprenans en chymie ; il exerça l'art de guérir les maladies avec un succès incroyable ; son nom a été mis à côté de ceux de Bacon, de Boyle, de Galilée et de Descartes. Voici les principes de sa philosophie.

Toute cause physique efficiente n'est point extérieure, mais intérieure, essentielle en nature.

Ce qui constitue, ce qui agit, la cause intérieure, je l'appelle *archée*.

Il ne faut à un corps naturel, quel qu'il soit, que des rudimens corporels ; ces rudimens sont sujets à des vicissitudes momentanées.

Il n'y a point de privation dans la nature.

Il n'y faut point imaginer une matière indéterminée, nue, première ; cette matière est impossible.

Il n'y a que deux causes, l'efficiente et la matérielle.

Les choses particulières supposent un *suc générique*, et un principe séminal, efficient, générateur ; la définition ne doit renfermer que ces deux élémens.

L'eau est la matière dont tout est fait.

Le ferment séminal et générateur est le rudiment par lequel tout commence et se fait.

Le rudiment ou le germe, c'est une même chose.

Le ferment séminal est la cause efficiente du germe.

La vie commence avec la production du germe.

Le ferment est un être créé : il n'est ni substance, ni accident : sa nature est neutre : il occupe, dès le commencement du monde, les lieux de son empire ; il prépare les semences ; il les excite, il les précède.

Les fermens ont été produits par le créateur ; ils dureront jusqu'à la consommation des siècles ; ils se régénèrent ; ils ont leurs semences propres qu'ils produisent, et qu'ils excitent de l'eau.

Les lieux ont un ordre, une raison assignée par la divinité, et destinée à la production de certains effets.

L'eau est l'unique cause matérielle des choses ; elle a en elle la qualité initiante ; elle est pure ; elle est simple ; elle est résoluble ; et tous les corps peuvent s'y réduire comme à une matière dernière.

Le feu a été destiné à détruire, et non à engendrer ; son origine n'est point séminale, mais particulière ; il est entre les choses créées un être un, singulier et incomparable.

Entre les causes efficientes en nature, les unes sont efficiemment efficientes ; les autres, effectivement : les semences et leurs esprits ordinateurs composent la première classe ; les réservoirs et les organes immédiats des semences, les fermens qui disposent extérieurement de la matière, les palingénésies composent la seconde.

Le but de tout agent naturel est de disposer la matière qui lui est soumise à une fin qui lui est connue, et qui est déterminée, du-moins quant à la génération.

Quelque opaques et dures que soient les choses, elles avoient, avant cette solidité que nous leur remarquons, une vapeur qui fécondoit la semence, et qui y traçoit les premiers linéamens déliés et subtils de la génération conséquente. Cette vapeur ne se sépare point de l'engendré ; elle le suit jusqu'à ce qu'il disparoisse de la scène ; cette cause efficiente intérieure est l'*archée*.

Ce qui constitue l'*archée*, c'est l'union de l'aure séminale, comme matière, avec l'image séminale, ou le noyau spirituel intérieur qui fait et contient le principe de la fécondité de la semence ; la semence visible n'est que la silique de l'*archée*.

L'*archée*, auteur et promoteur de la génération, se révétit promptement lui-même d'une enveloppe corporelle : dans les êtres animés, il se meut dans les replis de la semence ; il en parcourt tous les détours et toutes les cavités secrètes ; il commence à transformer la matière, selon l'entéléchie de son image ; et il reste le dispositeur, le maître et l'ordinateur interne des effets, jusqu'à la destruction dernière.

Une conclusion forme une opinion, et non une démonstration.

Il préexiste nécessairement en nous la connoissance de la convenance des termes comparés dans le syllogisme avant la conclusion ; en sorte qu'en général je savois d'avance ce qui est contenu dans la conclusion, et ce qu'elle ne fait qu'énoncer, éclaircir et développer.

La connoissance que nous recevons par la démonstration étoit antérieurement en nous ; le syllogisme la rend seulement plus distincte; mais le doute n'est jamais entièrement dissipé, parce que la conclusion suit le côté foible des prémisses.

La science est dans l'entendement, comme un feu sous la cendre, qu'il peut écarter de lui-même, sans le secours des modes et des formes syllogistiques.

La connoissance de la conclusion n'est pas renfermée nécessairement dans les prémisses.

Le syllogisme ne conduit point à l'invention des sciences ; il dissipe seulement les ténèbres qui les couvrent.

Les vraies sciences sont indémontrables ; elles n'émanent point de la démonstration.

La méthode des logiciens n'est qu'un simple résumé de ce qu'on sait.

Le but de cette méthode se termine donc à transmettre son opinion d'une manière claire et distincte à celui qui nous écoute, et à réveiller facilement en lui la réminiscence par la force de la connexion.

Il n'y a qu'ignorance et erreur dans la physique

d'Aristote et de Galien ; il faut recourir à des principes plus solides.

Le ciel, la terre et l'eau ont été, dans le commencement, la matière créée de tous les êtres futurs ; le ciel contenoit l'eau et la vapeur fécondante, ou l'ame.

Il ne faut pas compter le feu parmi les élémens ; on ne voit point qu'il ait été créé.

La terre n'est point une partie du mixte ; elle n'est point la mère, mais la matrice des corps.

L'air et l'eau ne convertissent rien en eux.

Au commencement, la terre étoit continue, indivisée ; une seule source l'arrosoit ; elle fut séparée en portions diverses par le déluge.

L'air et l'eau ne se convertissent point l'un en l'autre.

Le globe, composé d'eau et de terre, est rond ; il va d'orient en orient par l'occident ; il est rond dans le sens de son mouvement, elliptique d'ailleurs.

Le *gas* et le *blas* sont deux rudimens physiques, que les anciens n'ont pas connus ; le *gas* est une exhalaison de l'eau, élevée par le froid du mercure, et atténuée de plus en plus par la dessication du soufre ; le *blas* est le mouvement local et alternatif des étoiles : voilà les deux causes initiantes des météores.

L'air est parsemé de vides ; on en donne la démonstration mécanique par le feu.

Quoique les porosités de l'air soient actuellement vides de toute matière, il y a cependant un être créé et réel · ce n'est pas un lieu pur, mais quelque chose de moyen entre l'esprit et la matière, qui n'est ni accident, ni substance, un neutre; je l'appelle *magnale*.

Le magnale n'est point lumière; c'est une certaine forme unie à l'air; les mélanges sont des produits matériels de l'eau seule; il n'y a point d'autre élément : ôtez la semence, et le mercure se résoudra en une eau insipide : les semences, parties similaires des concrets, se résolvent en sel, en soufre et en mercure.

Le ferment qui empreint de semence la masse, n'éprouve aucune vicissitude séminale.

Il y a deux sortes de fermens dans la nature; l'un contient en lui-même l'aure fluente, *l'archée séminal*, qui tend dans son progrès à l'état d'ame vivante; l'autre est le principe initiant du mouvement ou de la génération d'une chose dans une chose.

Celui qui a tout fait de rien, crée encore la voie, l'origine, la vie et la perfection en tout : l'effet des causes secondes n'est que partiel.

Dieu créa les hommes de rien.

Dieu est l'essence vraie, parfaite et actuelle de tout. Les essences des choses sont des choses; ce n'est pas Dieu.

Lorsque la génération commence, *l'archée* n'est

pas lumineux; c'est une aure où la forme, la vie, l'ame sensitive du générateur est obscur, jusqu'à ce que dans le progrès de la génération il s'éclaire, et imprime à la chose une image distincte de son éclat.

Cette aure tend, par tous les moyens possibles, à organiser le corps, et à lui transmettre sa lumière et toutes les qualités qui en dépendent ; elle s'enflamme de plus en plus ; elle se porte avec ardeur sur le corps ; elle cherche à l'informer et à le vivifier : mais cet effet n'a lieu que par le concours de celui qui est la vie, la vérité et la lumière.

Lorsqu'un être a conçu *l'archée*, il est en lui le gardien de la vie, le promoteur des transmutations, depuis la première jusqu'à la dernière.

Il y a de la convenance entre les *archées* par leur qualité vitale commune, et par leur éclat ; mais ils ne se reçoivent point réciproquement ; ils ne se troublent point dans leur ordre et leur district.

La vicissitude en nature n'est point l'effet de la matière, mais du feu.

La corruption est une certaine disposition de la matière conséquente à l'extinction du feu recteur ; ce n'est point une pure privation, ses causes sont positives.

Ce sont les fermens étrangers qui introduisent la corruption ; c'est par eux qu'elle commence, continue et s'achève.

Entre les choses, les unes périssent par la dissipation du baume de nature, d'autres par la corruption.

La nature ignore et n'admet rien de contraire à son vœu.

Il y a deux *blas* dans l'homme, l'un mu naturellement, l'autre volontairement.

La chaleur n'est point la cause efficiente de la digestion, qu'elle excite seulement. Le ferment stomachique est la cause efficiente de la digestion.

La crainte de Dieu est le commencement de la sagesse. *C'est un des proverbes de Salomon.*

L'ame ne se connoît ni par la raison, ni par des images : la vérité de l'essence et la vérité de l'entendement se pénètrent en unité et en identité : voilà pourquoi l'entendement est un être immortel.

Il y a plusieurs sortes de lumières vitales. La lumière de l'ame est une substance spirituelle, une matière vitale et lumineuse.

Ceux qui confondent notre identité avec l'immensité de Dieu, et qui nous regardent comme des parties de ce tout, sont des athées.

L'entendement est uni substantiellement à la volonté, qui n'est ni puissance, ni accident ; mais lumière, essence spirituelle, indivise, distincte de l'entendement par abstraction.

Il faut reconnoître dans l'ame une troisième qualité, l'amour ou le désir de plaire. Ce n'est point un acte de la volonté seule, ni de l'entendement seul, mais de l'un et de l'autre conjointement.

L'esprit est un acte pur, simple, formel, homogène, indivis, immortel, image de Dieu; incompréhensible, où tous les attributs qui conviennent à sa nature sont rassemblés dans une unité.

L'entendement est la lumière de l'esprit, et l'esprit est l'entendement éclairé; il comprend, il voit, il agit séparément du corps.

L'entendement est lié aux organes du corps; il est soumis aux actions de l'ame sensitive; c'est par cette union qu'il se revêt de la qualité qu'on appelle *imagination*.

Il n'y a rien dans l'imagination qui n'ait été auparavant dans la sensation; les espèces intellectuelles sont toutes émanées des objets sensibles.

La force intelligente concourt avec la faculté fantastique de l'ame sensitive sur le caractère de l'organe, et lui est soumise.

L'ame a son siége particulier à l'orifice supérieur de l'estomac; la mémoire a son siége dans le cerveau.

L'entendement est essentiel à l'ame; la volonté et la mémoire sont des facultés caduques de la vie sensitive.

L'entendement brille dans la tête, mais d'une lumière dépendante de la liaison de l'ame avec le corps, et des esprits éthérés.

L'intelligence, qui naît de l'invention et du jugement, passe par une irradiation qui se fait de l'orifice de l'estomac au cerveau.

L'orifice de l'estomac est comme un centre, d'où l'ame exerce son énergie en tout sens.

L'ame, image de la divinité, ne pense rien principalement, ne connoît rien intimement, ne contemple rien vraiment que Dieu, ou l'unité première, à laquelle tout le reste se rapporte.

Si une chose s'atteint par le sens ou par la raison, ce ne sera point encore une abstraction pure et complète.

Le moyen d'atteindre à l'abstraction pure et complète est très-éloigné ; il faut être séparé de l'attention à toutes choses créées, et même in-créées ; il faut que l'activité de l'ame soit abandonnée à elle-même ; qu'il n'y ait aucun discours ni intérieur, ni extérieur ; aucune action préméditée, aucune contemplation déterminée ; il faut que l'ame n'agisse point ; qu'elle attende dans un repos profond l'influence gratuite d'en-haut ; qu'il ne lui reste aucune impression qui la ramène à elle ; qu'elle se soit parfaitement oubliée ; en un mot, qu'elle demeure absorbée dans une inexistence, un oubli, une sorte d'anéantissement qui la rende absolument inerte et passive.

Rien ne conduit plus efficacement et plus particulièrement à ce dépouillement, à ce silence, à cette privation de lumière étrangère, à ce défaut général de distraction, que la prière, son silence et ses délices : exercez-vous à l'adoration profonde.

Dans cette profondeur d'adoration, l'ame se perdra, les sens seront suspendus, les ténèbres qui l'enveloppent se retireront, et la lumière d'en-haut s'y réfléchira : alors il ne lui restera que le sentiment de l'amour, qui l'occupera toute entière.

Nous pourrions ajouter beaucoup d'autres propositions tirées des ouvrages de cet auteur, à celles qui précèdent ; mais elles n'instruiroient pas davantage. D'ailleurs, ce Van-Helmont s'exprime d'une manière si obscure et si barbare, qu'on est bientôt dégoûté de le suivre, et qu'on ne peut jamais se promettre de le rendre avec quelque exactitude. Qu'est-ce que son *blas*, son *gas* et son *archée* lumineux ? Qu'est-ce que cette méthode de s'abrutir, pour s'unir à Dieu ; de se séparer de ses connoissances, pour arriver à des découvertes ; et de s'assoupir, pour penser plus vivement ?

Je conjecture que ces hommes, d'un tempérament sombre et mélancolique, ne devoient cette pénétration extraordinaire et presque divine qu'on leur remarquoit par intervalles, et qui les conduisoit à des idées, tantôt si folles, tantôt si sublimes, qu'à quelque dérangement périodique de la machine. Ils se croyoient alors inspirés, et ils étoient fous ; leurs accès étoient précédés d'une espèce d'abrutissement, qu'ils regardoient comme l'état de l'homme sous la condition de nature dépravée. Tirés de cette léthargie par le tumulte subit des humeurs qui s'élevoient en eux, ils imaginoient que c'étoit la divinité qui descendoit, qui les visitoit, qui les travailloit ; que le souffle divin, dont ils avoient été premièrement animés, se ranimoit subitement, et reprenoit une portion de son énergie ancienne et originelle ; et ils donnoient des préceptes pour s'acheminer artificiellement à cet état d'orgasme et d'ivresse où ils se trouvoient au-dessus d'eux-mêmes, et qu'ils regrettoient ; semblables à ceux qui ont éprouvé l'enchantement et le délire délicieux que l'usage de l'opium porte dans l'imagination et dans les sens ; heureux dans l'ivresse, stupides dans le repos, fatigués, accablés, ennuyés, ils prenoient la vie commune en dégoût ; ils soupiroient après le moment d'exaltation, d'inspiration, d'aliénation. Tranquilles ou agités, ils fuyoient le commerce des hommes, insupportables à eux-mêmes ou aux autres. O que le génie et la folie se touchent de bien près ! Ceux que le ciel a signés en bien et en mal, sont sujets plus ou moins à ces symptômes : ils les ont plus ou moins fréquens, plus ou moins violens. On les enferme et on les enchaîne, ou on leur élève des statues ; ils prophétisent, ou sur le trône, ou sur les théâtres, ou dans les chaires ; ils tiennent l'attention des hommes suspendue ; ils en sont écoutés, admirés, suivis, ou insultés, bafoués, lapidés ; leur sort ne dépend point d'eux, mais des circonstances dans lesquelles ils se montrent. Ce sont les temps d'ignorance et de grandes calamités qui les font naître : alors les hommes, qui se croient poursuivis par la divinité, se rassemblent autour de ces espèces d'insensés, qui disposent d'eux. Ils ordonnent des sacrifices, et ils sont faits ; des prières, et l'on prie ; des jeûnes, et l'on jeûne ; des meurtres, et l'on égorge ; des chants d'allégresse et de joie, et l'on se couronne de fleurs, et l'on danse et l'on chante ; des temples, et l'on en élève ; les entreprises les plus désespérées, et elles réussissent ; ils meurent, et ils sont adorés. Il faut ranger dans cette classe, Pindare, Eschyle, Moyse, Jésus-Christ, Mahomet, Shakespear, Roger Bacon et Paracelse. Changez les instans, et celui qui fut poëte eût été ou magicien, ou prophète, ou législateur. O hommes ! à qui la nature a donné cette grande et extraordinaire imagination, qui créez, qui subjuguez, que nous qualifions d'insensés ou de sages, qui est-ce qui peut prédire votre destinée ? Vous naquites pour marcher entre les applaudissemens de la terre ou l'ignominie, pour conduire les peuples au bonheur ou au malheur, et laisser après vous le transport de la louange ou de l'exécration.

François-Mercure Van-Helmont, fils de Jean-Baptiste, naquit en 1618 ; il n'eut ni moins de génie, ni moins de connoissances que son père. Il posséda les langues anciennes et modernes, orientales et européennes. Il se livra tout entier à la chymie et à la médecine ; et il se fit une grande réputation par ses découvertes et par ses cures. Il donna éperdument dans la cabale et la *théosophie*. Né catholique, il se fit quaker. Il n'y a peut-être aucun ouvrage au monde qui contienne autant de parodoxes que son *ordo sæculorum*. Il le composa à la sollicitation d'une femme, qui l'écrivit sous sa dictée.

Pierre Poiret naquit à Metz, en 1646, de parens pauvres, mais honnêtes. Il étudia autant que sa santé le lui permit. Il fut successivement syncrétiste, éclectique, cartésien, philosophe, théologien et *théosophe*. Attaqué d'une maladie dangereuse, il fit vœu, s'il en guérissoit, d'écrire en faveur de la religion, contre les athées et les incrédules. C'est à cette circonstance qu'on dut l'ouvrage qu'il publia sous le titre de *Cogitationes rationales de Deo, animá et malo*. Il fit connoissance étroite à Hambourg avec la fameuse Antoinette Bourignon, qui l'entraîna dans ses sentimens de mysticité. Il attendit donc, comme elle, l'illumination passive ; et il se rendit l'apologiste du silence sacré de l'ame et de la suspension des sens, et le détracteur de la philosophie et de la raison. Il mourut en Hollande, âgé de 63 ans, après avoir passé, dans la retraite la plus profonde, les dernières années de sa vie : entre les qualités de cœur et d'esprit qu'on lui reconnoît, on peut louer sa tolérance. Quoiqu'il fût très-attaché à ses opinions religieuses, il permettoit qu'on en professât librement de contraires ; ce qui suffit seul pour caractériser un honnête homme et un bon esprit.

Ce fut dans ce temps, au commencement du dix-septième siècle, que se forma la fameuse société des Rose-croix, ainsi appelée du nom de celui qu'elle regarda comme son fondateur ; c'étoit un certain Rosencreuz, né en Allemagne, en 1388. Cet homme fit un voyage en Palestine, où il apprit la magie, la cabale, la chymie et l'alchymie. Il se fit des associés, à qui il confia ses secrets. On ajoute qu'il mourut âgé de cent vingt ans. L'association se perpétua après sa mort. Ceux qui la composoient se prétendoient éclairés d'en-haut. Ils avoient une langue qui leur étoit propre, des arcanes particuliers ; leur objet étoit la réformation des mœurs des hommes dans tous les états, et de la science dans toutes ses branches, ils possédoient le secret de la pierre philosophale et de la teinture ou médecine universelle. Ils pouvoient connoître le passé et prédire l'avenir. Leur philosophie étoit un mélange obscur de paracelsisme et de *théosophie*. Les merveilles qu'ils disoient d'eux, leur attachèrent beaucoup de sectateurs, les uns fourbes, les autres dupes. Leur société, répandue par toute la terre, n'avoit point de centre. Descartes chercha par-tout des Rose-croix, et n'en trouva point. Cependant on publia leurs statuts : mais l'histoire des Rose-croix s'est tellement obscurcie depuis, que l'on regarde presqu'aujourd'hui ce qu'on en débitoit autrefois, comme autant de fables.

Il suit, de ce qui précède, que les *théosophes* ont été des hommes d'une imagination ardente; qu'ils ont corrompu la théologie, obscurci la philosophie, et abusé de leurs connoissances chymiques ; et qu'il est difficile de prononcer s'ils ont plus nui que servi au progrès des connoissances humaines.

Il y a encore quelques *théosophes* parmi nous. Ce sont des gens à demi-instruits, entêtés de rapporter aux saintes écritures toute l'érudition ancienne et toute la philosophie nouvelle; qui déshonorent la révélation par la stupide jalousie avec laquelle ils défendent ses droits ; qui rétrécissent autant qu'il est en eux, l'empire de la raison, dont ils nous interdiroient volontiers l'usage ; qui sont toujours prêts à attacher l'épithète d'hérésie à toute hypothèse nouvelle ; qui réduiroient volontiers toute connoissance à celle de la religion, et toute lecture aux livres de l'Ancien et du Nouveau Testament, où ils voient tout ce qui n'y est pas, et rien de ce qui y est; qui ont pris en aversion la philosophie et les philosophes, et qui réussiroient à éteindre parmi nous l'esprit de découvertes et de recherches, et à nous replonger dans la barbarie, si le gouvernement les appuyoit, comme ils le demandent.

## THOMASIUS.

(PHILOSOPHIE DE)

Il ne faut point oublier cet homme, parmi les réformateurs de la philosophie et les fondateurs de l'éclectisme renouvellé; il mérite une place dans l'histoire des connoissances humaines, par ses talens, ses efforts, et les persécutions qu'il a éprouvées. Il naquit à Léipsick, en 1555. Son père, homme savant, n'oublia rien de ce qui pouvoit contribuer à l'instruction de son fils; il s'en occupa lui-même; et il s'associa, dans ce travail important, les hommes célèbres de son temps, Filler, Rapport, Ittigius, les Alberts, Menekius, Franckensteinius, Rechenbergius, et d'autres qui illustroient l'académie de Léipsick; mais l'élève ne tarda pas à exciter la jalousie de ses maîtres, dont les sentimens ne furent point une règle servile des siens. Il s'appliqua à la lecture des ouvrages de Grotius. Cette étude le conduisit à celle des loix et du droit. Il n'avoit personne qui le dirigeât, et peut-être fut-ce un avantage pour lui. Puffendorf venoit alors de publier ses ouvrages. La nouveauté des questions qu'il y agitoit, lui suscitèrent une nuée d'adversaires. *Thomasius* se rendit attentif à ces disputes, et bientôt il comprit que la théologie et la jurisprudence avoient chacune un coup-d'œil sous lequel elles envisageoient un objet commun; qu'il ne falloit point abandonner une science aux prétentions d'une autre; et que le despotisme que quelques-unes s'arrogent, étoit un caractère très-suspect de leur infaillibilité. Dès ce moment, il foula aux pieds l'autorité; il prit une ferme résolution de ramener tout à l'examen de la raison, et de n'écouter que sa voix. Au milieu des cris que son projet pouvoit exciter, il comprit que le premier pas qu'il avoit à faire, c'étoit de ramasser des faits. Il lut les auteurs; il parcourut l'Allemagne; il alla en Hollande; il y connut le célèbre Grævius. Celui-ci le mit en correspondance avec d'autres érudits, se proposa de l'arrêter dans la contrée qu'il habitoit, s'en ouvrit à *Thomasius*; mais notre philosophe aimoit sa patrie, et il y retourna.

Il conçut alors la nécessité de porter encore plus de sévérité qu'il n'avoit fait, dans la discussion des principes du droit civil, et d'appliquer ses réflexions à des cas particuliers. Il fréquenta le barreau; et il avoua, dans la suite, que cet exercice lui avoit été plus utile que toutes ses lectures.

Lorsqu'il se crut assez instruit de la jurisprudence usuelle, il revint à la spéculation; il ouvrit une école; il interpréta à ses auditeurs le traité du droit de la guerre et de la paix de Grotius. La crainte de la peste, qui ravageoit le pays, suspendit quelques temps ses leçons ; mais la célébrité du maître, et l'importance de la matière, ne tardèrent pas à rassembler ses disciples épars. Il acheva son cours; il compara Grotius, Puffendorf et leurs commentateurs ; il remonta aux sources ; il ne négligea point l'historique; il remarqua l'influence des hypothèses particulières sur les conséquences, la liaison des principes avec les conclusions ; l'impossibilité de se passer de quelque loi positive, universelle, qui servît de base à l'édifice : et ce fut la matière du second cours qu'il entreprit, à la sollicitation de quelques personnes qui avoient suivi le premier. Son père vivoit encore ; et l'autorité dont il jouissoit, suspendoit l'éclat des haines sourdes que *Thomasius* se faisoit, de jour en jour, par sa liberté de penser; mais bientôt il perdit le repos avec cet appui.

Il s'étoit contenté d'enseigner, avec Puffendorf, que la sociabilité de l'homme étoit le fondement de la moralité de ses actions : il l'écrivit ; cet ouvrage fut suivi d'un autre où il exerça une satyre peu ménagée sur différens auteurs ; et les cris commencèrent à s'élever. On invoqua contre lui l'autorité ecclésiastique et séculière. Les défenseurs d'Aristote, pour lequel il affectoit le plus grand mépris, se joignirent aux jurisconsultes ; et cette affaire auroit eu les suites les plus sérieuses, si *Thomasius* ne les eût arrêtées en fléchissant devant ses ennemis. Ils l'accusoient de mépriser la religion et ses ministres, d'insulter à ses maîtres, de calomnier l'église, de douter de l'existence de Dieu; il se défendit; il ferma la bouche à ses adversaires, et il conserva son franc-parler.

Il parut alors un ouvrage sous ce titre : *Interesse principum circâ religionem evangelicam*. Un professeur en théologie, appelé *Hector-Godefroi Masius*, en étoit l'auteur. *Thomasius* publia ses observations sur ce traité; il y comparoit le luthéranisme avec les autres opinions des sectaires; et cette comparaison n'étoit pas toujours à l'avantage de Masius. La querelle s'engagea entre ces deux hommes. Le roi de Danemarck fut appelé dans une discussion où il s'agissoit, entr'autres choses, de savoir si les rois tenoient de Dieu immédiatement leur autorité; et sans rien prononcer sur le fond, S. M. Danoise se contenta d'ordonner l'examen le plus attentif aux ouvrages que *Thomasius* publieroit dans la suite.

Il eut l'imprudence de se mêler dans l'affaire des piétistes; d'écrire en faveur du mariage entre des personnes de religions différentes; d'entreprendre l'apologie de Michel Montanus, accusé d'athéisme; et de mécontenter tant d'hommes à-la-fois, que pour échapper au danger qui menaçoit sa liberté, il fut obligé de se sauver à Berlin, laissant en arrière sa bibliothèque et tous ses effets, qu'il eut beaucoup de peine à recouvrer.

Il ouvrit une école à Hales, sous la protection

de l'électeur; il continua son ouvrage périodique;
et l'on se doute bien, qu'animé par le ressentiment, et jouissant aussi de la liberté d'écrire tout
ce qui lui plaisoit, il ne ménagea guère ses ennemis. Il adressa à Masius même les premières feuilles qu'il publia. Elles furent brûlées par la main
du bourreau; et cette exécution nous valut un
petit ouvrage de *Thomasius*, où, sous le nom
de Attila-Frédéric Frommolohius, il examine ce
qu'il convient à un homme de bien de faire, lorsqu'il arrive à un souverain étranger de flétrir ses
productions.

L'école de Hales devint nombreuse. L'électeur
y appela d'autres personnages célèbres; et *Thomasius* fut mis à leur tête. Il ne dépendoit que de
lui d'avoir la tranquillité au milieu des honneurs;
mais on n'agitoit aucune question importante, qu'il
ne s'en mêlât; et ses disputes se multiplioient de
jour en jour. Il se trouva embarrassé dans la question du concubinage, dans celle de la magie, des
sortiléges, des vénéfices, des apparitions, des
spectres, des pactes, des démons. Or, je demande comment il est possible à un philosophe
de toucher à ces sujets, sans s'exposer au soupçon
d'irréligion.

*Thomasius* avoit observé que rien n'étoit plus
opposé aux progrès de nos connoissances, que
l'attachement opiniâtre à quelque secte. Pour encourager ses compatriotes à secouer le joug et à

avancer le projet de réformer la philosophie, après avoir publié son ouvrage *de Prudentiá cogitandi et ratiocinandi*, il donna un abrégé historique des écoles de la Grèce; passant de là au cartésianisme, qui commençoit à entraîner les esprits, il exposa, à sa manière, ce qu'il y voyoit de répréhensible; et il invita à la méthode éclectique. Ces ouvrages, excellens d'ailleurs, sont tachés par quelques inexactitudes.

Il traita fort au long, dans le livre qu'il intitula: *de l'Introduction à la Philosophie rationelle*, de l'érudition en général et de son étendue, de l'érudition logicale, des actes de l'entendement, des termes techniques de la dialectique, de la vérité, de la vérité première et indémontrable, des démonstrations de la vérité, de l'inconnu, du vraisemblable, des erreurs, de leurs sources, de la recherche des vérités nouvelles, de la manière de les découvrir; il s'attacha sur-tout à ces derniers objets, dans sa pratique de la philosophie rationelle. Il étoit ennemi mortel de la méthode syllogistique.

Ce qu'il venoit d'exécuter sur la logique, il l'entreprit sur la morale; il exposa, dans son introduction à la philosophie morale, ce qu'il pensoit en général du bien et du mal, de la connoissance que l'homme en a, du bonheur, de Dieu, de la bienveillance, de l'amour du prochain, de l'amour de soi, etc. d'où il passa dans la partie pra-

tique aux causes du malheur en général, aux passions, aux affections, à leur nature, à la haine, à l'amour, à la moralité des actions, aux tempéramens, aux vertus, à la volupté, à l'ambition, à l'avarice, aux caractères, à l'oisiveté, etc....
Il s'efforce, dans un chapitre particulier, à démontrer que la volonté est une faculté aveugle, soumise à l'entendement, principe qui ne fut pas goûté généralement.

Il avoit sur-tout insisté sur la nature et le mélange des tempéramens : ses réflexions sur cet objet le conduisirent à des vues nouvelles sur la manière de découvrir les pensées les plus secrètes des hommes par le commerce journalier.

Après avoir posé les fondemens de la réformation de la logique et de la morale, il tenta la même chose sur la jurisprudence naturelle. Son travail ne resta pas sans approbateurs et sans critiques : on y lut avec quelque surprise que les habitudes théorétiques pures appartiennent à la folie, lors même qu'elles conduisent à la vérité ; que la loi n'est point dictée par la raison, mais qu'elle est une suite de la volonté et du pouvoir de celui qui commande ; que la distinction de la justice distributive et commutative est vaine ; que la sagesse consiste à connoître l'homme, la la nature, l'esprit et Dieu ; que toutes les actions sont indifférentes dans l'état d'intégrité ; que le mariage peut être momentané ; qu'on ne peut démontrer par la raison, que le concubinage, la bestialité, etc., sont illicites, etc.

Il se proposa, dans ce dernier écrit, de marquer les limites de la nature et de la grace, de la raison et de la révélation.

Quelque temps après il fit réimprimer les livres de Poiret, de l'érudition vraie, fausse et superficielle.

Il devint théosophe; et c'est sous cette forme qu'on le voit dans sa pneumatologie physique.

Il fit connoissance avec le médecin célèbre Frédéric Hoffmann; et il prit quelques leçons de cet habile médecin, sur la physique mécanique, chymique et expérimentale; mais il ne goûta pas un genre d'étude qui, selon lui, ne rendoit pas des vérités en proportion du travail et des dépenses qu'il exigeoit.

Laissant là tous les instrumens de la physique, il tenta de concilier entre elles les idées mosaïques, cabalistiques et chrétiennes; et il composa son *Tentamen de Naturá et essentiá Spiritús*. Avec quel étonnement ne voit-on pas un homme de grand sens, d'une érudition profonde, et qui avoit employé la plus grande partie de sa vie à charger de ridicule l'incertitude et la variété des systêmes de la philosophie sectaire, entêté d'opinions mille fois plus extravagantes? Mais Newton, après avoir donné son admirable ouvrage des principes de la philosophie naturelle, publia bientôt un commentaire sur l'apocalypse. (*Voyez l'article* Ordre de l'univers. *Encyclop. méthod. Diction. de la Philos. anc. et mod. tom. III.*)

*Thomasius* termina son cours de philosophie par la pratique de la philosophie politique, dont il fait sentir la liaison avec des connoissances trop souvent négligées par les hommes qui s'occupent de cette science.

Il est difficile d'exposer le systême général de la philosophie de *Thomasius*, parce qu'il changea souvent d'opinions.

Du-reste, ce fut un homme aussi estimable par ses mœurs que par ses talens. Sa vie fut innocente; il ne connut ni l'orgueil, ni l'avarice; il aima tendrement ses amis; il fut bon époux; il s'occupa beaucoup de l'éducation de ses enfans: il chérit ses disciples, qui ne demeurèrent pas en reste avec lui; il eut l'esprit droit et le cœur juste: et son commerce fut instructif et agréable.

On lui reproche son penchant à la satyre, au scepticisme, au naturalisme; et c'est avec juste raison.

*Principes généraux de la philosophie de* Thomasius.

Tout être est quelque chose.

L'ame de l'homme a deux facultés; l'entendement et la volonté.

Elles consistent l'une et l'autre en passions et en actions.

La passion de l'entendement s'appelle *sensation* ; la passion de la volonté, *inclination*. L'action de l'entendement s'appelle *méditation* ; l'action de la volonté, *impulsion*.

Les passions de l'entendement et de la volonté précèdent toujours les actions : et ces actions sont comme mortes sans les passions.

Les passions de l'entendement et de la volonté sont des perceptions de l'ame.

Les êtres réels s'apperçoivent, ou par la sensation et l'entendement, ou par l'inclination et la volonté.

La perception de la volonté est plus subtile que la perception de l'entendement ; la première s'étend aux visibles et aux invisibles.

La perceptibilité est une affection de tout être, sans laquelle il n'y a point de connoissance vraie de son essence et de sa réalité.

L'essence est dans l'être la qualité sans laquelle l'ame ne s'apperçoit pas.

Il y a des choses qui sont apperçues par la sensation ; il y en a qui le sont par l'inclination ; et d'autres par l'un et par l'autre moyen.

Être quelque part, c'est être dedans ou dehors une chose.

Il y a entre être en un lieu déterminé, et être

quelque part, la différence de ce qui contient à ce qui est contenu.

L'amplitude est le concept d'une chose en tant que longue ou large, abstraction faite de la profondeur.

L'amplitude est ou l'espace où la chose est ou mue, ou étendue, ou le mu ou l'étendu dans l'espace, ou l'extension active, ou l'étendu passif, ou la matière active ou la chose mue passivement. Il y a une étendue finie et passive. Il y en a une infinie et active.

Il y a de la différence entre l'espace et la chose étendue, entre l'extension et l'étendue.

On peut considérer sous différens aspects une chose, ou prise comme espace, ou comme chose étendue.

L'espace infini n'est que l'extension active où tout se meut, et qui ne se meut en rien.

Il est nécessaire qu'il y ait quelqu'étendu fini, dans lequel, comme dans l'espace, un autre étendu ne se meuve pas.

Dieu et la créature sont réellement distingués; c'est-à-dire, que l'un des deux peut plus ou moins exister sans l'autre.

Le premier concept de Dieu est d'être de lui-même, et que tout le reste sorte de lui.

Mais ce qui est d'un autre est postérieur à ce dont il est; donc, les créatures ne sont pas co-éternelles à Dieu.

Les créatures s'apperçoivent par sensation; alors naît l'inclination, qui cependant ne suppose pas nécessairement ni toujours la sensation.

L'homme ne peut méditer des créatures qu'il n'apperçoit point, et qu'il n'a pas apperçues par la sensation.

La méditation sur les créatures finit, si de nouvelles sensations ne la réveillent.

Dieu ne s'apperçoit point par la sensation.

Donc l'entendement n'apperçoit point que Dieu vive; et toute sa méditation sur cet être est morte. Elle se borne à connoître que Dieu est autre chose que la créature, et ne s'étend point à ce qu'il est.

Dieu s'apperçoit par l'inclination du cœur, qui est une passion.

Il est nécessaire que Dieu mesure le cœur de l'homme.

La passion de l'entendement est dans le cerveau; celle de la volonté est dans le cœur.

Les créatures meuvent l'entendement; Dieu meut le cœur.

La passion de la volonté est d'un ordre supérieur, plus noble et meilleure que la passion de l'entendement. Elle est l'essence de l'homme; c'est elle qui le distingue de la bête.

L'homme est une créature aimante et pensante; toute inclination de l'homme est amour.

L'intellect ne peut exciter en lui l'amour de Dieu; c'est l'amour de Dieu qui l'excite.

Plus nous aimons Dieu, plus nous le connoissons.

Dieu est en lui-même; toutes les créatures sont en Dieu; hors de Dieu, il n'y a rien.

Tout tient son origine de lui, et tout est en lui.

Quelque chose peut opérer par lui, mais non hors de lui; ce qui s'opère, s'opère en lui.

Les créatures ont toutes été faites de rien, hors de Dieu.

L'amplitude de Dieu est infinie; celle de la créature est finie.

L'entendement de l'homme, fini, ne peut comprendre exactement toutes les créatures.

Mais la volonté inclinée par un être infini, est infinie.

Rien n'étend Dieu; mais il étend et développe tout.

Toutes les créatures sont étendues; et aucune n'en étend une autre par une vertu qui soit d'elle.

Être étendu n'est pas la même chose que d'avoir des parties.

Toute extension est mouvement.

Toute matière se meut; Dieu meut tout, et cependant il est immobile.

Il y a deux sortes de mouvement, du non-être à l'être, ou de l'espace à l'espace, ou dans l'espace.

L'essence de Dieu étoit une amplitude enveloppée avant qu'il étendît les créatures.

Alors les créatures étoient cachées en lui.

La création est un développement de Dieu, ou un acte, parce qu'il a produit de rien, en s'étendant, les créatures qui étoient cachées en lui.

N'être rien ou être caché en Dieu, c'est une même chose.

La création est une manifestation de Dieu par la créature produite hors de lui.

Dieu n'opère rien hors de lui.

Il n'y a point de créature hors de Dieu; cependant l'essence de la créature diffère de l'essence de Dieu.

L'essence de la créature consiste à agir et à souffrir, ou à mouvoir et à être mue; et c'est ainsi que la sensation de l'homme a lieu.

La perception par l'inclination est la plus déliée; il n'y en a point de plus subtile; le tact le plus délicat ne peut lui être comparé.

Tout mouvement se fait par attouchement ou contact, ou application, ou approche de la chose qui meut à la chose qui est mue.

La sensation se fait par l'approximation de la chose au sens; et l'inclination, par l'approximation de la chose au cœur.

Le sens est touché d'une manière visible; le cœur, d'une manière invisible.

Tout contact du sens se fait par pulsion; toute motion de l'inclination, ou par pulsion, ou par attraction.

La créature passive, l'être purement patient;

s'appelle matière ; c'est l'opposé de l'*esprit*. Les opposés ont des effets opposés.

L'esprit est l'être agissant et mouvant.

Tout ce qui caractérise passion, est affection de la matière ; tout ce qui marque action, est affection de l'esprit.

La passion indique étendu, divisible, mobile; elle est donc de la matière.

La matière est pénétrable, non pénétrante, capable d'union, de génération, de corruption, d'illumination et de chaleur.

Son essence est donc froide et ténébreuse ; car il n'y a rien en cela qui ne soit passif.

Dieu a donné à la matière le mouvement de non-être à l'être ; mais l'esprit l'étend, la divise, la pénètre, l'unit, l'engendre, la corrompt, l'illumine, l'échauffe, et la refroidit ; car tous ces effets marquent action.

L'esprit est par sa nature lucide, chaud et spirant ; ou il éclaire, échauffe, étend, meut, divise, pénètre, unit, engendre, corrompt, illumine, échauffe, refroidit.

L'esprit ne peut souffrir aucun de ces effets de la matière ; cependant il n'a ni sa lumière de lui-même, parce qu'il est une créature, et de Dieu.

Dieu peut anéantir un esprit.

L'essence de l'esprit en elle-même consiste en vertu ou puissance active. Son intention donne la vie à la matière, forme son essence, et la fait ce qu'elle est, après l'existence qu'elle tient de Dieu.

La matière est un être mort, sans vertu; ce qu'elle en a, elle le tient de l'esprit qui fait son essence et sa vie.

La matière devient informe, si l'esprit l'abandonne à elle-même.

Un esprit peut être sans matière, mais la matière ne peut être sans un esprit.

Un esprit destiné à la matière désire de s'y unir et d'exercer sa vertu en elle.

Tous les corps sont composés de matière et d'esprit; ils ont donc une sorte de vie, en conséquence de laquelle leurs parties s'unissent et se tiennent.

L'esprit est dans tous les corps comme un astre; c'est de là qu'il agit par rayons, et qu'il étend la matière.

S'il retire ses rayons au centre, le corps se résout et se corrompt.

Un esprit peut attirer et pousser un esprit.

Ces forces s'exercent sensiblement dans la matière unie à l'esprit.

Dans l'homme, l'attraction et l'impulsion s'appellent *amour* et *haine*; dans les autres corps, *sympathie* et *antipathie*.

L'esprit ne s'apperçoit point par les organes des sens, parce que rien ne souffre par la matière.

La matière ténébreuse en elle-même, ne peut

être ni vue, ni touchée ; c'est par l'esprit qui l'illumine, qu'elle est visible ; c'est par l'esprit qui la meut, qu'elle est perceptible à l'oreille, etc.

La différence des couleurs, des sons, des odeurs, des saveurs, du toucher, naît de l'efformation et configuration du reste de la matière.

La chaleur et le froid sont produits par la diversité de la motion de l'esprit dans la matière ; et cette motion est ou rectiligne ou circulaire.

C'est l'attraction de l'esprit, qui constitue la solidité et la fluidité.

La fluidité est de l'attraction de l'esprit solaire ; la solidité est de l'attraction de l'esprit terrestre.

C'est la quantité de la matière qui fait la gravité ou la légéreté, l'esprit du corps séparé de son tout, étant attiré et incliné par l'esprit universel ; c'est ainsi qu'il faut expliquer l'élasticité et la raréfaction.

L'esprit, en lui-même, n'est point opposé à l'esprit. La sympathie et l'antipathie, l'amour et la haine, naissent d'opérations diverses, que l'esprit exécute dans la matière, selon la diversité de son efformation et de sa configuration.

Le corps humain, ainsi que tous les autres, a esprit et matière.

Il ne faut pas confondre en lui l'esprit corporel et l'ame.

Dans tous les corps, la matière mue par l'esprit touche immédiatement la matière d'un autre corps ; mais la matière touchée n'apperçoit pas l'attouchement ; c'est la fonction de l'esprit qui lui appartient.

J'entends ici par appercevoir, comprendre et approuver la vertu d'un autre, chercher à s'unir à elle, à augmenter sa propre vertu, lui céder la place, se resserrer. Ces perceptions varient dans le corps avec les figures, et selon les espèces. L'esprit, au contraire, d'un corps à un autre, ne diffère que par l'acte intuitif, plus ou moins intense.

La division des corps en esprits est une suite de la variété de la matière et de sa structure.

Il y a des corps lucides ; il y en a de transparens et d'opaques, selon la quantité plus ou moins grande de la matière, et les notions diverses de l'esprit.

L'opération ou la perception de l'esprit animal consiste dans l'animal, en ce que l'image du contact est comprise par le cerveau, et approuvée par le cœur ; et conséquemment les membres de l'animal sont déterminés par l'esprit, à approcher de la chose qui a touché, ou à la fuir.

Si ce mouvement est empêché, l'esprit moteur dans l'animal excite le désir des choses agréables et l'aversion des autres.

La structure de la matière du corps de l'homme

est telle que l'esprit, ou conserve des images qu'il a reçues, ou les divise, ou les compose, ou les approuve, ou les haïsse, même dans l'absence des choses, et en soit réjoui ou tourmenté.

Cet esprit et l'esprit de tous les autres corps est immatériel ; il est cependant capable d'éprouver, par le contact de la matière, du plaisir et de la peine ; il est assujetti à l'intention des opérations conséquentes aux changemens de la matière ; il est, pour ainsi dire, adhérent aux autres corps terrestres, et il ne peut, sans eux, persévérer dans son union avec son propre corps.

L'homme, considéré sous l'aspect de matière unie à cet esprit, est l'homme animal.

Sa propriété de comprendre les usages des choses, de les composer et de les diviser, s'appelle *l'entendement actif.*

Sa propriété de désirer les choses, s'appelle *volonté naturelle.*

La matière est hors de l'esprit ; cependant il la pénètre. Il ne l'environne pas seulement. L'esprit quelle a, et qui l'étend, désire un autre esprit, et fait, que dans certains corps la matière s'attache à un second esprit, l'environne et le comprend, s'il est permis de le dire.

Si l'esprit est déterminé par art à s'éprendre de lui-même, il se rapproche et se resserre en lui-même.

Si un corps ne s'unit point à un autre, ne

l'environne point, on dit qu'il subsiste par lui-même : autrement, les deux corps ne forment qu'un tout.

L'esprit existe aussi hors des corps ; il les environne, et ils se meuvent en lui. Mais ni les corps, ni l'esprit subsistant par lui-même, ne peuvent être hors de Dieu.

On peut concevoir l'extension de l'esprit comme un centre illuminant, rayonnant en tout sens sans matérialité.

L'espace, où tous les corps se meuvent, est esprit : et l'espace où tous les esprits se meuvent, est Dieu.

La lumière est un esprit invisible illuminant la matière.

L'air pur ou l'æther est un esprit qui meut les corps, et qui les rend visibles.

La terre est une matière condensée par l'esprit.

L'eau est une matière mue et agitée par un esprit interne.

Les corps sont, ou terrestres, ou spirituels, selon le plus ou le moins de la matière qu'ils ont.

Les corps terrestres ont beaucoup de matière ; les corps spirituels, tels que le soleil, ont beaucoup de lumière.

Les corps aqueux abondent en esprit et en matière. Ils se voient ; les uns, parce qu'ils sont transparens ; les autres, parce qu'ils sont opaques.

Les corps lucides sont les plus nobles de tous : après ceux-ci, ce sont les aériens et les aqueux ; les terrestres sont les derniers.

Il ne faut pas confondre la lumière avec le feu. La lumière nourrit tout : le feu, qui est une humeur concentrée, détruit tout.

Les hommes ne peuvent s'entretenir de l'essence incompréhensible de Dieu que par des similitudes. Il faut emprunter ces similitudes des corps les plus nobles.

Dieu est un être purement actif, un être pur, un esprit très-énergique, une vertu très-effrénée, une lumière, une vapeur très-subtile.

Nous nous mouvons, nous vivons, nous sommes en Dieu. *C'est une pensée de S. Paul.*

L'ame humaine est un être distinct de l'esprit corporel.

Le corps du protoplaste fut certainement spirituel, voisin de la nature des corps lucides et transparens : il avoit son esprit, mais il ne constituoit pas la vie de l'homme.

C'est pourquoi Dieu lui souffla dans les narines l'ame vivante.

Cette ame est un rayon de la vertu divine.

Sa destination fut de conduire l'homme, et de le diriger vers Dieu.

Et sous cet aspect, l'ame de l'homme est un désir perpétuel d'union avec Dieu, qu'elle apperçoit de cette manière. Ce n'est donc autre chose que l'amour de Dieu.

Dieu est amour.

Cet amour illuminoit l'entendement de l'homme, afin qu'il eût la connoissance des créatures. Elle devoit, pour ainsi dire, transformer le corps de l'homme et l'ame de son corps, et les attirer à Dieu.

Mais l'homme, ayant écouté l'inclination de son corps et l'esprit de ce corps, de préférence à son ame, s'est livré aux créatures, a perdu l'amour de Dieu, et avec cet amour, la connoissance parfaite des créatures.

La voie commune d'échapper à cette misère, c'est que l'homme cherche à passer de l'état de bestialité à l'état d'humanité ; qu'il commence à se connoître, à plaindre la condition de la vie, et à souhaiter l'amour de Dieu.

L'homme animal ne peut exciter en lui ces motions, ni tendre au-delà de ce qu'il est.

*Thomasius* part de là pour établir des dogmes tout-à-fait différens de ceux de la religion chrétienne. Mais l'exposition n'en est pas de notre objet. Sa philosophie naturelle, où nous allons entrer, présente quelque chose de plus satisfaisant.

*Principes de la logique de* Thomasius.

Il y a deux lumières qui peuvent dissiper les ténèbres de l'entendement. La raison et la révélation.

Il n'est pas nécessaire de recourir à l'étude des langues étrangères pour faire un bon usage de sa raison. Elles ont cependant leur utilité même relative à cet objet.

La logique et l'histoire sont les deux instrumens de la philosophie.

La fin première de la logique, ou de l'art de raisonner, est la connoissance de la vérité.

La pensée est un discours intérieur sur les images que les corps ont imprimées dans le cerveau, par l'entremise des organes.

Les sensations de l'homme sont, ou extérieures ou intérieures; et il ne faut pas les confondre avec les sens. Les animaux ont des sens, mais non des sensations. Il n'est pas possible que tout l'exercice de la pensée se fasse dans la glande pinéale. Il est plus raisonnable que ce soit dans tout le cerveau.

Les brutes ont des actions pareilles aux nôtres; mais elles ne pensent pas: elles ont en elles un principe interne qui nous est inconnu.

L'homme est une substance corporelle, qui peut se mouvoir et penser.

L'homme a l'entendement et la volonté.

L'entendement et la volonté ont action et passion.

La méditation n'appartient pas à la volonté, mais à l'entendement.

Demander combien il y a d'opérations de l'entendement, c'est faire une question obscure et inutile.

J'entends par abstractions, les images des choses, lorsque l'entendement s'en occupe dans l'absence des choses. La faculté qui les arrête et les offre à l'entendement comme présentes, c'est la mémoire.

Lorsque nous les unissons ou les séparons à notre discrétion, nous usons de l'imagination.

Déduire des abstractions inconnues de celles qu'on connoît, c'est comparer, raisonner, conclure.

La vérité est la convenance des pensées intérieures de l'homme, avec la nature et les qualités des objets extérieurs.

Il y a des vérités indémontrables. Il faut abandonner celui qui les nie, comme un homme qu'on ne peut convaincre, et qui ne veut pas être convaincu.

C'est un fait constant, que l'homme ne pense pas toujours.

Les pensées qui ne conviennent pas avec l'objet extérieur, sont fausses ; si l'on s'y attache sérieusement, on est dans l'erreur ; si ce ne sont que des suppositions, on feint.

Le vrai, considéré relativement à l'entendement, est ou certain, ou probable.

Une chose peut être d'une vérité certaine ;

et paroître à l'entendement, ou probable, ou fausse.

Il y a rapport et proportion entre tout ce qui a convenance ou disconvenance.

Les mots, sans application aux choses, ne sont ni vrais, ni faux.

Le caractère d'un principe, c'est d'être indémontrable.

Il n'y a qu'un seul premier principe, où toutes les vérités sont cachées.

Ce premier principe, c'est que tout ce qui s'accorde avec la raison, c'est-à-dire, les sens et les idées, est vrai, et que tout ce qui les contredit est faux.

Les sens ne trompent point celui qui est sain d'esprit et de corps.

Le sens interne, ne peut être trompé.

L'erreur apparente des sens extérieurs naît de la précipitation de l'entendement dans ses jugemens.

Les sens ne produisent pas toujours en tout les mêmes sensations. Ainsi, il n'y a aucune proposition universelle et absolue des concepts variables.

Sans la sensation, l'entendement ne peut rien, ni percevoir, ni se représenter.

Les pensées actives, les idées, leurs rapports et les raisonnemens, qui équivalent aux opérations sur les nombres, naissent des sensations.

L'algèbre n'est pas toute-fois la clef et la source de toutes les sciences.

La démonstration est l'éviction de la liaison des vérités avec le premier principe.

Il y a deux sortes de démonstrations; ou l'on part des sensations, ou d'idées et de définitions, et de leur connexion avec le premier principe.

Il est ridicule de démontrer ou ce qui est inutile, ou indémontrable, ou connu en soi.

Autre chose est, être vrai; autre chose, être faux; autre chose, connoître le vrai et le faux.

L'inconnu est ou relatif, ou absolu.

Il y a des caractères de la vraisemblance; ils en sont la base, et ils en mesurent les degrés.

Il y a connoissance ou vraie, ou vraisemblable, selon l'espèce de l'objet dont l'entendement s'occupe.

Il est impossible de découvrir la vérité par l'art syllogistique.

La méthode se réduit à une seule règle que voici; c'est à disposer la vérité, ou à trouver, ou à démontrer, de manière à ne se pas tromper, procédant du facile au moins facile, du plus connu au moins connu.

L'art de découvrir des vérités nouvelles exige l'expérience, la définition et la division.

Les propositions cathégoriques ne sont pas inutiles dans l'examen des vérités certaines, ni les hypothétiques, dans l'examen des vraisemblances.

La condition de l'homme est pire que celle de la bête.

Il n'y a point de principes matériels *connés*.

L'éducation est la source première de toutes les erreurs de l'entendement. De-là naissent la précipitation, l'impatience et les préjugés.

Les préjugés naissent principalement de la crédulité, qui dure jusqu'à la jeunesse; telle est la misère de l'homme, et la pauvre condition de son entendement.

Il y a deux grands préjugés. Celui de l'autorité, et celui de la précipitation.

L'ambition est une source de préjugés particuliers. De-là, le respect pour l'antiquité.

Celui qui se propose de trouver la vérité, déposera ses préjugés; c'est-à-dire, qu'il doutera méthodiquement, qu'il rejettera l'autorité humaine, et qu'il donnera aux choses une attention requise. Il s'attachera préalablement à une science qui le conduise à la sagesse réelle. C'est ce qu'il doit voir en lui-même.

Nous devons aux autres nos instructions et nos lumières. Pour cet effet, nous examinerons s'ils sont en état d'en profiter.

Les autres nous doivent les leurs. Nous nous rapprocherons donc de celui en qui nous reconnoîtrons de la solidité, de la clarté, de la fidélité, de l'humanité, de la bienveillance; qui n'accablera point notre mémoire ; qui dictera peu ; qui saura discerner les esprits ; qui se proportionnera à la portée de ses auditeurs ; qui sera l'auteur de ses leçons ; et qui évitera l'emploi de mots superflus et vides de sens.

Si nous avons à enseigner les autres, nous tâcherons d'acquérir les qualités que nous demanderions de celui qui nous enseigneroit.

S'agit-il d'examiner et d'interpréter les opinions des autres ? commençons par nous juger nous-mêmes, et par connoître nos sentimens ; entendons bien l'état de la question ; que la matière nous soit familière. Que pourrions-nous dire de sensé, si les loix de l'interprétation nous sont étrangères ; si l'ouvrage nous est inconnu ; si nous sommes ou animés de quelque passion, ou entêtés de quelques préjugés ?

*Principes de la pneumatologie de* Thomasius.

L'essence de l'esprit, considéré généralement, ne consiste pas seulement dans la pensée, mais dans l'action ; car la matière est un être purement passif, et l'esprit est un être entièrement opposé à la matière. Tout corps est composé de l'un et de l'autre ; et les opposés ont des prédicats opposés.

Il y a des esprits qui ne pensent point, mais qui agissent ; savoir, la lumière et l'æther.

Toute puissance active est un être subsistant

par lui-même, et une substance qui perfectionne la puissance passive.

Il n'y a point de puissance passive subsistante par elle-même; elle a besoin d'une lumière suffisante pour se faire voir.

Toutes les puissances actives sont invisibles; et quoique la matière soit invisible, elle n'en est pas moins l'instrument et le signe de la puissance active.

Sous un certain aspect, la lumière et l'æther sont invisibles.

Tout ce qu'on ne peut concevoir privé d'action, est spirituel.

*Principe de la morale de* Thomasius.

Le bien consiste dans l'harmonie des autres choses avec l'homme et avec toutes ses forces, non avec son entendement seulement; sous ce dernier aspect, le bien est la vérité.

Tout ce qui diminue la durée des forces de l'homme, et qui n'en accroît la quantité que pour un temps, est mal.

Toute commotion des organes, et toute sensation qui lui est conséquente, est un mal, si elle est trop forte.

La liberté et la santé sont les plus grands biens que nous tenions de la fortune; et non les richesses, les dignités et les amis.

La félicité de l'homme ne consiste ni dans la sagesse, ni dans la vertu. La sagesse n'a du rapport qu'à l'entendement; la vertu, qu'à la volonté.

Il faut chercher la félicité souveraine, dans la modération du désir et de la méditation.

Cet état est sans douleur et sans joie; il est tranquille.

C'est la source de l'amour raisonnable.

L'homme est né pour la société paisible et tranquille, ou de ceux à qui ces qualités sont chères et qui travaillent à les acquérir.

L'homme raisonnable et prudent aime plus les autres hommes que lui-même.

Si l'on entend par la félicité souveraine l'assemblage le plus complet et le plus parfait de tous les biens que l'homme puisse posséder, elle n'est ni dans la richesse, ni dans la modération, ni dans la liberté, ni dans l'amitié; c'est une chimère de la vie.

La santé est une des qualités nécessaires à la tranquillité de l'ame; mais ce n'est pas elle.

La tranquillité de l'ame suppose la sagesse et la vertu; celui qui ne les a pas, est vraiment misérable.

La volupté du corps est opposée à celle de l'ame; c'est un mouvement inquiet.

Dieu est la cause première de toutes les choses qui changent; ce n'est point là son essence, elle est dans l'aséité.

La matière première a été créée ; Dieu l'a produite de rien ; elle ne peut lui être co-éternelle.

Les choses inconstantes ne peuvent se conserver elles-mêmes ; c'est l'ouvrage du créateur.

Il y a donc une providence divine.

Quoique Dieu donne sans cesse aux choses une vie, une essence et une existence nouvelle ; elles sont une ; et leur état présente le passé et l'avenir ; ce qui les rend mêmes.

La connoissance de l'essence divine est une règle à laquelle l'homme sage doit conformer toutes ses actions.

L'homme sage aimera Dieu sincèrement, aura confiance en lui, et l'adorera avec humilité.

La raison ne nous présente rien au-delà de ce culte intérieur ; elle conçoit qu'il vaut mieux s'y soumettre, que de s'y refuser.

Il y a deux erreurs principales, relativement à la connoissance de Dieu, l'athéisme et la superstition.

Le superstitieux est pire que l'athée. ( *Voyez les* Pensées diverses sur la comète, *par* Bayle. )

L'amour est un désir de la volonté de s'unir, et de persévérer dans l'union avec la chose dont l'entendement a reconnu la bonté.

On peut considérer l'amour déraisonnable sous différens aspects ; ou le désir est inquiet, ou l'objet aimé est mauvais et nuisible, ou l'on confond en lui des unions incompatibles, etc.

Il y a de la différence entre le désir de s'unir à une femme par le plaisir qu'on en espère, ou dans la vue de propager son espèce.

Le désir de posséder une femme doit être examiné soigneusement, si l'on ne veut s'exposer à la séduction secrète de l'amour déraisonnable, cachée sous le masque de l'autre amour.

L'amour raisonnable de ses semblables est un des moyens de notre bonheur.

Il n'y a de vertu que l'amour; il est la mesure de toutes les autres qualités louables.

L'amour de Dieu pour lui-même est surnaturel; la félicité éternelle est son but; c'est aux théologiens à nous en parler.

L'amour de nos semblables est général, ou particulier.

Il n'y a qu'un penchant commun à la vertu, qui établisse entre deux êtres raisonnables un amour vrai.

Il ne faut point haïr personne, quoique les ennemis de nos amis nous doivent être communs.

Cinq vertus constituent l'amour universel et commun; l'humanité, d'où naissent la bienfaisance et la gratitude; la vivacité et la fidélité dans ses promesses, même avec nos ennemis et ceux de notre culte; la modestie, qu'il ne faut pas confondre avec l'humilité; la modération et la tranquillité de l'ame; la patience, sans laquelle il n'y a ni amour, ni paix.

L'amour particulier est l'amour de deux amis ; sans cette union, il n'y a point d'amitié.

Le mariage seul ne rend pas l'amour licite.

Plus le nombre de ceux qui s'aiment est grand, plus l'amour est raisonnable.

Il est injuste de haïr celui qui aime ce que nous aimons.

L'amour raisonnable suppose de la conformité dans les inclinations ; mais il ne les exige pas au même dégré.

La grande estime est le fondement de l'amour raisonnable.

De cette estime naît le dessein continuel de plaire, la confiance, la bienveillance, les biens et les actions en commun.

Les caractères de l'amour varient selon l'état des personnes qui s'aiment ; il n'est pas le même entre les inégaux, qu'entre les égaux.

L'amour raisonnable de soi-même est une attention à ne rien faire de ce qui peut interrompre l'ordre que Dieu a établi, selon les règles de la raison générale et commune, pour le bien des autres.

L'amour du prochain est le fondement de l'amour de nous-mêmes ; il a pour objet la perfection de l'ame, la conservation du corps, et la préférence de l'amour des autres, même à la vie.

La conservation du corps exige la tempérance, la pureté, le travail et la fermeté.

S'il y a tant d'hommes plongés dans le malheur, c'est qu'ils n'aiment point d'un amour raisonnable et tranquille.

C'est moins dans l'entendement que dans la volonté et les penchans secrets, qu'il faut chercher la source de nos peines.

Les préjugés de l'entendement naissent de la volonté.

Le malheur a pour base l'inquiétude d'un amour déréglé.

Deux préjugés séduisent la volonté ; celui de l'impatience, et celui de l'imitation : on déracine difficilement celui-ci.

Les affections sont dans la volonté, et non dans l'entendement.

La volonté est une faculté de l'ame qui incline l'homme, et par laquelle il s'excite à faire ou à omettre quelque chose.

Il ne faut pas confondre l'entendement avec les pensées.

La volonté se meut toujours du désagréable à l'agréable, du fâcheux au doux.

Tous les penchans de l'ame sont tournés vers l'avenir, et vers un objet absent.

Les affections naissent des sensations.

Le cœur est le lieu où la commotion des objets intérieurs se fait sentir avec le plus de force.

L'émotion du sang extraordinaire est toujours une suite d'une impression violente ; mais cette émotion n'est pas toujours accompagnée de celle des nerfs.

Il n'y a qu'une affection première ; c'est le désir, qu'on peut distinguer en amour ou en haine.

Il ne faut pas compter l'admiration parmi nos penchans.

Les affections ou penchans ne sont en eux-mêmes ni bons ni mauvais ; c'est quand ils sont spécifiés par les objets, qu'ils prennent une qualité morale.

Les affections qui enlèvent l'homme à lui-même, sont mauvaises ; et celles qui le rendent à lui-même, bonnes.

Toute émotion trop violente est mauvaise ; il n'y en a de bonnes que les tempérées.

Il y a quatre penchans ou affections générales ; l'amour raisonnable, le désir des honneurs, la cupidité des richesses, le goût de la volupté.

Les hommes sanguins sont voluptueux, les bilieux sont ambitieux, et les mélancoliques sont avares.

La tranquillité de l'ame est une suite de l'harmonie entre les forces de la pensée, ou les puissances de l'entendement.

Il y a trois qualités qui conspirent à former et à perfectionner l'amour raisonnable ; l'esprit, le jugement, et la mémoire.

L'amour raisonnable est taciturne, sincère, libéral, humain, généreux, tempérant, sobre, continent, économe, industrieux, prompt, patient, courageux, obligeant, officieux, etc.

Tout penchant vicieux produit des vices contraires à certaines vertus.

Un certain mélange de vices produit le simulacre d'une vertu.

Il y a dans tout homme un vice dominant, qui se mêle à toutes ses actions.

C'est d'une attention qui analyse ce mélange, que dépend l'art de connoître les hommes.

Il y a trois qualités principales qu'il faut surtout envisager dans cette analyse ; l'oisiveté ou paresse, la colère, et l'envie.

Il faut étouffer les affections vicieuses, et exciter l'amour raisonnable : dans ce travail pénible, il faut s'attacher premièrement à l'affection dominante.

Il suppose des intentions pures, de la sagacité et du courage.

Il faut employer la sagacité à démêler les préjugés de la volonté, ensuite ôter à l'affection dominante son aliment, converser avec les bons, s'exercer à la vertu, et fuir les occasions périlleuses.

Mais pour conformer scrupuleusement sa vie aux règles de la vertu, les forces naturelles ne suffisent pas.

*Principes de la jurisprudence divine de* Thomasius.

Le monde est composé de corps visibles, et de puissances invisibles.

Il n'y a point de corps visible, qui ne soit doué d'une puissance invisible.

Ce qu'il y a de visible et de tangible dans les corps, s'appelle *matière*.

Ce qu'il y a d'invisible et d'insensible, s'appelle *nature*.

L'homme est de la classe des choses visibles; outre les qualités qui lui sont communes avec les autres corps, il a des puissances particulières qui l'en distinguent; l'ame, par laquelle il conçoit et veut, en est une.

Les puissances produisent les différentes espèces de corps, en combinant les particules de la matière, et en les réduisant à telle ou telle configuration.

L'ame en fait autant dans l'homme; la structure de son corps est l'ouvrage de son ame.

L'homme est doué de la vertu intrinsèque de descendre en lui, d'y reconnoître ses propres puissances, et de les sentir.

C'est ainsi qu'il assure qu'il conçoit par son cerveau, qu'il veut par son cœur.

L'une de ces actions s'appelle la *pensée*; l'autre, le *désir*.

L'entendement est donc une faculté de l'ame humaine, qui réside dans le cerveau, et dont la pensée est le produit ; et la volonté, une faculté de l'ame humaine, qui réside dans le cœur, et qui produit le désir.

Les pensées sont des actes de l'entendement; elles ont pour objet ou les corps, ou les puissances : si ce sont les corps, elles s'appellent *sensations* ; si ce sont les puissances, *concepts*.

Les sensations des objets présens forment le sens commun : il ne faut pas confondre ces sensations avec leurs objets. Les sensations sont des corps, mais elles appartiennent à l'ame; il faut y considérer la perception et le jugement.

Il n'y a ni appétit, ni désir de ce qu'on ne connoît pas ; tout appétit, tout désir suppose perception.

La pensée qui s'occupe d'un objet absent, mais dont l'image est restée dans l'entendement en conséquence de la sensation, s'appelle *imagination* ou *mémoire*.

Les pensées sur les corps, considérées comme des touts, sont individuelles.

Il n'y a point de pensées abstraites de la matière, mais seulement des puissances.

La puissance commune des corps, ou la matière, s'appelleroit plus exactement la *nature du corps*.

Quand nous nous occupons d'une puissance,

abstraction faite du corps auquel elle appartient, notre pensée est universelle.

On peut rappeler toutes les formes de nos pensées, ou à l'imagination, ou à la formation des propositions.

Dans l'investigation, il y a question et suspension de jugement. Dans la formation des propositions, il y a affirmation et négation : ces actions sont de l'entendement, et non de la volonté ; il n'y a point de concept d'un terme simple.

Le raisonnement ou la méditation est un enchaînement de plusieurs pensées.

On a de la mémoire, quand on peut se rappeler plusieurs sensations, les lier, et découvrir, par la comparaison, la différence que les puissances ont entre elles.

Toute volonté est un désir du cœur, un penchant à s'unir à la chose aimée ; et tout désir est un effort pour agir.

L'effort de la volonté détermine l'entendement à l'examen de la chose aimée, et à la recherche des moyens de la posséder.

La volonté est donc un désir du cœur, accompagné d'un acte de l'entendement.

Si on la considère, abstraction faite de la puissance d'agir, on l'appelle *appétit sensitif*.

La volonté n'est point une pensée ; il y a de la différence entre l'effort et la sensation.

Les actions de l'entendement s'exercent souvent sans la volonté; mais la volonté meut toujours l'entendement.

Les puissances des choses, qui sont hors de nous, meuvent, et les facultés du corps, et celles de l'entendement et la volonté.

Il est faux que la volonté ne puisse être contrainte; pourquoi les puissances invisibles des corps ne l'irriteroient-elles pas, ou ne l'arrêteroient-elles pas?

La faculté translative d'un lieu dans un autre ne dépend pas de la pensée; c'est l'effort du cœur: la volonté humaine ne se produit pas toujours; c'est l'effet d'une puissance singulière donnée par Dieu à la créature, et concourante avec sa volonté et sa pensée.

L'entendement a des forces qui lui sont propres, et sur lesquelles la volonté ne peut rien: elle peut les mettre quelquefois en action; mais elle ne peut pas toujours les arrêter.

L'entendement est soumis à l'impulsion de la volonté; et il ne la dirige point, soit dans l'affirmation qu'une chose est bonne ou mauvaise, soit dans l'examen de cette chose, soit dans la recherche des moyens de l'obtenir. La volonté ne désire point une chose, parce qu'elle paroît bonne à l'entendement; mais, au contraire, elle paroît bonne à l'entendement, parce que la volonté la désire.

L'entendement et la volonté ont leurs actions et leurs passions.

L'intellect agit, quand la volonté l'incline à la réflexion; il souffre, quand d'autres causes que la volonté le meuvent et le font sentir.

La volonté est passive, non relativement à l'entendement, mais à d'autres choses qui le meuvent. Elle se sert de l'entendement comme d'un instrument pour irriter les affections, par un examen plus attentif de l'objet.

L'entendement agit dans le cerveau. Parler est un acte du corps, et non de l'entendement.

La volonté opère hors du corps : c'est un effort; ses actes ne sont point immanens.

La volonté est le premier agent de la nature humaine; car elle meut l'entendement.

Les actes commandés par la volonté sont, ou volontaires, ou moraux et spontanés, ou nécessaires, contraints et physiques.

La nature de l'homme moral est la complexion de la puissance de vouloir, et des puissances qui sont soumises à la volonté.

La raison est le prédicat de l'entendement seul, et non de la volonté.

L'entendement juge librement de la nature des choses, du bien et du mal, toutes les fois que la volonté ne le meut pas; mais il est soumis à la volonté, et lui obéit, en tant qu'il en est mû et poussé.

L'entendement et la volonté ont leur liberté et leur servitude; l'une et l'autre intrinsèques.

Il n'y a donc nul choix de la volonté, et nulle liberté d'indifférence. Comme on ne conçoit pas toujours dans l'acte de la liberté, qu'elle soit excitée par des puissances extérieures, on dit, sous ce point de vue, qu'elle est libre. ( *Voyez l'art.* FATALISME ET FATALITÉ DES STOÏCIENS. )

On accorde aux actions de l'homme la spontanéité, parce qu'il en est l'auteur; mais non, parce qu'elles sont libres.

Les puissances sont, ou en guerre, ou d'accord; dans le premier cas, la plus forte l'emporte.

Ce qui conserve les puissances d'un corps, est bon; ce qui détruit les puissances d'un corps, et conséquemment le corps même, est mauvais.

Qu'est-ce que la vie? l'union des puissances avec le corps. Qu'est-ce que la mort? la séparation des puissances d'avec le corps. Tant que le corps vit, les parties, qui sont le siège des puissances, restent unies; lorsqu'il se dissout, ces parties se séparent : les puissances passent à des puissances séparées; car il est impossible qu'elles soient anéanties.

Le corps est mortel; mais les puissances sont immortelles.

Il est particulier à l'homme d'être porté à des biens qui sont contraires au bien général.

L'effort vers une chose qui lui convient, s'appelle *désir, amour, espérance*; vers une chose qui lui est contraire, *haine, fuite, horreur, crainte*.

On donne à l'effort le nom de *passion*, parceque l'objet ne manque jamais de l'exciter.

La raison est saine quand elle est libre, ou non mue par la volonté, et qu'elle s'occupe sans son influence de la différence du bien réel et du bien apparent; corrompue, lorsque la volonté la pousse au bien apparent.

Chaque homme a ses volontés. Les volontés des hommes s'accordent peu; elles sont très-diverses, souvent opposées : un même homme ne veut pas même constamment ce qu'il a voulu une fois; les volontés se contredisent d'un instant à un autre; les hommes ont autant de passions, et il y a dans chacune de leurs passions autant de diversité, qu'il s'en montre sur leurs visages pendant la durée de leur vie.

L'homme n'est point l'espèce infime, et la nature du genre humain n'est pas une et la même.

Il y a dans l'homme trois volontés principales : la volupté, l'avarice et l'ambition. Elles dominent dans tous, mais diversement combinées; ce ne sont point des mouvemens divers qui se succèdent naturellement, et dirigés par le principe commun de l'entendement et de la volonté.

Des actes volontaires et contradictoires ne peuvent sortir d'une volonté une et commune.

D'où il suit que c'est aux passions de la volonté, à la contrainte, et à la nécessité qu'il faut rapporter ce que l'on attribue ordinairement au choix et à la liberté : la discorde une fois élevée, la puissance la plus forte l'emporte toujours.

La volonté est une puissance active de sa nature, parce que plusieurs de ses affections ont leur origine dans d'autres puissances, et que toutes actions en sont excitées.

La volupté, l'ambition, l'avarice, sont trois facultés actives qui poussent l'entendement, et qui excitent la puissance translative.

L'espérance, la crainte, la joie, la tristesse, sont des passions de l'ame, qui naissent de la connoissance d'une puissance favorable ou contraire.

Il y a des passions de l'ame, qui excitent les premières volontés; il y en a d'autres, qui les suppriment.

A proprement parler, il n'y a que deux différences dans les affections premières, l'espérance et la crainte; l'une naît avec nous; l'autre est accidentelle.

L'espérance naît de quelque volonté première; la crainte vient d'autres puissances.

L'espérance et la crainte peuvent se considérer relativement à Dieu : raisonnables, on les appelle *piété, crainte filiale;* déraisonnables, on les appelle *superstition, crainte servile.* Celui qui n'est retenu que par des considérations humaines, est athée.

L'homme est prudent et sage, lorsqu'il a égard

à la liaison des puissances, non-seulement dans leur effet présent, mais encore dans leur effet à venir.

Les prophètes sont des hommes dont Dieu meut immédiatement la puissance intellectuelle; ceux dont il dirige immédiatement la volonté, des héros; ceux dont l'entendement et la volonté sont soumis à des puissances invisibles, des sorciers; l'homme prudent apporte à l'examen de ces différens caractères la circonspection la plus grande.

La puissance humaine est finie: elle ne s'étend point aux impossibles. En deçà de l'impossibilité, il est difficile de marquer ses limites.

Il est plus facile de connoître les puissances des corps en les comparant, que les puissances des hommes entre eux.

Toute puissance, sur-tout dans l'homme peut être utile ou nuisible.

Il faut plus craindre des hommes qu'en espérer; parce qu'ils peuvent et veulent nuire plus souvent que servir.

Le sage secourt souvent, craint plus souvent encore; résiste rarement; met son espoir en peu de chose; et n'a de confiance entière que dans la puissance éternelle.

Le sage ne prend point sa propre puissance, pour la mesure de la puissance des autres; ni celle des autres, pour la mesure de la sienne.

Il y a des puissances qui irritent les premières volontés ; il y en a qui les appaisent. Les alimens accroissent ou diminuent la volupté ; l'ambition se fortifie ou s'affoiblit par la louange et par le blame ; l'avarice voit des motifs de se reposer ou de travailler dans l'inégalité des biens.

La volonté dominante de l'homme, sans être excitée ni aidée par des puissances extérieures, l'emporte toujours sur la volonté d'une puissance subordonnée, abandonnée à elle-même, et sans secours. Les forces réunies des puissances foibles peuvent surmonter la volonté dominante. Le succès est plus fréquent et plus sûr, si les puissances auxiliaires sont extérieures.

Une passion foible, irritée violemment par des puissances extérieures, s'exercera plus énergiquement dans un homme, que la passion dominante dans un autre. Pour cet effet, il faut que le secours de la puissance extérieure soit grand.

Il y a, entre les passions des hommes, des oppositions, des concurrences, des obstacles, des secours, des liaisons secrètes que tous les yeux ne discernent pas.

Il y a des émanations, des écoulemens, des simulacres moraux, qui frappent les sens, qui affectent l'homme et sa volonté.

La volonté de l'homme n'est jamais sans espérance et sans crainte ; et il n'y a point d'action volontaire sans le concours de ces deux passions.

Il n'y a point d'action libre considérée relativement à la seule dépendance de la volonté. Si l'on examine l'action relativement à quelque principe qui la dirige, elle peut être libre ou contrainte.

La puissance de la volonté est libre, quand l'homme suit son espérance naturelle, lorsqu'elle agit en lui sans le concours ou l'opposition d'une force étrangère qui l'attire ou qui l'éloigne. Cette force est ou visible ou invisible; elle s'exerce, ou sur l'ame, ou sur le corps.

Toute action qui n'est pas volontaire ou spontanée, se fait malgré nous. Il n'en est pas de même dans le cas de la contrainte. Une action contrainte ne se fait pas toujours malgré nous.

Dans l'examen de la valeur morale des actions volontaires, il faut avoir égard, non-seulement au mouvement de la volonté qui les a précédées, mais à l'approbation qui les a suivies.

La spontanée est ou libre ou contrainte; libre, si la volonté a mis en action la puissance translative, sans le concours d'une puissance étrangère, favorable ou contraire; contrainte, s'il est intervenu quelque force, quelque espérance ou quelque crainte extérieure.

Les mœurs consistent dans la conformité d'un grand nombre de volontés. Les sages ont leurs mœurs, qui ne sont pas celles des insensés. Les premiers s'aiment, s'estiment; mettent leur dignité principale dans les qualités de leur entendement;

en font l'essence de l'homme ; et soumettent leurs appétits à leur raison, qu'on ne contraint point.

C'est du mélange des passions, qu'il suit qu'entre les insensés il y en a d'instruits et d'idiots.

La force des passions dominantes n'est pas telle, qu'on ne les puisse maîtriser.

Il n'y a point d'homme, si insensé qu'il soit, que la sagesse d'un autre ne domine et ne dispose à l'utilité générale.

Les passions dominantes varient selon l'âge, le climat et l'éducation : voilà les sources de la diversité des mœurs chez les peuples divers.

Les mœurs des hommes ont besoin d'une règle.

L'expérience et la méditation font le sage.

Les insensés font peu de cas de la sagesse.

Les hommes, dont le caractère est une combinaison de l'ambition et de la volupté, n'ont besoin que du temps et de l'expérience pour devenir sages.

Tous les principes, qu'on établit sur la conscience juste et la conscience erronée, ne sont d'aucune utilité.

Le sage use, avec les insensés, du conseil et de l'autorité : il cherche à les faire espérer ou craindre.

L'honnête, l'agréable et l'utile sont les objets du sage : ils font tout son bonheur; ils ne sont jamais séparés.

Dans la règle que le sage imposera aux insensés, il aura égard à leur force.

Le conseil est d'égal à égal ; le commandement est d'un supérieur à son inférieur.

Le conseil montre des biens et des maux nécessaires ; la puissance en fait d'arbitraires. Le conseil ne contraint point, n'oblige point, du-moins extérieurement ; la puissance contraint, oblige, même extérieurement. Le sage se soumet au conseil ; l'insensé n'obéit qu'à la force.

La vertu est la propre récompense du sage.

A proprement parler, les récompenses et les châtimens sont extérieurs.

L'insensé craint souvent des douleurs chimériques et des puissances chimériques. Le sage se sert de ces fantômes, pour le subjuguer.

Le but de la règle est de procurer aux insensés la paix extérieure, et la sécurité intérieure.

Il y a différentes sortes d'insensés. Les uns troublent la paix extérieure ; il faut employer contre eux l'autorité : d'autres, qui n'y concourent pas ; il faut les conseiller et les contraindre : et certains, qui ignorent la paix extérieure ; il faut les instruire.

Il est difficile qu'un homme puisse réunir en lui seul le caractère de la personne qui conseille, et le caractère de celle qui commande. Ainsi il y a eu des prêtres et des rois.

Point d'actions meilleures que celles qui tendent à procurer la paix intérieure; celles qui ne contribuent ni ne nuisent à la paix extérieure, sont comme indifférentes ; les mauvaises la troublent; il y a dans toutes différens dégrés à considérer. Il ne faut pas non plus perdre de vue la nature des objets.

Le juste est opposé au mal extrême: l'honnête est le bien dans un dégré éminent ; il s'élève au-dessus de la passion : le décent est un ordre moyen entre le juste et l'honnête. L'honnête dirige les actions extérieures des insensés ; le décent est la règle de leurs actions extérieures ; ils sont justes, de crainte de troubler la paix.

Le pacte diffère du conseil et de l'autorité; cependant il n'oblige qu'en conséquence.

La loi se prend strictement pour la volonté de celui qui commande. En ce sens, elle diffère du conseil et du pacte.

Le but immédiat de la loi est d'ordonner et de défendre; elle punit par les magistrats, elle contraint par les jugemens, et elle annulle les actes qui lui sont contraires ; son effet est d'obliger.

Le droit naît de l'abandon de la volonté ; l'obligation lie.

Il y a le droit que j'ai, abstraction faite de toute volonté, et celui que je tiens du pacte et de la loi.

T *

L'injure est l'infraction de l'obligation et du droit.

Le droit est relatif à d'autres; l'obligation est immense : l'un naît des règles de l'honnête; l'autre, des règles du juste.

C'est par l'obligation interne, que l'homme est vertueux; c'est par l'obligation externe, qu'il est juste.

Le droit, comme loi, est ou naturel ou positif. Le naturel se reconnoît par l'attention d'une ame tranquille sur elle-même. Le positif exige la révélation et la publication.

Le droit naturel se prend ou pour l'aggrégat de tous les préceptes moraux qui sont dictés par la droite raison, ou pour les seules règles du juste.

Tout droit positif, relativement à sa notoriété, est humain.

Dieu a gravé dans nos cœurs le droit naturel; il est divin; la publication lui est inutile.

La loi naturelle s'étend plus aux conseils qu'à l'autorité. Ce n'est pas le discours de celui qui enseigne, mais de celui qui commande, qui la fait recevoir. La raison ne nous conduit point seule à reconnoître Dieu comme un souverain autorisé à infliger des peines extérieures et arbitraires aux infracteurs de la loi naturelle. Il voit que tous les châtimens qui n'émanent pas de l'autorité, sont naturels, et improprement appelés *châtimens*. Il n'y a de châtimens, proprement dits, que ceux qui sont décernés par le souverain, et visiblement infligés. La publication est essentielle aux loix. Le philosophe ne connoît aucune publication de la loi naturelle : il regarde Dieu comme son père, plus encore que comme son maître. S'il a quelque crainte, elle est filiale et non servile.

Si l'on regarde Dieu comme père, conseiller, docteur ; et que l'honnêteté et la turpitude marquent plutôt bonté et malice, ou vice en général, que justice ou injustice en particulier ; les actions sur lesquelles le droit naturel a prononcé, ou implicitement, ou explicitement, sont bonnes ou mauvaises en elles-mêmes, naturellement et relativement à toute l'espèce humaine.

Le droit, considéré comme une puissance morale, relative à une règle commune et constante à un grand nombre d'hommes, s'appelle *droit naturel*. Le droit positif est relatif à une règle qui varie.

Le droit de la nature oblige même ceux qui ont des opinions erronées de la divinité.

Ni la volonté divine, ni la sainteté du droit naturel, ni sa conformité avec la volonté divine, ni son accord avec un état parfait, ni la paix, ni les pactes, ni la sécurité, ne sont les premiers fondemens du droit naturel.

Sa première proposition, c'est qu'il faut faire

tout ce qui contribue le plus à la durée et au bonheur de la vie.

Veux-toi à toi-même ce que tu désires des autres ; voilà le premier principe de l'honnête : rends aux autres ce que tu exiges d'eux ; voilà le premier principe du décent : ne fais point aux autres ce que tu crains d'eux ; voilà le premier principe du juste.

Il faut se repentir ; tendre à son bonheur, par des moyens sages ; réprimer l'excès de ses appétits, par la crainte de la douleur, de l'ignominie, de la misère : sur les occasions périlleuses, se refuser au désespoir : vivre pour et avec ceux même qui n'ont pas nos mœurs ; éviter la solitude ; dompter ses passions ; travailler sans délai et sans cesse à son entendement : voilà les conséquences de la régle de l'honnête. Céder de son droit ; servir bien et promptement les autres ; ne les affliger jamais sans nécessité ; ne point les scandaliser ; souffrir leur folie : voilà les suites de la règle du décent. Ne point troubler les autres dans leur passion ; agir avec franchise ; s'interdire la raillerie, etc, : voilà les conclusions de la règle du juste.

Il y a moins d'exceptions à la règle du juste et de l'honnête, qu'à celle du décent.

Le sage se fait de l'autorité, par ses discours et ses actions.

Le sage sert par exemple, et par le châtiment qu'il ne sépare point.

Il faut punir et récompenser ceux qui le méritent.

Celui qui suit la règle de la sagesse, mérite récompense; celui qui l'enfreint, châtiment.

Le mérite consiste dans le rapport d'une action volontaire à la récompense et au châtiment.

Imputer, c'est traduire comme cause morale d'un effet moral.

Dans les cas de promesse, il faut considérer l'inspiration relativement à la volonté de celui qui a promis, et à l'aptitude de celui qui a reçu.

La méthode de traiter du droit naturel que Hobbes a présentée, est très-bonne; il faut traiter d'abord de la liberté, ensuite de l'empire, et finir par la religion. (*Voyez* le Traité du citoyen, par Hobbes, et l'article Hobbisme.)

Voilà l'extrait de la philosophie de *Thomasius*, dont on fera quelque cas, si l'on considère le temps auquel il écrivoit. Il a peut-être plus innové dans la langue que dans les choses; mais il a des idées qui lui appartiennent.

Il mourut en 1628, à Halle, après avoir vécu d'une vie très-laborieuse et très-troublée. Son penchant à la satyre fut la source principale de ses peines. Il ne se contenta pas d'annoncer aux hommes des vérités qu'ils ignoroient; mais il acheva de révolter leur amour-propre, en les rendant ridicules par leurs erreurs.

## ZEND-AVESTA.

Cet article est destiné à réparer les inexactitudes, qui peuvent se rencontrer dans celui où nous avons rendu compte de la philosophie des parsis en général, et de celle de Zoroastre en particulier. C'est à M. Anquétil que nous devons les nouvelles lumières que nous avons acquises sur un objet qui devient important par ses liaisons avec l'histoire des Hébreux, des Grecs, des Indiens, et peut-être des Chinois.

Tandis que les hommes traversent les mers, sacrifient leur repos, la société de leurs parens, de leurs amis et de leurs concitoyens, et exposent leur vie pour aller chercher la richesse au-delà des mers; il est beau d'en voir un oublier les mêmes avantages, et courir les même périls pour l'instruction de ses semblables et la sienne. Cet homme est M. Anquétil.

Le *zend-avesta* est le nom commun sous lequel on comprend tous les ouvrages attribués à Zoroastre.

Les ministres de la religion des parsis ou sectateurs modernes de la doctrine de Zoroastre, sont distingués en cinq ordres; les erbids, les mobids, les destours, les destours mobids, et les destours des destours.

On appelle *erbid*, celui qui a subi la purification légale, qui a lu quatre jours de suite sans interruption l'izechné et le vendidad, et qui est initié dans les cérémonies du culte ordonné par Zoroastre.

Si, après cette espèce d'ordination, l'erbid continue de lire en public les ouvrages du zend, qui forment le rituel, et à exercer les fonctions sacerdotales, il devient mobid; s'il n'entend pas le *zend-avesta*, s'il se renferme dans l'étude de la loi du zend et du pehlvi, sans exercer les fonctions du ministère, il est appelé *destour*. Le destour-mobid est celui qui réunit en lui les qualités du mobid et du destour; et le destour des destours est le premier destour d'une ville ou d'une province. C'est celui-ci qui décide des cas de conscience et des points difficiles de la loi. Les parsis lui paient une sorte de dîme ecclésiastique. En aucun lieu du monde, les choses célestes ne se dispensent gratuitement.

Arrivé à Surate, M. Anquétil trouva les parsis divisés en deux sectes animées l'une contre l'autre du zèle le plus furieux. La superstition produit par-tout les mêmes effets. L'une de ces sectes s'appeloit celle des *anciens croyans;* l'autre, celle des *réformateurs*. De quoi s'agissoit-il entre les sectaires qui pensèrent tremper toute la contrée de leur sang? De savoir si le *penon*, ou la pièce de lin de neuf pouces en quarré, que les parsis portent sur le nez en certains temps, devoit ou ne devoit pas être mise sur le nez des agonisans.

Quid rides ? mutato nomine de te fabula narratur.

Que produisit cette dispute ? Ce que les hérésies produisent dans les cultes. On remonte aux sources; et l'on s'instruit. Les anciens livres de la loi des parsis furent feuilletés. Bientôt on s'apperçut que les ministres avoient abusé de la stupidité du peuple, pour l'accabler de purifications, dont il n'étoit pas question dans le zend; et que cet ouvrage avoit été défiguré par une foule d'interprétations absurdes. On se doute bien que ceux qui osèrent révéler aux peuples ces vérités, furent traités de *novateurs* et d'*impies*. A ces disputes, il s'en joignit une autre pour le premier jour de l'année. Un homme de bien auroit envain élevé la voix, et leur auroit crié: « Eh !
» qu'importe à quel jour l'année commence ? Elle
» commencera heureusement aujourd'hui, demain,
» pourvu que vous vous aimiez les uns les au-
» tres, que vous ayez de l'indulgence pour vos
» opinions diverses. Croyez-vous que Zoroastre
» n'eût pas déchiré ses livres, s'il eût pensé que
» chaque mot en deviendroit un sujet de haine
» pour vous » ? Cet homme de bien n'auroit été entendu qu'avec horreur.

M. Anquétil profita de ces divisions des parsis pour s'instruire, et se procurer les ouvrages qui lui manquoient. Bientôt il se trouva en état d'entreprendre en secret une traduction de tous les livres attribués à Zoroastre. Il se forma une idée juste de la religion des parsis ; il entra dans leurs temples, qu'ils appellent *derüners*, et vit le culte qu'ils rendent au feu.

L'enthousiasme le gagna ; il jeta ses vues sur le Sanskret, et il songea à se procurer les quatre vèdes. Les quatre vèdes sont des ouvrages que les bramines prétendent avoir été composés il y a quatre mille ans, par Kreschnou. Ils se nomment le *samveda*, le *ridjouveda*, l'*atarnaveda*, et le *ragouveda*. Le premier est le plus rare ; il y avoit une bonne traduction de ces livres, faite par Abulsazer, ministre d'Ackbar, il y a environ deux cents ans, que M. Anquétil ne négligea pas. Il se procura des copies des trois vocabulaires sanskretains, l'amerkosch, le viakkeren et le nammala. Les deux premiers sont à l'usage des bramines ; le dernier est à l'usage des sciouras. Il conféra avec les principaux destours des lieux qu'il parcourut ; et il démontra, par ses travaux infinis, qu'il n'y a nulle comparaison à faire entre la constance de l'homme de bien dans ses projets, et celle du méchant dans les siens.

Il apprit des auteurs modernes, que la doctrine

de Zoroastre avoit été originairement divisée en vingt et une parties ; il y en avoit sept sur la création et l'histoire du monde ; sept sur la morale, la politique et la religion, et sept sur la physique et l'astronomie.

C'est une tradition générale parmi les parsis, qu'Alexandre fit brûler ces vingt-un livres, après se les être fait traduire en grec. Les seuls qu'on pût conserver, sont le vendidad, l'izeschné, le wispered, les jeschts et les neaeschs. Ils ont encore une traduction pehlvique, originale du zend, et un grand nombre de livres de prières, qu'ils appellent *nerengs*, avec un poëme de cent vingt vers, appelé *bazournama*, sur la vie de Roustoun, fils de Zoroastre, de Sforab, fils de Roustoun, et de Barzour, fils de Sforab.

Ce qui reste des ouvrages de Zoroastre, traite de la matière de l'univers, du paradis terrestre, de la dispersion du genre humain, et de l'origine du respect que les parsis ont pour le feu, qu'ils appellent *athro Eboremes daopothre*, fils de Dieu. Il y rend compte de l'origine du mal physique et moral ; du nombre des anges, à qui la conduite de l'univers est confiée ; de quelques faits historiques, de quelques rois de la première dynastie, et de la chronologie des héros de Ssillan et Zaboulestan. On y trouve aussi des prédictions, des traits sur la fin du monde et sur la résurrection ; d'excellens préceptes moraux ; et un traité des rites et cérémonies, très-étendu. Le style en est oriental ; des répétitions fréquentes, peu de liaisons, et le ton de l'enthousiasme et de l'inspiré. Dieu est appelé dans le zend, *Meniossepeneste ;* et dans le pehlvi, *Madonnadafzouni,* ou *l'être absorbé dans son excellence.* Le texte des vingt et une parties ou noks du législateur parsis, s'appelle l'*avesta* ou le *monde.* Il est dans une langue morte, tout-à-fait différente du pehlvi et du parsique. Les plus savans destours ne disent rien de satisfaisant sur son origine. Ils croyent à la mission divine de Zoroastre. Ils assurent qu'il reçut la loi de Dieu même, après avoir passé dix ans au pied de son trône. M. Anquétil conjecture qu'il la composa, retiré avec quelques collègues habiles, entre des rochers écartés ; conjectures qu'il fonde sur la dureté montagnarde et sauvage du style. L'alphabet ou les caractères de l'avesta s'appellent *zend.* Ils sont nets et simples ; on en reconnoît l'antiquité à ce premier coup-d'œil. Il pense que le pehlvi, langue morte, a été le véritable idiome des parsis, qui en attribuent l'invention à Kaio-Morts, le premier roi de leur première dynastie. Le caractère en est moins pur et moins net que le zend.

Le phazend est un idiome, dont il ne reste que quelques mots conservés dans les traductions pehlviques.

L'avesta est la langue des temps de Zoroastre ; il l'apporta des montagnes ; les parsis ne la connoissoient pas avant lui. Le pehlvi est la langue qu'ils parloient de son temps ; et le phazend est l'avesta corrompu, dont il recommanda l'usage, pour les distinguer du peuple ; le phazend est à l'avesta ce que le syriaque est à l'hébreu. *Merefod*, dans l'avesta, signifie *il a dit*; et c'est *meré*, dans phazend. L'alphabet du phazend est composé du zend et du pehlvi.

Les manuscrits sont de lin ou de coton enduit d'un vernis, sur lequel on discerne le trait le plus léger.

Le vendidad-sade est un *in-folio* de cinq cent soixante pages. Le mot *vendidad* signifie séparé du diable, contraire aux maximes du diable, ou l'objet de sa haine. Sade, signifie *pur et sans mélange*. C'est le nom qu'on donne aux livres zend, qui ne sont accompagnés d'aucune traduction pehlvique.

Le vendidad contient, outre sa matière propre, les deux traités de Zoroastre, appelés *l'izeschné* et le *wispered*; parce que le ministre qui lit le vendidad, est obligé de lire en-même-temps ces deux autres livres qu'on a pour cet effet divisés en leçons.

Le vendidad, proprement dit, est le vingtième traité de Zoroastre. C'est un dialogue entre Zoroastre et le dieu Ormusd qui répond aux questions du législateur.

Ormusd est défini, dans cet ouvrage, l'être pur, celui qui récompense, l'être absorbé dans son excellence, le créateur, le grand juge du monde, celui qui subsiste par sa propre puissance.

L'ouvrage est divisé en 22 chapitres appelés *fargards* : chaque chapitre finit par une prière qu'ils appellent *eschen vehou*, pure, excellente. Cette prière commence par ces mots : « Celui qui » fait le bien, et tous ceux qui sont purs, iront » dans les demeures de l'abondance qui leur ont » été préparées ». Les deux premiers chapitres, et le cinquième et dernier, contiennent quelques faits historiques, la base de la foi des parsis ; le reste est moral, politique et liturgique.

Dans le premier chapitre, Ormusd raconte à Zoroastre qu'il avoit créé seize cités également belles, riches et heureuses ; qu'Ahriman, le diable, son rival, fut la cause de tout le mal ; et que chacune de ces cités étoit la capitale d'un empire du même nom.

Dans le second chapitre, Djemchid, appelé en zend Semo, fils de Vivengâhm, quatrième roi de la première dynastie des parsis, est enlevé au ciel, où Ormusd lui met entre les mains un poignard d'or, avec lequel il coupe la terre, et forme la contrée Vermaneschné où naissent les hommes et les animaux. La mort n'avoit aucun empire sur cette contrée, qu'un hiver désola ; cet hiver, les montagnes et les plaines furent couvertes d'une neige brûlante qui détruisit tout.

Djemchid, dit Ormusd à Zoroastre, fut le premier qui vit l'Être suprême face à face, et produisit des prodiges par ma voix que je mis dans sa bouche. Sur la fin de ce chapitre, Ormusd raconte l'origine du monde. Je créai tout dans le commencement, lui dit-il. Je créai la lumière, qui alla éclairer le soleil, la lune et les étoiles ; alors l'année n'étoit qu'un jour interrompu ; l'hiver étoit de quarante. Un homme fort engendra deux enfans, l'un mâle et l'autre femelle : ces enfans s'unirent, les animaux peuplèrent ensuite la terre.

Il a parlé, dans les chapitres suivans, des œuvres agréables à la terre, ou plutôt à l'ange qui la gouverne, comme l'agriculture, le soin des bestiaux, la sépulture des morts et le secours des pauvres. Le bon économe, dit Ormusd, est aussi grand à mes yeux, que celui qui donne naissance à mille hommes, et qui récite mille izechnés.

De l'équité de rendre au riche le prêt qu'il a fait, et des crimes appelés *méherderoudis*, ou œuvres de *Deroudi*, le diable opposé à Meher, l'ange qui donne aux champs cultivés leur fertilité. On pèche en manquant à sa parole, en rompant les pactes, en refusant aux serviteurs leurs gages, aux animaux de labour leur nourriture, aux instituteurs des enfans leurs appointemens, aux paysans leurs salaires, à une pièce de terre l'eau qu'on lui a promise.

Des morts, des lieux et des cérémonies de leur sépulture, des purifications légales, des femmes accouchées avant terme. Ici, Ormusd relève la pureté de Vendidad, et parle des trois rivières, Phérar, Ponti et Varkess.

De l'impureté que la mort communique à la terre, de l'eau et de toutes sortes de vaisseaux.

De l'impureté des femmes qui avortent, et de la dignité du médecin. Il promet une vie longue et heureuse à celui qui a guéri plusieurs malades; il ordonne d'essayer d'abord les remèdes sur les infidèles qui adorent les esprits crées par Ahriman; il prononce la peine de mort contre celui qui aura hasardé un remède pernicieux, sans avoir pris cette précaution, et fixe la récompense que chaque ordre de parsis doit au médecin, il commence par l'athorne ou prêtre; celui qui a guéri un prêtre, se contentera des prières que le prêtre offrira pour lui à d'Ahmann ou celui qui reçoit les ames des saints, de l'ange Sferosch, et qui les conduit au ciel.

De la manière de conduire les morts au dakmé, ou au lieu de leur sépulture; de la cérémonie de chasser le diable en approchant du mort un chien ; des prières à faire pour le mort ; du péché de ceux qui y manquent et qui se souillent en approchant du cadavre, ou en le touchant, et des purifications que cette souillure exige.

Les parsis ont pour le feu différens noms tirés de ses usages ; celui de la cuisine, du bain, etc. Il faut qu'il y en ait de toutes les sortes au dadgah, lieu où l'on rend la justice.

Il parle de la place du feu sacré, de la prière habituelle des parsis, de la nécessité pour le ministre de la loi, d'être pur et de s'exercer aux bonnes œuvres ; de l'ange gardien Bahman : c'est lui qui veille sur les bons et sur les juges intègres, et qui donne la souveraineté aux princes, afin de secourir le foible et l'indigent.

Pour plaire à Ormusd, il faut être pur de pensées, de paroles et d'actions ; c'est un crime digne de mort, que de séduire la femme ou la fille de son voisin ; que d'user du même sexe que le sien : rompez toute communion, dit Zoroastre, mettez en pièce celui qui a péché, et qui se refuse à l'expiation pénale ; celui qui tourmente l'innocent ; le sorcier ; le débiteur qui ne veut pas s'acquitter de sa dette.

Il traite du destour mobid qui confère le barashnom, ou la purification aux souillés, des qualités du ministre, du lieu de la purification, des instrumens et de la cérémonie, des biens et des maux naturels et moraux ; il en rapporte l'origine et les progrès à la méchanceté de l'homme, et au mépris de la purification.

Il dit de la fornication et de l'adultère, qu'ils dessèchent les rivières, et rendent la terre stérile.

Il passe aux exorcismes ou aux prières qui éloignent les diables instigateurs de chaque crime ; elles tiennent leur principale efficacité d'Honover, ou nom de Dieu ; il enseigne la prière que les enfans ou parens doivent dire ou faire dire pour les morts ; il désigne les chiens, dont l'approche chasse le diable qui rode sur la terre après minuit ; il indique la manière de les nourrir ; c'est un crime que de les frapper ; celui qui aura tué un de ces chiens, donnera aux trois ordres des parsis, le prêtre, le soldat, le laboureur, les instrumens de sa profession ; celui qui n'en aura pas le moyen, creusera des rigoles qui arroseront les pâturages voisins, et fermera ses pâturages de haies, ou il donnera sa fille ou sa sœur en mariage à un homme saint.

Les crimes, pour lesquels on est puni de l'enfer, sont la dérision d'un ministre qui prêche la conversion au pécheur, l'action de faire tomber les dents à un chien exorciste, en lui faisant prendre quelque chose de brûlant ; d'effrayer et faire avorter une chienne, et d'approcher une femme qui a ses règles ou qui allaite.

Il y a des préceptes sur la purification des femmes, la rognure des ongles et des cheveux, le danger de croire à un destour qui porte sur le nez le penon, ou qui n'a pas sa ceinture ; ce destour est un imposteur qui enseigne la loi du diable, quoiqu'il prenne le titre de ministre de Dieu.

Dans cet endroit, il est dit qu'Ahriman se révolta contre Ormusd, et refusa de recevoir sa loi ; et l'ange Sferosch, qui garde le monde et préserve l'homme des embûches du diable, y est célébré.

Suit l'histoire de la guerre d'Ormusd et d'Ahriman. Ormusd déclare qu'à la fin du monde, les œuvres d'Ahriman seront détruites par les trois prophètes qui naîtront d'une semence gardée dans une petite source d'eau, dont le lieu est clairement désigné.

Il est fait mention dans ce chapitre de l'éternité, de l'ame de Dieu, qui agit sans cesse dans le monde ; de la purification par l'urine de vache, et autres puérilités ; de la résurrection ; du passage après cette vie, sur un pont qui sépare la terre, du ciel sous la conduite d'un chien, le gardien commun du troupeau.

Il est traité dans le suivant, du troisième poëriodekesch, ou troisième prince de la première dynastie, qui fut juste et saint, qui abolit le mal, et à qui Ormusd donna le hom, ou l'arbre de la santé ; du tribut de prière et de louange dû au bœuf suprême et à la pluie.

Le vendidad finit par la mission divine de Zoroastre ; Ormusd lui députa l'ange Nériossengul en Irman. Va, lui dit-il, en Irman, que je créai pur, et que le serpent infernal a souillé ; le serpent qui est concentré dans le mal, et qui est gros de la mort. Toi qui m'as approché sur la sainte montagne, où tu m'as interrogé, et où je t'ai répondu, va, porte ma loi en Irman ; je te donnerai mille bœufs, aussi gras que le bœuf de la montagne Sokand, sur lequel les hommes passèrent l'Euphrate dans le commencement des temps ; tu posséderas tout en abondance ; extermine les démons et les sorciers, et mets fin aux maux qu'ils ont faits. Voilà la récompense que j'ai promise dans mes secrets aux habitans d'Irman qui sont de bonne volonté.

L'iseschné est le second livre du vendidad-ade. Izeschné signifie *bénédiction*. Ce livre a vingt chapitres, appelés *ha*, par contradiction de *hatam* ou *amen*, qui finit chaque chapitre. C'est proprement un rituel ; et ce rituel est une suite de puérilités.

Zoroastre y recommande le mariage entre cousins-germains ; loue la subordination ; ordonne un chef des prêtres, des soldats, des laboureurs et des commerçans ; et recommande le soin des animaux. Il y est parlé d'un âne à trois pieds, placé au milieu de l'Euphrate ; il a six yeux, neufs bouches, deux oreilles, et une corne d'or ; il est blanc, et nourri d'un aliment céleste ; mille hommes et mille animaux peuvent passer entre ses jambes ; et c'est lui qui purifie les eaux de l'Euphrate, et qui arrose les sept contrées de la terre. S'il se met à braire, les poissons créés par Ormusd engendrent, et les créatures d'Ahriman avortent.

Après cet âne, vient le célèbre destour Hom-Ised ; son œil d'or est perçant ; il habite la montagne Albordi ; il bénit les eaux et les troupeaux ; il instruit ceux qui font du bien ; son palais a cent colonnes ; il a publié sa loi sur les montagnes ; il a apporté du ciel la ceinture et la chemise de ses fidèles ; il lit sans cesse l'avesta ; c'est lui qui a écrasé le serpent à deux pieds, et créé l'oiseau qui ramasse les graines qui tombent de l'arbre hom, et les répand sur la terre. Lorsque cinq personnes saintes et pieuses sont rassemblées dans un lieu, je suis au milieu d'elles, dit Hom-Ised. L'arbre hom est planté au milieu de l'Euphrate ; Hom-Ised préside à cet arbre ; Hom-Ised s'appelle aussi *Zérégone*. Il n'a point de livres ; il fut le législateur des montagnes.

L'izeschné contient encore l'eulogie du soleil, du feu et de l'eau, de la lune, et des cinq jours gahs ou sur-ajoutés aux 360 jours de leur année, qui a douze mois composés chacun de 30 jours. Il finit par ces maximes : « Lisez Honover ; révérez » tout ce qu'Ormusd a fait et fera. Car Ormusd » a dit : adorez tout ce que j'ai créé, c'est » comme si vous m'adoriez ».

Il n'est pas inutile de remarquer que Zoroastre n'a jamais parlé que de deux dynasties de parsis.

Le second livre du vendidad est le vespered, ou la connoissance de tout.

Un célèbre bramine des Indes, attiré par la réputation de Zoroastre, vint le voir; et Zoroastre prononça devant lui le vespered. Malgré son titre fastueux, et la circonstance qui le produisit, il y a peu de choses remarquables. Chaque classe d'animaux a son destour ; la sainteté est recommandée aux prêtres ; et le mariage, entre cousins-germains aux fidèles.

Nous allons parcourir rapidement les autres livres des bramines, recueillant de tous ce qu'ils nous offriront de plus remarquable.

Les jeschts sont des louanges pompeuses d'Ormusd. Dans un de ces hymnes, Zoroastre demande à Ormusd, quelle est cette parole ineffable qui répand la lumière, dont la victoire conduit la vie de l'homme, déconcerte les esprits mal-faisans, et donne la santé au corps et à l'esprit ; et Ormusd lui répond : c'est mon nom. Aye mon nom continuellement à la bouche, et tu ne redouteras ni la flèche du tchakar ni son poignard, ni son épée, ni sa massue. A cette réponse, Zoroastre se prosterna, et dit : J'adore l'intelligence de Dieu qui renferme la parole, son entendement qui la médite, et sa langue qui la prononce sans cesse.

Le patet est une confession de ses fautes, accompagnée de repentir. Le pécheur, en présence du feu, ou du destour, récite cinq fois, le *jetha a hou verio* ; et s'adressant à Dieu et aux anges, il dit : Je me repends avec confusion de tous les crimes que j'ai commis en pensées, paroles et actions ; je les renonce, et je promets d'être pur désormais en pensées, paroles et actions ; Dieu me fasse miséricorde, et prenne sous sa sauvegarde mon ame et mon corps en ce monde et en l'autre. Après cet acte de contrition, il avoue ses fautes, qui sont de vingt-cinq espèces.

Le bahman jescht est une espèce de prophétie, où Zoroastre voit les révolutions de l'empire et de la religion, depuis Gustaspe jusqu'à la fin du monde. Dans un rêve, il voit un arbre sortir de terre, et pousser quatre branches ; une d'or, une d'argent, une d'airain, et une de fer. Il voit ces branches s'entrelasser ; et boit quelques gouttes d'une eau qu'il a reçue d'Ormusd ; et l'intelligence divine le remplit sept jours et sept nuits : il voit ensuite un arbre qui porte des fruits, chacun de différens métaux. Voilà de la besogne taillée pour les commentateurs.

Le virafmana est l'histoire de la mission de Viraf. La religion de Zoroastre s'étoit obscurcie, on s'adressa à Viraf pour la réintégrer; ce prophète fit remplir de vin sept fois la coupe de Gustaspe, et la vuida sept fois, s'endormit, eut des visions, se réveilla, et dit à son réveil les choses les mieux arrangées.

Dans le boundschesch, ou le livre de l'éternité, l'éternité est le principe d'Ormusd et d'Ahriman. Ces deux principes produisirent tout ce qui est; le bien fut d'Ormusd; le mal, d'Ahriman. Il y eut deux mondes, un monde pur, un monde impur; Ahriman rompit l'ordre général. Il y eut un combat. Ahriman fut vaincu. Ormusd créa un bœuf, qu'Ahriman tua. Ce bœuf engendra le premier homme, qui s'appela *Gaiomard* ou *Kaiomorts*. Avant la création du bœuf, Ormusd avoit formé une goutte d'eau, appelée *l'eau-de-santé*; puis une autre goutte, appelée *l'eau-de-vie*. Il en répandit sur Kaiomorts, qui parut tout-à-coup avec la beauté, la blancheur et la force d'un jeune homme de quinze ans.

La semence de Kaio-morts, répandue sur la

terre, produisit un arbre dont les fruits contenoient les parties naturelles des deux sexes unies; d'un de ces fruits, naquirent l'homme et la femme; l'homme s'appeloit *Meschia;* et la femme, *Meschine*: Ahriman vint sur la terre sous la forme d'un serpent, et les séduisit; corrompus, ils continuèrent de l'être jusqu'à la résurrection; ils se couvrirent de vêtemens noirs, et se nourrirent du fruit que le diable leur présenta.

De Meschia et de Meschine naquirent deux couples de mâles et de femelles; et ainsi de suite, jusqu'à ce qu'une colonie passa l'Euphrate sur le dos du bœuf Staresscok.

Ce livre est terminé par le récit d'un événement qui doit précéder et suivre la résurrection : à cette grande catastrophe, la mère sera séparée du père; le frère, de la sœur; l'ami, de l'ami; le juste pleurera sur le réprouvé; et le réprouvé pleurera sur lui-même. Alors la comète Goulther, se trouvant dans sa révolution au-dessous de la lune, tombera sur la terre; la terre frappée tremblera comme l'agneau devant le loup : alors le feu fera couler les montagnes comme l'eau des rivières; les hommes passeront à travers ces flots embrasés, et seront purifiés; le juste n'en sera qu'effleuré, le méchant en éprouvera toute la fureur; mais son tourment finira, et il obtiendra la pureté et le bonheur.

Ceux qui désireront en savoir davantage, peuvent recourir à l'ouvrage anglais intitulé : *The Annual Register, or a view of the History Politiks and litterature of the year* 1762. C'est de ce recueil qu'on a tiré le peu que l'on vient d'exposer.

# TABLE DU TOME VII.

POPLICAIN, POPULICAIN, POBLICAIN, PUBLICAIN. . . . . . . . . . . . . page 3
PYRRHONIEN, ou Sceptique philosophie. . . . 4
PYTHAGORISME, ou philosophie de Pythagore. 41
   Principes généraux du Pythagorisme. . . . 48
   Arithmétique de Pythagore. . . . . . . *ibid.*
   Musique de Pythagore. . . . . . . . . 50
   Géométrie de Pythagore . . . . . . . . 52
   Astronomie de Pythagore. . . . . . . . 53
   De la philosophie de Pythagore. . . . . . 54
   Philosophie-pratique de Pythagore. . . . . 57
   Philosophie théorétique de Pythagore. . . 64
   Théologie de Pythagore. . . . . . . . . 65
   De la médecine de Pythagore. . . . . . 72
   Des disciples et des sectateurs de Pythagore. 74
   Du Pythagorisme renouvelé. . . . . . . 93
   De la philosophie Pythagoreo-platonico-cabalistique . . . . . . . . . . . . . 105
ROMAINS, (philosophie des Etrusques et des). 129
SARRASINS ou ARABES, (philosophie des). . 141
   De la théologie naturelle des Sarrasins. . . . 171
   De la doctrine des Musulmans sur les Anges et sur l'ame de l'homme. . . . . . . . 179
   De la physique et de la métaphysique des Sarrasins . . . . . . . . . . . . . 182
   De la physique et de la métaphysique de Thophail . . . . . . . . . . . . . 184
SCEPTICISME ou SCEPTIQUES. . . . . . . . 223

SCHOLASTIQUES, (philosophie des). . page 227
 Première période de la philosophie Scholastique. . . . . . . . . . . . . . . 231
 Seconde période de la philosophie Scholastique. . . . . . . . . . . . . . . . 244
 Troisième période de la philosophie Scholastique. . . . . . . . . . . . . . . . 258
SCHOOUBIAK. . . . . . . . . . . . . . 266
SCYTHES, THRACES et GÈTES. (philosophie des). 267
SOCRATIQUE, (philosophie) ou histoire de la Philosophie de Socrate. . . . . . . . . 273
 Sentimens de Socrate sur la Divinité. . . . 285
 Sentimens de Socrate sur les Esprits. . . . 286
 Sentimens de Socrate sur l'ame. . . . . 287
 Principes de la philosophie morale de Socrate. *ibid.*
 Principes de Socrate sur la prudence domestique. . . . . . . . . . . . . . . 291
 Principes de la prudence politique de Socrate. 292
SPINOSISTES. . . . . . . . . . . . . . 299
STOÏCISME ou SECTE STOÏCIENNE, ou ZÉNONISME. . . . . . . . . . . . . . . 300
 Principes généraux de la philosophie Stoïcienne . . . . . . . . . . . . . . . 305
 Logique des Stoïciens. . . . . . . . . 306
 Physiologie des Stoïciens. . . . . . . . 311
 Anthropologie des Stoïciens. . . . . . . 322
 Principes de la philosophie morale des Stoïciens . . . . . . . . . . . . . . . 324
 Des disciples et des successeurs de Zénon. . 332
 Des restaurateurs de la philosophie Stoïcienne parmi les modernes. . . . . . . . . 339
SYNCRÉTISTES HÉNOTIQUES, ou CONCILIATEURS. . . . . . . . . . . . . . . 343

THÉOLOGIE EMBLÉMATIQUE . . . . . page 354
THÉOSOPHES, (les) . . . . . . . . . . . 355
THOMASIUS, (philosophie de). . . . . . . 400
   Principes généraux de la philosophie de Thomasius. . . . . . . . . . . . . . . . . 408
   Principes de la logique de Thomasius. . . . 421
   Principes de la pneumatologie de Thomasius. 427
   Principes de la morale de Thomasius. . . . 428
   Principes de la jurisprudence divine de Thomasius. . . . . . . . . . . . . . . . . 436
ZEND-AVESTA . . . . . . . . . . . . 454

FIN DU TOME SEPTIÈME.

www.ingramcontent.com/pod-product-compliance
Lightning Source LLC
Chambersburg PA
CBHW072110220426
43664CB00013B/2058